Falk spirallo
REISEFÜHRER

PARIS

Falk Verlag

Inhalt

Autorin: Teresa Fisher
»Wohin zum ...?« Mario Wyn-Jones
Aktualisierung: Kathryn Glendenning und Isla Love
Redaktion: Barbara Mellor und Linda Miles
Lektorat: Xavier Lacaille
Design: Jo Tapper
Register: Marie Lorimer
Aktualisierung unter Leitung von Lodestone Publishing Limited

ISBN 3-8279-0175-8

Unsere Autoren haben nach bestem Wissen recherchiert. Trotzdem schleichen sich manchmal Fehler ein, für die der Verlag keine Haftung übernehmen kann. Hinweise, Verbesserungsvorschläge und Korrekturen sind jederzeit willkommen:
Spirallo Reiseführer, Falk Verlag, Postfach 31 51,
D-73751 Ostfildern, E-Mail: spirallo@mairs.de

Deutsche Ausgabe: CLP • Carlo Lauer & Partner, Aschheim
Übersetzung: Dr. Dieter Knuth

Herausgegeben von AA Publishing, einem Unternehmen der Automobile Association Developments Limited, Millstream, Maidenhead Road, Windsor, Berkshire, SL4 5GD.
Handelsregister Nr. 1878835.

Farbauszug: Leo Reprographics
Druck und Bindung: Leo Paper Products, China

A01747

Paris
Das Magazin

1789
UND DIE FOLGEN

»Ist das eine Revolte?« So soll der ahnungslos-zaudernde König Ludwig XVI. gefragt haben, als er 1789 vom Sturz der Bastille erfuhr. »Nein, Sire«, erwiderte einer seiner Herzöge, »das ist eine Revolution!«

Vorhergehende Seite: das Wahrzeichen von Paris – der Eiffelturm

Die späten Achtzigerjahre des 18. Jahrhunderts waren keineswegs leicht. Seit der Herrschaft Ludwigs XIV. hatte der pompöse Kult der absolutistischen Monarchie den Ruhm Frankreichs im Ausland zwar hell erstrahlen lassen, Aristokraten und Höflinge zu Hause umschmeichelt und sie überaus reich gemacht. Die unteren und mittleren Schichten aber stöhnten unter einer riesigen Steuerlast; auch waren sie in den politischen Gremien kaum vertreten. Mit der Missernte von 1788 spitzte sich die Lage über Nacht zu. Die Brotpreise stiegen ins Unermessliche, die Löhne hingegen sanken auf ein Rekordtief.

Während der realitätsferne König nicht wusste, wie er eine

sichtlich unzufriedene Bevölkerung wieder in den Griff bekommen sollte, und die unpopuläre Königin die Staatseinnahmen verprasste, ging das Volk auf die Straße. Am 14. Juli plünderte man das Arsenal des Invalidendoms (➤ 60) und erstürmte die Bastille, ermordete die Wachmannschaften und befreite die Gefangenen – alle sieben. Im gleichen Jahr noch zwang der Mob das verhasste Königspaar, sein Refugium Versailles (➤ 165) zu verlassen und als Gefangene im Tuilerienpalast zu wohnen (➤ 102). Beide ahnten wohl kaum, dass der Bau des gewaltigen Versailler Schlosses eine der letzten großen Taten der französischen Monarchie bleiben sollte: Nach 1789 ist Frankreich bis auf die kurzen, glücklosen Intermezzi von Ludwig XVIII. und Karl X. – bis heute Republik geblieben. In den ersten Jahren hatte die gemäßigte Fraktion der Girondisten das Sagen, unter denen Frankreich eine konstitutionelle Monarchie wurde. Als aber Österreich, Preußen und viele adlige Emigranten Druck auf die junge Regierung ausübten, fegte eine patriotische Welle durchs Land, und die Girondisten mussten den radikalen Jakobinern weichen. Sie schafften mit der Monarchie auch gleich die Religionsfreiheit ab, schändeten Kirchen und schufen den »Revolutionären Konvent«. Im September 1792 riefen sie die »Erste Republik« aus.

Das war der Beginn der berüchtigten zweijährigen Terrorherrschaft unter Robespierre und Danton. Revolutionäre Kämpfer der ersten Stunde wurden des Verrats angeklagt und enthauptet; auch der König wurde wegen »Verschwörung gegen die Freiheit der Nation« vor Gericht gestellt und im Januar 1793 auf dem neu getauften »Platz der Revolution« (dem früheren Place Louis XV, heute: Place de la Concorde ➤ 108f) enthauptet. Im Oktober folgten die Königin Marie-Antoinette und weitere 1343 »Feinde der Revolution«.

Bis Mitte 1794 verloren etwa 17 000 Franzosen ihr Leben unter der Guillotine. Die Revolution hatte sich in einen derartigen Blutrausch gesteigert, dass sie »ihre eigenen Kinder fraß«, sogar ihre Führer Danton und Robespierre.

In dieser letzten Phase der Revolution bildete Paul Barras, ein gemäßigter Republikaner, mit vier Gleichgesinnten die Regierung des »Direktoriums«. Hinter den Kulissen aber wartete schon der junge Napoleon Bonaparte, der es innerhalb nur eines Jahrzehnts zum »Kaiser der Franzosen« bringen sollte.

Der Sturm auf die Bastille *von Jean-Pierre Houel*

Der hungrige König

Nicht einmal angesichts des nahen Todes verlor der bemitleidenswerte König den Appetit. Während des Prozesses fesselte ihn der Anblick eines Tellers Pasteten derart, dass er der Verhandlung nicht zu folgen vermochte und es unter Tränen aus ihm herausbrach: »Könnte ich bitte etwas davon haben?« Und kurz vor der Hinrichtung aß er sechzehn Schweinekoteletts.

AUCH EINE HEITERE STADT HAT GRÄBER...

Vielleicht verstehen Sie nach dem Besuch der drei großen Pariser Friedhöfe das Sprichwort: »Nur wer in Paris gestorben ist, hat wirklich gelebt«: Es erwartet Sie eine endlose Reihe toter Berühmtheiten – alle nur einen Steinwurf voneinander entfernt.

Genauso groß wie der Vatikanstaat, nämlich 43 Hektar, ist der Friedhof Père-Lachaise (➤ 136) im Osten von Paris, ein Sammelsurium von Grabsteinen und Monumenten, in Reih und Glied entlang stillen, schattigen Alleen. Diese letzte Ruhestätte wurde 1804 zur Entlastung der innerstädtischen Friedhöfe am Stadtrand angelegt. Molière, La Fontaine, Abaelard und Héloïse wurden hierher umgebettet. Hinter den Mauern herrscht fast unwirkliche Stille, nur das hier unheimlich wirkende Krächzen der Krähen durchbricht ab und zu die Ruhe.

Nicht nur berühmte Franzosen liegen hier begraben. Nein, auch Fremde wie etwa Maria Callas, Gertrude Stein und Alice B. Toklas, die in Frankreich lebten und starben. Andere traf der Tod mehr zufällig in dieser Stadt, so Oscar Wilde, Rossini und Isadora Duncan. Das am häufigsten besuchte Grab ist das umstrittenste: Es ist das von Jim Morrison, dem Leadsänger der *Doors*, der 1971 in Paris an einer Überdosis Drogen starb. An seinem schlichten Grab versammeln sich zu allen Jahreszeiten Fans (und ein Mann vom Sicherheitsdienst). Die Ruhestätte ist mit Zigarrettenstummeln, Illustrierten, verwelkten Blumen und Perlen übersät – was hier als Erinnerungsgabe gedacht ist, gälte woanders als Müll.

Erinnerung an Diana
Die viel befahrene Schnellstraße am Pont d'Alma gelangte zu trauriger Berühmtheit, als ein Unfall hier 1997 Dodi Al-Fayed und Prinzessin Diana das Leben kostete. Noch heute ist dieser Ort mit Blumen geschmückt.

Manche Gräber erzählen Geschichten wie die lebensgroße Statue des Victor Noir, eines Journalisten des 19. Jahrhunderts, der es gewagt hatte, einen Verwandten Napoleons zu kritisieren – und dafür erschossen wurde: Die Figur zeigt ihn voll bekleidet auf dem Rücken liegend, den Zylinder zu seinen Füßen. Oder das Grabmal des Löwendompteurs Jean Pezon, das ihn rittlings auf genau dem Lieblingslöwen sitzend darstellt, der ihn später auffraß. Die überaus

Die kunstvoll geschmückte Grabstätte des Malers Théodore Géricault auf dem Père-Lachaise

eindrucksvollen Denkmäler sind jedoch jene, die den Opfern kollektiver Gewalt gewidmet sind: etwa die Mahnmale für die Toten der Konzentrationslager oder die Vermissten des Zweiten Weltkriegs. Ganz in der Nähe, in der Südwestecke des Friedhofs, liegt der Ort, an dem die Pariser Commune 1871 ihr letztes Gefecht verlor. Der blutige Arbeiteraufstand dauerte ganze 72 Tage bis zu jenem denkwürdigen 28. Mai, an dem die letzten eingekesselten Communarden an der Mur des Fédérés erschossen wurden. Hier befindet sich heute eine einfache Gedenkstätte.

Das originelle Grab des Erfinders Charles Pigeon und seiner Frau – in voller Ausstattung auf einem Granitbett auf dem Cimetière Montmartre

Auf dem Friedhof von Montmartre (➤ 152) liegen viele Schriftsteller begraben – Alexandre Dumas *fils*, Maurice Stendhal und Heinrich Heine –, der düstere Cimetière Montparnasse wiederum birgt originelle Skulpturen wie die des Gründers der Kinematografischen Sammlung Frankreichs, Henri Langlois, die ihn unter einem Haufen von Standfotos aus berühmten Filmen liegend zeigt. Auf dem Grab des rumänischen Künstlers Brancusi steht eine moderne Version des *Kusses* von Rodin (➤ 61).

Horrorkabinett

Wenn Ihnen der Sinn nach echten Gebeinen steht, sollten Sie den Katakomben einen Besuch abstatten. Es handelt sich um alte römische Steinbrüche, die man im 18. und 19. Jahrhundert mit den Überresten aufgelassener Gräber füllte. Der unterirdische Pfad wirkt wie ein Bergwerksstollen mit Wänden aus Knochen und Schädeln von sechs Millionen Toten. Nichts für empfindsame Gemüter! Feste Schuhe empfohlen.

✉ place Denfert-Rochereau, 14e ☎ 01 43 22 47 63 🕒 Di–So 14–16, an Wochenenden auch 9–11 Uhr Ⓜ Denfert-Rochereau 🖐 €€

Wusssten Sie das?

Da Paris nun einmal das Parfüm-Zentrum der Welt ist, überrascht es vielleicht nicht, dass sich dort 90 Prozent der Damen und 50 Prozent der Herren regelmäßig parfümieren. Was Ihnen aber neu sein dürfte: Die Stadtverwaltung hat kürzlich versucht, den Geruch der Metro mit einer ganz speziellen Duftmischung zu bekämpfen. Als Basis holzig riechender Moschus, ein kleiner Schuss Vanille, veredelt mit Zitrus, Lavendel, Jasmin, Rose und Lilienduft. Der Name? *Madeleine*; vielleicht benannt nach der Metrostation mit dem unangenehmsten Geruch?

Aus der Ernte des winzigen Weinbergs auf dem Montmartre (► 148), dem einzigen noch übrigen in Paris, keltert man pro Jahr immerhin rund 500 Liter Wein.

In Paris gibt es 200 000 Hunde. Glaubt man der Stadtverwaltung, so hinterlassen sie täglich 15 Tonnen Kot auf den Straßen!
1992 flatterte jedem Haushalt ein Handzettel in den Briefkasten. Es waren die »Zehn Gebote für den sauberen Pariser Hund« mit einer Statistik, welche die »festen« und »flüssigen« *besoins* (Hinterlassenschaften) eines durchschnittlichen Hundes säuberlich auflistete. Sollte ein Hund nun seine *besoins* am falschen Ort abladen, droht dem nachlässigen Halter eine Geldbuße von bis zu 100 Euro.

Die Basilika von Sacré-Cœur (► 150) besteht aus einem speziellen weißen Stein, der bei Nässe Kalk absondert. Das ist die Ursache für ein interessantes Phänomen: Je mehr es regnet, desto weißer erstrahlt die Kirche. Der Glockenturm beherbergt die mächtige 19 Tonnen schwere *Savoyarde*, eine der größten Glocken der Welt.

Paris hat es mit der Romantik. Ganz gleich, in welcher Buchhandlung Sie stöbern, stets finden Sie Bücher mit Titeln wie *Romantische Orte in Paris* oder *Wo man sich in Paris küsst.* Alle diese Bücher empfehlen unweigerlich die zauberhafte Pont des Arts (► 172), die Fußgängerbrücke zwischen Louvre und Institut de France. Es wird sogar von Paaren berichtet, die Tisch, Speisen und Champagner hierher brachten, um bei Kerzenlicht das Liebesmahl ihres Lebens an der Seine zu feiern.

Pariser Kellner legen bei der Arbeit im Durchschnitt 10 bis 20 Kilometer am Tag zurück. Stündlich fahren bis zu 6,2 Millionen Autos auf dem 35,5 Kilometer langen Boulevard Périphérique, der Ringautobahn.

Jeden Tag besuchen etwa 30 000 Menschen den Louvre – 36 Prozent Franzosen, 15 Prozent Amerikaner und 5 Prozent Japaner; 52 Prozent bleiben zwischen neun und dreizehn Stunden, 6 Prozent weniger als eine halbe Stunde! Für fast tausend Besucher im Jahr endet der Besuch auf der Krankenstation. Wenn Sie vor jedem Bild nur 10 Sekunden verweilen, brauchen Sie fast vier Tage, um alles zu sehen.
Im Sommer wurde ein Bereich am rechten Ufer für vier Wochen mit Sand in einen Strand verwandelt. »Paris Plage« war ein Hit.

Rollerskating ist eine beliebte Fortbewegungsart in Paris. Jeden Freitag um 22 Uhr startet eine Rundfahrt an der Gare Montparnasse, an der viele Menschen teilnehmen.

Es mag Sie überraschen: Das berühmte Frühstücks-Croissant ist ein Import aus Österreich. Dagegen sind *brioches* (Süßbrötchen) eine original Pariser Erfindung aus dem späten 17. Jahrhundert. Auf dieses Gebäck bezog sich die Bemerkung Marie-Antoinettes über die Armen: »Wenn sie kein Brot haben, sollen sie doch Kuchen *(brioches)* essen.« Weitere Pariser Erfindungen: das Stangenbrot *(baguette)* mit einem Gewicht von 250 Gramm, das gegen 1920 auftauchte, und sein etwas gewichtigerer Bruder *(pain)* mit 400 Gramm.

Disneyland Paris (➤ 169) erstreckt sich auf einer enormen Fläche, die einem Fünftel der Innenstadt entspricht.

In Paris artet alles zum Vergnügen aus, sogar ein Besuch in der Belle-Époque-Toilette an der Ostseite der Place de la Madeleine (➤ 109).

DAS PARIS DES LAUFSTEGS

Hinter den Kulissen

GANZ GLEICH, welcher letzte Schrei nun gerade das Modejahr prägt, frivoler oder eher solider Look, nie fehlt ein entscheidendes Element: dieses gewisse *Je-ne-sais-quoi* des französischen Chic. »Mode vergeht, Stil bleibt«, so Coco Chanel. Aber: Wenn auch noch so viel Lob auf die bekannten Namen Dior, Yves Saint Laurent und Jean-Paul Gaultier und ihre Kreationen prasselt, so hängt ihr Erfolg doch weitgehend von den *petites mains* ab. Das sind die fleißigen Hände der Näherinnen, Knopf- und Perlenmacherinnen, Spitzenklöpplerinnen, Stickerinnen und zahlloser anderer, ohne die es eben diese Accessoires nicht gäbe.

Ihre Namen kennen nur wenige. Ein Beispiel ist François Lesage, Inhaber einer Werkstatt zur Herstellung von Perlen und Knöpfen in der Rue Grange-Batelière – 1924 von seinem Vater gegründet. Die sorgfältige Kleinarbeit seiner Stickereien veredelt heute die Entwürfe von Dior, Balmain, Lacroix und Gaultier.

Ein anderer großer Name: André Lemarié. Dessen Firma im Faubourg St-Denis ist auf Federschmuck und Seidenblumen für Größen wie Chanel, Mugler, Nina Ricci, Valentino und Dior spezialisiert. Das Geschäft geht auf die Zeit von Charles Frédéric Worth zurück und hat seitdem immer die erste Geige gespielt.

Gérard Lognons Familienbetrieb in der Rue Danielle-Casanova widmet sich der uralten Kunst des Faltenlegens; Patrice Wolfer, im berühmten Michel in der Rue Ste-Anne, der traditionellen Hutmacherstraße, ist der Hauptlieferant von Kopfbedeckungen für die Haute Couture; Raymond Massaro (2 rue de la Paix, 75002) wiederum ist der bekannteste Schuhhersteller von Paris und beliefert vorzugsweise Chanel.

Kaum zu glauben ist, dass alle diese Künstler und Handwerker für eine Kundschaft von gerade einmal 2000 Damen arbeitet und die Haute Couture nur 6 Prozent des Umsatzes eines mittleren Modehauses ausmacht. Eine durchschnittliche Ausstattung verschlingt mindestens 100 Arbeitsstunden, einschließlich der drei oder vier Anproben, und kostet 8000 € oder mehr. Ein Abendkleid kommt viermal so teuer!

In Januar und Juli werden diese extravaganten Kreationen, deren Herstellung stets Monate dauert, zusammen mit eher alltäglichen Modellen am Carrousel du Louvre auf Modenschauen vor 2000 Journalisten und VIPs sowie 800 Käufern vorgestellt. Die Atmosphäre knistert; Eintrittskarten sind kaum zu bekommen. Dennoch werden den *petites mains* einige Plätze reserviert. So sehen sie, wie ihre Handwerkskunst zum Leben erwacht, wenn die Top-Models dieser Welt unter brausendem Applaus auf den Laufsteg treten – eine Symphonie aus Seide, Chiffon, Brokat, Organza und Moiré.

Links oben: der klassische Modeschöpfer: Christian Dior

Links unten: prächtige Mode von Givenchy

Der Erfinder der Haute Couture

Paradoxerweise stand an der Wiege der französischen Haute Couture ein Engländer, ein gewisser Charles Frederick Worth, den es als Zwanzigjährigen 1845 von London nach Paris zog. Er arbeitete in einem Textilgeschäft, bis er sich – 13 Jahre später – seinen eigenen Laden in der Rue de la Paix Nummer 7 leisten konnte. Der junge Schneider, der von Anfang an nur erlesenste Qualität herstellte, veränderte das Erscheinungsbild der Frauenkleidung radikal, und er kam auch als Erster auf die Idee, den Moderhythmus den Jahreszeiten anzupassen; seine Entwürfe erdachte er schon lange vor der Saison. Auf ihn geht auch das Auftreten lebender Models auf Modenschauen zurück.

Linda Evangelista trägt Dior

Oben: Les Deux Magots ist heute wie damals ein beliebter Treffpunkt. Unten: Belle-Époque-Dekor im La Palette

CAFÉ KULTUR

Eine Tour durch Paris

Es gibt wohl kaum etwas, das so typisch »pariserisch« ist wie die vielen Cafés. 10 000 sollen es sein; beinahe keine Straßenkreuzung gibt es ohne mindestens einen von diesen sympathischen Orten, wo man sich mit Freunden trifft oder nur Leute beobachtet. Cafés gibt es seit dem 17. Jahrhundert; hier konnte man sich freimütig über Politik, Geschäfte oder einfach den Alltagsklatsch unterhalten. Das Leben im Café gehört zum Wesen des Pariser Lebens, ob im traditionellen *Zinc Café* (benannt nach dem Metall-Tresen), im Philo-Café an der Rive Gauche (Stammkundschaft: Künstler und Intellektuelle), in einem Designer-Café aus den Achtzigern oder gar im Cyber-Café.

Le Fouquet's
Dieses schicke Café (► 113) liegt an den vornehmen Champs-Élysées. Stammgast war einst der irische Schriftsteller James Joyce. Wenn Sie gerne französische Stars aus der Radio-, TV- und Filmszene sehen möchten: Dies ist Ihr Platz! Aber nur, wenn Sie sich den Kaffee leisten können.

Nach Osten in Richtung Louvre.

Café Marly
In den letzten Jahren haben sich berühmte Architekten und Designer an verschiedenen Pariser Cafés versucht und ihnen damit ein ganz bestimmtes Prestige verliehen. Das Marly wurde von Olivier

Literaten-Cafés

Le Fouquet's ✉ 99, avenue des Champs-Élysées, 75001 Ⓜ George V
Café Marly ✉ Le Louvre, 93, rue de Rivoli 75006 Ⓜ Louvre-Rivoli
Café Beaubourg ✉ 100, rue St-Martin, 75004 Ⓜ Hôtel de Ville
Le Procope ✉ 13, rue de l'Ancienne Comédie, 75006 Ⓜ Odéon
Café de Flore ✉ 172, boulevard St-Germain, 75006 Ⓜ St-Germain-des-Prés
La Closerie des Lilas ✉ 171, boulevard du Montparnasse, 76006 Ⓜ Vavin

Das Café de Flore – seit langem ein Literaten-Café

Gagnère entworfen.
Hier genießen Sie einen einzigartigen Blick auf die gläserne Pyramide von I. M. Pei; die Innenausstattung hält die ausgewogene Mitte zwischen der Monumentalarchitektur des Louvre, gemütlicher Privatsphäre und dem Wunsch, gesehen zu werden.

Weiter Richtung Centre Pompidou.

Café Beaubourg

Dieses elegante, postmoderne Café mit Blick auf das Centre Pompidou ist der Prototyp eines Designer-Cafés im Stil der Achtziger. Die Inneneinrichtung von Christian de Portzamparc wirkt geräumig und bequem, verleugnet aber keineswegs den Hang zum Hochgestochenen. Das gilt sogar für die gestylten Toiletten.

Nach Süden über die Seine Richtung Odéon.

Le Procope

Dies ist das älteste Café von Paris (1686; heute ein Speiselokal). Hier verkehrte die politische und literarische Elite verschiedener Epochen, etwa Rousseau und Voltaire. Auch Oscar Wilde war Stammgast. Im Le Procope soll Marat die Revolution geplant haben, und Napoleon Bonaparte – damals noch ärmlicher junger Artillerieoffizier – musste einmal seinen Hut als Pfand für seine Zeche zurücklassen.

Auf dem Boulevard St-Germain nach Westen.

Les Deux Magots und das Café de Flore

Pariser Cafés verdanken ihren Ruhm oft ihrer Rolle als Treffpunkt literarischer Berühmt-

Le Zinc

Um einmal einen Eindruck eines typischen alten Pariser *zinc* mit langem Zinktresen und schummriger, verräucherter Atmosphäre zu bekommen, statten Sie dem **Café de l'Industrie** in der Rue St-Sabin, dem **La Palette** an der Rue de Seine (Treffpunkt von Kunsthändlern und Studenten der Academie des Beaux Arts) oder dem **Le Cochon à l'Oreille** in der Rue Montmartre 15 einen Besuch ab. Einst war dieses kleine Arbeitercafé für seine Zwiebelsuppe berühmt. Man bekam sie in der Morgendämmerung: die Prostituierten zum Ende ihres Arbeits»tages«, die Arbeiter der Markthallen zu dessen Beginn.

Orientalische Verlockung
Das **Café Maure de la Mosquée** (38, rue Geoffroy-St-Hilaire, 75005, Metro: place Monge) bietet eine exotische Variante. Nach einem Glas Pfefferminztee in »maurischer« Umgebung kann man sich im *hamman*, dem öffentlichen Bad, von einem anstrengenden Sightseeing-Tag erholen. (Di und So: nur für Herren; an den anderen Tagen: nur für Damen.)

Café de Flore: Hier bleibt alles beim Alten

heiten. Keines aber kann sich mit diesen beiden messen: Im Les Deux Magots (➤ 62) verkehrten Picasso, Verlaine und Breton Anfang des 20. Jahrhunderts. Seitdem gilt es als Treffpunkt fast aller Pariser Intellektuellen. Das Café de Flore hat eine kosmopolitischere Note. Hier verkehrten Existenzialisten wie Camus, de Beauvoir und Sartre. In beiden Häusern spürt man noch etwas von der literarischen Atmosphäre.

Nach Süden in Richtung Montparnasse.

La Closerie des Lilas
In diesem dunklen, aber gemütlichen Café zeigen Ihnen kleine Bronzeschilder auf den Tischen die Stammplätze von Baudelaire, Apollinaire und Hemingway. Hier besuchte Picasso jede Woche Lyriklesungen – auch Lenin und Trotzki.

Cafés Branchés
Das französische Wort für »hip« ist »*branché*«, was so viel wie »unter Strom« bedeutet. Es erstaunt nicht, dass Internet-Cafés in Paris groß in Mode sind. Zu den beliebtesten gehört das **Café Orbital** (13, rue de Medicis 75006, Tel. 01 43 25 76 77), wo Sie beim Surfen im Netz leckere Snacks von der Cosmic Bar genießen können. Doch das spektakulärste Internet-Café ist **Le Web** (32, rue de Picardie, 75003, Tel. 01 42 72 66 55). Der klassische Zugang zu einem früheren Juweliergeschäft führt in einen Raum aus Metall und Glas.

Stadt der Berühmtheiten

Paris hat in seinen Mauern mehr weltbekannte Frauen und Männer beherbergt als jede andere Stadt: Einheimische – und Zugewanderte wie Thomas Jefferson, der hier kurze Zeit wohnte, bevor er 1801 Präsident der Vereinigten Staaten wurde, und der dann meinte, diese Stadt sei jedermanns zweite Heimat.
Diese Anziehungskraft gab es schon im 13. Jahrhundert, als die Sorbonne gegründet und Paris eines der geistigen Zentren des Abendlandes wurde – ein Magnet für Schriftsteller, Dichter, Künstler, Philosophen und Musiker. Alle verfielen sie der Atmosphäre und dem unwiderstehlichen Charme dieser Stadt. Schon damals bemerkte Kardinal Eudes de Chateauroux: »Frankreichs Ofen backt das geistige Brot der Menschheit.«

Im 18. Jahrhundert kam für englische Adlige und bürgerliche Begüterte eine ein- bis zweijährige Bildungsreise, die *grand tour,* in Mode. Unter den vielen üblichen Zielen galt Paris als der malerische Höhepunkt – es war eine der beliebtesten Städte Europas.

Stadt der Maler

Vor allem Künstler zog es seit Ludwig XIV. massenhaft nach Paris, sodass die Stadt bald das künstlerische Zentrum Europas war. Seit Jahrhunderten hat fast jeder bedeutende französische Maler einen Teil seines Lebens in Paris verbracht. Hier stand die Wiege des Impressionismus, dessen Väter Monet, Renoir und Sisley sich hier Mitte des 19. Jahrhunderts in einem Studio trafen. 1907 brach Picasso mit seinen *Demoiselles d'Avignon* in die Kunstwelt ein: Sein erstes kubistisches Werk überhaupt entstand im Bateau-Lavoir (► 153) auf dem Montmartre, wo er wahre Bruchbuden von Ateliers mit anderen Künstlern wie Georges Braque, Modigliani und Chagall teilte. Dalí und Toulouse-Lautrec – vielleicht die beliebtesten aller Maler, die mit Paris in Verbindung gebracht werden – arbeiteten ganz in der Nähe; Rodin und Brancusi blieben an der Rive Gauche.

Stadt der Dichter

Paris ist schon lange Schauplatz zahlloser Meisterwerke der Literatur – und Treffpunkt berühmter Literaten. »In Paris kann man zwar seinen Verstand, aber nie sein Ziel verlieren«, behauptete Oscar Wilde. Er hat dann allerdings beides verloren und starb in einer billigen, heruntergekommenen Absteige mit dem simplen Namen L'Hôtel: heute eines der wenigen Luxushotels an der Rive Gauche (► 38). Heute verkehren hier Robert de Niro, Barbra Streisand und Mick Jagger.

Molière war im 17. Jahrhundert Mitbegründer des französischen Nationaltheaters, der Comédie Française (► 118); Racine (1639–1699) ließ einige seiner Stücke im Théâtre de l'Odéon uraufführen. Das 19. Jahrhundert war beherrscht von den großen Romanciers Balzac, Zola, Flaubert und Hugo. Als glühender Republikaner und Gegner Napoleons III. musste Letzterer viele seiner Werke im Exil auf den Kanalinseln schreiben, vor allem das in Paris spielende *Les Misérables*. Unter den zahllosen Schriftstellern des 20. Jahrhunderts schließlich ragt einer als genauester Beobachter des Alltags heraus: Marcel Proust.

Paris und die Musik

Auch Musiker fühlten sich von der Stadt angezogen.

Berühmte Pariser Musiker – Edith Piaf (links) und Pierre Boulez

Rameau (1683–1764), der Vorkämpfer der Harmonielehre, Héctor Berlioz (1803–1869) und Franz Liszt (1811–1886) waren an der **Église St-Eustache** (➤ 132) tätig. Offenbach (1819–1880) entfaltete in Paris seine volle Schaffenskraft, und Mozart (1756–1791) war als Kind mehrmals hier. Seine letzte Reise allerdings stand unter keinem guten Stern: Er wurde nicht mehr als Wunderkind bestaunt, außerdem starb seine Mutter während ihres gemeinsamen Aufenthalts. 1788 reiste Mozart voller Verachtung für die Pariser Gesellschaft ab und kam nie wieder.

In der **Opéra Garnier** (➤ 108), einem der bekanntesten Häuser der Welt, erblickten Wagners *Tannhäuser*, Bizets *Carmen* und Debussys *Peléas et Mélisande* das Licht der Welt, und der Sopran der Maria Callas erklang hier unzählige Male.

Der Jazz war seit seiner ersten Blüte in den Zwanzigern immer hier zu Hause. Cole Porter hat in Paris gewohnt, und George Gershwin komponierte seinen *American in Paris*. Heute gibt es zahllose Nachtclubs, wie das **Duc des Lombards** (42, rue des Lombards, 75001; Tel. 01 42 33 22 88) und der **Lionel Hampton Jazz Club** (Hôtel Le Méridi-

Kaffeehaus-Gesellschaft

Seit Jahrhunderten gibt es bestimmte Cafés, in denen literarische Eliten ihre Ideen austauschen und diskutieren. Le Procope (➤ 15) wurde 1686 als erstes Pariser Kaffehaus in der Rue de l'Ancienne Comédie eröffnet – und war gleich ein voller Erfolg. Voltaire, Diderot und Rousseau waren begeisterte Stammgäste, und Racine soll hier mit der Kaffeetasse in der Hand seine Stücke geschrieben haben. Im 19. Jahrhundert wurde das Tortoni zum Treffpunkt der Intellektuellen der Grands Boulevards. Diese Rolle übernahm im 20. Jahrhundert das Café de Flore, wo Existenzialisten wie Sartre, Camus und Simone de Beauvoir verkehrten. Modigliani bezahlte seine Rechnungen im La Rotonde mit Gemälden, Trotzki war Gast im Closerie des Lilas (➤ 16).

Prominenz aus Paris – Gérard Dépardieu (links) und Catherine Deneuve (rechts)

en-Etoile, 81 blvd Gauvion-St-Cyr, 75017; Tel. 01 40 68 34 34), die nach wie vor internationale Künstler präsentieren. Die berühmteste bleibt aber Edith Piaf (➤ 136), unverwechselbar mit ihrer erotisch-rauen Stimme und ihren nostalgischen Liedern vom Leben auf der Straße, verlorener Liebe, Drogen, Tod und Huren. Lieder dieser Art kann man heute noch in den Bars und Cafés des Montmartre hören.

Wo man die Stars sieht
Heute heißen die Berühmtheiten dieser Stadt Gérard Dépardieu und Catherine Deneuve. Prominent sind aber auch Modegurus wie Yves Saint-Laurent und Jean-Paul Gaultier mit seiner **»Gaultier-Gallery«** im Bastilleviertel (30, Faubourg St-Antoine, ➤ 115).

Die Prominenz jedoch – ob Popstars oder Blaublütige – möchte sich Blicken möglichst entziehen. Wer dennoch sein Glück versuchen möchte: Die besten Chancen hat man in Luxushotels wie dem **Crillon** (10, place de la Concorde, 75008; Tel. 01 44 71 15 00) mit Michael Jackson, Madonna und Tom Cruise als regelmäßigen Gästen. Oder im Ritz, wo früher Hemingway logierte – und hoffte, der Himmel werde ein so schöner Ort sein wie das **Ritz** (15, place Vendôme, 75001; Tel. 01 43 16 36 68). Sein Geist soll in der nach ihm benannten Bar umgehen.
In diesem Hotel verbrachten Prinzessin Diana und Dodi Al-Fayed ihre letzten Stunden.

Wer an Supermodels interessiert ist, sollte frühzeitig im **Plaza Athénée** (25, avenue Montaigne, 75008; Tel. 01 53 67 655 00) und dem **Hôtel Costes** (239, rue St-Honoré, 75001; Tel. 01 42 44 50 00) buchen. Promis könnten Sie vielleicht in der schicken Bar und Restaurant Man Ray (34, rue Marbeuf, 75008; Tel. 01 56 88 36 36; Metro: Franklin D Roosevelt) sehen.

Rund um die Uhr

Schlemmer-Reigen durch Paris

8 Uhr

Lassen Sie das Frühstück im Hotel sausen, und gehen Sie in ein kleines Café, um den Tag mit Kaffee und Croissant etwas authentischer einzuläuten. Sie können auch ein *pain au chocolat* wählen, auf jeden Fall sollten Sie aber in echt Pariser Art am Tresen stehen.

11 Uhr

Zeit für eine kleine Erfrischung? Sie sollten auf einer sonnigen Terrasse Ihren *petit noir* (Espresso), *noisette* (Espresso mit einem Schuss Milch), *grand crème* (großer Milchkaffee), *tisane* (Kräutertee) oder *orange pressé* (frisch gepresster Orangensaft) genießen und dem Treiben auf der Straße zusehen. Im Winter empfiehlt sich *chocolat chaud* (heiße Schokolade): Die beste gibt es bei Angélina (266, rue de Rivoli, 75001, Tel. 01 42 60 82 00, Metro: Tuileries).

13 Uhr

Um nicht zu viel Zeit mit dem Mittagessen zu verlieren, sollten Sie sich nur einen leichten Snack gönnen: ein Omelette, Steak, Pommes Frites, ein gefülltes Baguette oder *croque monsieur.* Gehen Sie in eines der einladenden Bistros im Maraisviertel (➤ 138ff) oder in St-Germain (➤ 64ff).

16 Uhr

Zeit für eine schöne Tasse Tee mit etwas Kuchen in einem der reizenden Pariser *salons de thé.*

19 Uhr

Es lockt die traditionelle Stunde des Aperitifs! Das kann ein Glas Wein bedeuten, auch *un demi* (kleines Bier) oder einen *kir* (gekühlter Weißwein mit *crème de cassis*), dazu eine *tartine* (etwas Weißbrot mit Butter), vielleicht mit *pâté* oder Käse abgerundet.

Für Leckermäuler

Französische *pâtisseries* sind weltberühmt. Sie arbeiten mit jahrhundertealten Rezepten aus der höfischen Zeit des 17. Jahrhunderts. Damals schuf Vatel die *Crème Chantilly,* und Ragueneau erfand eine Mandeltorte namens *amandine.* Später kamen noch das Nougat und andere Köstlichkeiten hinzu. Schließlich gibt es in Paris herausragende *chocolatiers.*

»Das Mittagessen bringt halb Paris um, das Abendessen die andere Hälfte«

MONTESQUIEU (PHILOSOPH, 1689–1755)

Wir empfehlen...
Frühstück – Café Charbon, 109, rue Oberkampf, 75011 – beliebtes Brunch-Restaurant, vor allem am Wochenende.
Tee-Salon – Mariage Frères, 30, rue du Bourg-Tibourg, 75004 – mit Teeladen, Teemuseum und *salon de thé* (► 65).
Aperitif – Les Portes, 15, rue de Charonne, 75011 – die ideale Bar für ein verschwiegenes *tête-à-tête*.

Weitere Empfehlungen ► 42.

Joël Robuchon – einer von Frankreichs berühmtesten Köchen

21 Uhr
Wählen Sie Ihr Abendessen in einem der »Baby-Bistros«, der neueste Trend – dort können Sie die Küche von Top-Köchen wie Guy Savoy probieren. Zu seinen sonstigen Restaurants gehören Les Bookinistes (► 64), La Butte Chaillot (110 bis, av. Kléber, 75016, Tel. 01 47 27 88 83) und Cap Vernet (89, av. Marceau, 75008, Tel. 01 47 20 20 40). Oder geben Sie Ihr Geld in Jacques Cagnas Restaurant aus, wo Sie französische Gourmetküche kosten können (14, rue des Grands-Augustins 75006, Tel. 01 43 26 49 39).

Nach Mitternacht
Für die jetzt noch Hungrigen haben verschiedene Lokale, zum Beispiel Le Grand Café (40, boulevard des Capucines, 75009) oder das Café de l'Atelier (95, boulevard des Montparnasse, 75014) oder die Latenight-Cafés wie das Chaise au Plafond (10, impasse du Trésor, 75004) oder das Café Beaubourg (► 138) noch geöffnet.

Die Seine

Nicht umsonst heißt es auf dem Wappen von Paris FLUCTUAT NEC MERGITUR: »Sie schlingert, aber sinkt nicht.« Seit den frühesten Anfängen als gallisches Dorf auf der Île de la Cité ist die Geschichte dieser Stadt untrennbar mit der Seine verbunden. Der Fluss ist gleichsam die Lebensader von Paris. Er fließt durch das Herz der Stadt, legt ihren geografischen Ort fest und spiegelt ihre Geschichte in vielen großartigen Bauwerken am Ufer. Und doch kann man es sich auf einem der friedlich dahingleitenden Touristenboote vorstellen, wie 700 Wikingerschiffe im 9. Jahrhundert zum Angriff ansetzten oder wie 1572 Tausende von protestantischen Opfern der blutigen Bartholomäusnacht im Fluss schwammen.

Vor nur drei Jahrhunderten diente die Seine als Abwasserkanal, war aber gleichzeitig Hauptquelle für Trinkwasser; Frauen wuschen dort ihre Wäsche und trockneten sie auf den Uferbefestigungen; Werkstätten warfen ihren Abfall hinein, ebenso die Arbeiter des schwimmenden Fischmarkts an der Île de la Cité; Pferde tranken und die Pariser badeten hier. Diese Mode ging auf den ewig jungen König Heinrich IV. zurück, der im drückend heißen Sommer 1609 angefangen hatte, regelmäßig nackt im Fluss zu baden. Bis Mitte August jenes Jahres waren nicht weniger als 4000 Männer seinem Beispiel gefolgt und badeten regelmäßig unbekleidet in der Seine – sehr zum Vergnügen der Damenwelt.
Natürlich diente die Seine auch als Handelsweg. Im

Saubere Seine

Neue Techniken der Wasseraufbereitung und die vielen Parks und Grünflächen in der Nähe haben die Seine sauberer gemacht. So kehrt die Natur zurück, Wasser liebende Pflanzen gedeihen an den Uferpromenaden. Inzwischen tummeln sich wieder 20 Fischarten im Fluss, unter anderem Hechte, Brassen, Plötzen, Gründlinge und Weißfische.

Auf der ruhigen Île St-Louis im Herzen der Stadt erwacht der Tag etwas langsamer

Wussten Sie das?

Der Verlauf der Seine ist von der Quelle in Burgund bis zur Kanalküste 776 Kilometer lang.

Schwimmende Badeanstalten waren seit dem 18. Jahrhundert an der Seine sehr beliebt. Die letzte (nahe der Nationalversammlung) sank erst 1993.

1985 verhüllte der bulgarische Künstler Christo den Pont Neuf aus Anlass eines Musikfestivals in Stoffbahnen.

Seit dem 17. Jahrhundert gab es zwischen dem Pont au Change und dem Pont Neuf einen florierenden Vogelmarkt mit Kanarienvögeln, Amseln, Grasmücken und anderen Arten. Er existiert heute noch auf der Île de la Cité.

1765 nannte William Cole den Fluss einen »dreckigen Wassergraben«, dem schloss sich 1862 Verlaine mit der Bezeichnung »modrige Schlange« an.

17. und 18. Jahrhundert entstand in der Nähe des Louvre ein großer Hafen zur Versorgung des Hofs mit Kohle, Holz, Heu und Lebensmitteln. Vor der Erfindung der Dampfmaschine mussten die Kähne von Menschen oder Pferden stromaufwärts gezogen werden. Um sie durch die schmalen Brückenbogen zu navigieren, wurden Lotsen, die »Brückenschlinger«, benötigt, die mit Stangen, Seilen und Ringen dieses Kunststück vollbrachten. Reste dieser Vorrichtungen kann man noch heute unter manchen Brücken entdecken.

Im Verlauf des 18. Jahrhunderts wurde der Hafen ausgebaut, es entstanden feste Kaimauern gegen die Gefahr der Überflutung, mehr und mehr geschmückte Häuserfassaden und Wassermühlen säumten den Fluss. Am Châtelet ist die Seine heute 43 Meter schmaler als im Mittelalter. Heutzutage ist der Fluss mit einem ausgeklügelten System von Schleusen reguliert.

Bücher an der Seine

In uralten, etwas wackeligen grünen Kästen stapeln die *bouquinistes* auf den Kaimauern der Seine antiquarische Bücher, Drucke, Postkarten und allerlei Krimskrams zum Verkauf. Die meisten gibt es an der Rive Gauche zwischen dem Quai de la Tournelle und dem Quai Malaquaia. Stöbern Sie am Quai des Grands Augustins nach alten Karten, Cartoons und Geschichtswerken; am Quai St-Michel finden Sie Briefmarken und Drucke. Der Quai de Montébello hat sich auf literarische Texte, alte Stiche und Postkarten spezialisiert, der Quai de la Tournelle auf Bücher, Kino- und Theaterplakate.

Paris ist zwar immer noch der größte Binnenhafen Frankreichs, das Wasser der Seine ist aber in den letzten Jahren deutlich sauberer geworden. Dennoch gehört das Schwimmen dort der Vergangenheit an – schon wegen der Gefahr, in die Schiffsschrauben eines der vielen *bateaux-mouches* und anderer Vergnügungsboote zu geraten, die an den berühmten Sehenswürdigkeiten vorbeiziehen.

Das Hafengetümmel an der Seine in längst vergangenen Tagen

ALTE UND NEUE BRÜCKEN

In den 37 Seinebrücken spiegelt sich die gesamte Pariser Baugeschichte. Ironischerweise heißt die älteste und berühmteste Pont Neuf (Neue Brücke). Sie stammt aus dem Jahr 1604 und sollte Heinrich IV. den Weg vom Louvre zur Abtei von St-Germain-des-Prés abkürzen. Die neueste Brücke, 1999 eröffnet, ist die Passerelle de Solferino, eine metallene Fußgängerbrücke vom Quai des Tuilleries zum linken Ufer (nahe dem Musée d'Orsay). Die prächtigste Brücke aber ist immer noch der Pont Alexandre III mit vergoldeten Nymphen, springenden Pferden, Kandelabern, Löwen und Girlanden.

Ein Tripp auf den legendären bateaux-mouches *(➤ 172) gehört zum Standardprogramm*

Parks und Gärten

Noch nie in seiner Geschichte gab sich Paris so grün wie heute. Nach der Ära der Monumentalbauten in den Achtzigern gehörten die Neunzigerjahre den Gärten und Parks. Selbst heruntergekommene Industriegelände hat man begrünt, denn mehr denn je suchen die Einwohner der Stadt ihren Ausgleich zu Lärm, Schmutz und Stress. Heute haben Pariser die Wahl zwischen 400 Parks und Gärten, von denen jeder seine eigene Note zeigt: entweder französischen Stil – symmetrische Baumreihen, Rasenflächen und Wege, oder englischen Stil mit gewundenen Pfaden, unerwarteten Durchblicken und freien Baumgruppen. Jeder findet, was er braucht, Kinder, Ältere, Verliebte … auch die Boule-Spieler.

Jardin des Tuileries und Jardin du Luxembourg

Viele der altehrwürdigen Parks erinnern an die glanzvolle Geschichte der Stadt. So wurde der **Jardin des Tuileries**, der älteste Park von Paris, wurde im 16. Jahrhundert für Katharina von Medici angelegt und später von André Le Nôtre, dem Schöpfer der Gärten von Versailles (► 165), dem Stil der Zeit angepasst. Der **Jardin du Luxembourg** (► 63) – ursprünglich der Privatgarten der Maria von Medici – ist im französischen Stil gehalten und hat sich seit dem frühen 19. Jahrhundert kaum verändert, sieht man von einem Anbau unter Napoleon III., den Obstgarten **Verger du Luxembourg**, in dem traditionelle Apfel- und Birnensorten Frankreichs erhalten werden, ab.

Bois de Vincennes und Bois de Boulogne

Napoleon III., der Paris ein freundlicheres Antlitz verleihen wollte, dachte dabei zuerst an Grünanlagen. So verwandelte er alte königliche Jagdgebiete an den Stadträndern – im Mittelalter war Paris ganz von ihnen eingeschlossen – in den **Bois de Boulogne** und den **Bois de Vincennes.** Heute glaubt man in diesen naturbelassenen, etwas verwilderten Parks kaum, dass man sich noch in Paris befindet. Im östlich gelegenen **Bois de Vincennes** liegen ein groß-

Die wenigsten assoziieren Paris mit Parks – obwohl doch jeder Stadtteil seine Grünflächen besitzt

Grüner Daumen

Die städtischen Gärtner bewältigen ein gigantisches Pensum: Nicht weniger als 3075 Hektar mit 600 000 Bäumen – einer für 3,5 Einwohner – obliegen ihrer Pflege. Im letzten Jahrzehnt haben sie in jedem Jahr etwa 3100 neue Bäume, 215 000 Stauden und Klettergewächse und drei Millionen Blumen gepflanzt.

Lasst Blumen sprechen

Nur wenige Stadtbewohner haben einen Garten. Was liegt näher, als sich die Natur ins Haus zu holen. Schnittblumen spielen eine wichtige Rolle im Pariser Leben. So gibt es in Paris einige reizende Blumenläden. Empfehlungen: **Monceau Fleurs** (84, boulevard Raspail, 75006), eine Filiale der berühmten Floristenkette **Christian Tortu** (6, Carrefour de l'Odéon, 75006, ➤ 67), oder **Au Nom de la Rose** (4, rue de Tournon, 75006). Künstliche Blumen finden Sie bei E**milio Robba** (➤ 67), Orchideen bei **Les Fées d'Herbe** (23, rue Faidherbe, 75011).

artiges Schloss und ein Zoo. Dagegen ist der westliche **Bois de Boulogne** – ganz nach dem Vorbild des Londoner Hyde Park angelegt – eher wegen seiner Ziergärten mit herumstolzierenden Pfauen und seines **Jardin d'Acclimatation** für Kinder beliebt. Allerdings ist er auch etwas verrufen und nicht ganz ungefährlich – aber nur bei Nacht, wenn die Prostituierten ihn in Besitz nehmen.

Les Halles, La Villette, Parc André-Citroën und Parc de Bercy

Der Aufschwung des Bauwesens unter Präsident Mitterand in den Achtziger- und Neunzigerjahren (➤ 31) hat auch ein erneutes Interesse an der Landschaftsgestaltung mit sich gebracht. Die Folgen sieht man an den Anlagen des **Forum des Halles** (➤ 133), am **Parc André-Citroën** und dem **Parc de Bercy**. Ersterer – 1992 auf dem Gelände der alten Automobilfabrik entstanden – wirkt mit seinen Hightech-Gewächshäusern und sechs raffiniert nach Farben angeordneten Flächen, den *Jardins Sériels*, Wasserspielen für Kinder und einem fantastischen Blick auf den Fluss etwas anspruchsvoller als der ruhigere Parc de Bercy. Auf der erst 1997 als Teil eines Sanierungskonzepts für den Pariser Osten gestalteten Fläche findet man spezielle Themengärten. Genannt sei der **Jardin des Plantes Aromatiques**, ein Geruchsgarten für Blinde.

In den schattigen Ecken der Parks wird oft Boule gespielt

Musée de la Sculpture en Plein Air und der »Grüne Pfad«

Steht Ihnen der Sinn nach einem gemütlichen Spaziergang (tagsüber) fernab von Lärm und Hetzerei, so schlendern Sie doch einmal durch das **Musée de la Sculpture en Plein Air** (➤ 85) zwischen der Seine und dem Jardin des Plantes oder nehmen den »Grünen Pfad« entlang dem Daumesnil Viaduc zwischen Bastille und Bois de Vincennes.

Noch ein paar Geheimtipps ...

Auch im Zentrum kann man einmal kurz durchatmen: Am Tour St-Jacques, nicht weit vom Louvre, liegt eine kleine Grünfläche. Der spitz in die Seine hineinragende Vert-Galant mit einer alten Kirche, deren Turm aus der Zeit der Gotik stammt, am Westende der Île de la Cité, erinnert an den ewig jungen und oft verliebten König Heinrich IV. – ein ausgesprochen romantischer Ort. Mitten in Montmartre überrascht der wilde, völlig naturbelassene Jardin Sauvage de St-Vincent mit seiner ursprünglichen Tier- und Pflanzenwelt. Schließlich haben auch die Museen schöne Gärten wie das Musée Rodin (➤ 61) mit seinem kleinen Park mit Statuen von der Hand des berühmten Bildhauers.

PRESTIGE-BAUTEN

Schon seit Jahrhunderten haben Männer an der Spitze des Staates versucht, durch Prachtbauten, *les grands travaux,* Unsterblichkeit zu erlangen. Was soll man von ihnen halten? Sind es nun gigantische Egotripps oder zukunftsträchtige Einfälle?

Es begann mit Ludwig XIV.: Der Sonnenkönig benutzte die Architektur ganz im Sinne der Glorifizierung seiner absoluten Monarchie. Er ließ Plätze, Theater, Adelspaläste, **Les Invalides** (➤ 60) und das grandiose Schloss von **Versailles** (➤ 165) errichten. Atemberaubende Verschwendung führte unter anderem schließlich zum Untergang der Monarchie. Die zweite Umbauwelle – die vielleicht radikalste – traf Paris unter Napoleon III. in der Mitte des 19. Jahrhunderts. Eine umfassende, aber auch

Hightech-Bau in La Défense

rücksichtslose Stadtplanung fraß sich in das Gewirr der engen und schmutzigen mittelalterlichen Gassen und setzte ein übersichtliches, zum Teil schachbrettartiges Straßensystem mit einem Netz aus breiten Boulevards, das Zentren wie die neue **Opéra Garnier** (➤ 108), den **Gare de l'Est** und den **Arc de Triomphe** (➤ 104) miteinander verbindet, an deren Stelle. Am besten kann man dieses System vom Dach des Triumphbogens aus überblicken: Sternförmig sendet er zwölf *avenues* in alle Richtungen.
In der letzten Hälfte des 20. Jahrhunderts haben sich Politiker in einer in anderen Ländern kaum vorstellbaren Weise ihre Denkmäler gesetzt. Präsident Georges Pompidou ließ das zunächst sehr umstrittene, jetzt aber allgemein anerkannte Centre Beaubourg, das spätere **Centre Georges Pompidou** (➤ 124), errichten. Sein Nachfolger Giscard d'Estaing machte aus einem Bahnhof, dem abbruchreifen Gare d'Orsay, das einmalige **Musée d'Orsay** (➤ 54). François Mitterand jedoch übertraf vor allem in seiner zweiten Amtszeit beide Vorgänger. Sein Programm der *grands travaux* löste heftige Kontroversen

Stein gewordene Musik

Einer der weniger bekannten »Mitterand«-Bauten ist die schneeweiße Cité de la Musique im La-Villette-Komplex (➤ 156), der das Konservatorium für Tanz und Musik beherbergt. Entworfen von Christian de Portzamparc, bricht das Bauwerk völlig mit der Tradition gerader Linien: Wellenförmige Kanten und bizarre Gebilde sollen eine in Architektur eingefrorene Musik darstellen. Innen überraschen multikulturelle Klänge und ein ausgeklügeltes System verschiedenfarbigerr Lichtveränderungen, das die jeweilige Stimmung der Klänge spiegeln soll.

Vorhergehende Seite: eine der neueren Sehenswürdigkeiten – die Glaspyramide am Louvre

aus: Man warf ihm vor, das Gesicht von Paris aus reiner Eitelkeit ändern zu wollen, Unsterblichkeit anzustreben.
Als Verfechter einer Stadterneuerung fürchtete er, aus Paris könne eine Art Freilichtmuseum werden, eine zwar allseits geliebte, aber allein der Vergangenheit verpflichtete, mumifizierte Metropole. Das führte zu einer Reihe von Architekturwettbewerben, deren Ergebnisse Paris zukunftsfähig machen sollten. Schon immer waren die Bewohner der Stadt solchen Neuerungen gegenüber anfangs skeptisch gewesen; hatten sie sich aber einmal an solche Neubauten gewöhnt, ließen sie nichts mehr auf sie kommen. Ein Beispiel ist der 1889 fertig gestellte **Eiffelturm** (► 50), der damals als hässlicher Schandfleck galt, heute aber das allseits anerkannte und weltberühmte Wahrzeichen der Stadt ist.
Viele Pläne Mitterands wurden mit allgemeinem Entsetzen zur Kenntnis genommen. Das galt vor allem für sein erstes und kühnstes Projekt: die Louvre-**Pyramide** (► 97ff). Verbindendes Prinzip dieser neuen Architektur war Transparenz, was ebenso für die **Fondation Cartier** (261, boulevard Raspail, 75014) und das **Institut du Monde Arabe** (► 86) galt. Auch die Glaskurven der **Opéra de Paris Bastille** (► 135) und **La Grande Arche** (► 111), ein riesiger Zylinder aus Marmor und Glas, der ein Fenster inmitten des vorher unstrukturierten Viertels La Défense symbolisieren soll, folgten diesem Prinzip. Nützlicher Nebeneffekt: Die Achse Louvre – Pyramide – Champs-Élysées – Triumphbogen wurde so nach Westen verlängert (es exisitieren Pläne, sie weiter bis in die westlichen Vorstädte fortzuführen). Ob nun diese Bauten Mitterands Ruhm oder der Zukunft von Paris als einer auch im 21. Jahrhundert modernen Metropole galten – letztlich haben sie beidem gedient. Sein letztes Projekt, die neue Nationalbibliothek, wurde erst nach seinem Tod im Januar 1996 fertig; heute heißt sie **Bibliothèque Nationale François Mitterand** (11, quai François-Mauriac, 75013).

La Grande Arche, ein zweckfreier, aber vielleicht gerade deshalb eindrucksvoller Bau François Mitterands

Highlights auf einen Blick

So erleben Sie Paris
- Machen Sie eine Bootsfahrt auf der Seine.
- Mischen Sie sich in den schicken Modeboutiquen im 1. Arrondissement unter die Hautevolee.
- Besuchen Sie ein altes Bistro in St-Germain, und genießen Sie dessen Atmosphäre.
- Nehmen Sie die Zahnradbahn zur Kirche Sacré-Cœur (➤ 151).
- Beobachten Sie den Menschenstrom von einer Café-Terrasse aus.
- Gehen Sie während der Frühjahrsblüte im Park bei Notre-Dame (➤ 80) spazieren.
- Besuchen Sie die Gräber auf dem Père-Lachaise, und erweisen Sie den großen hier beerdigten Persönlichkeiten Respekt (➤ 8, 136).
- Erleben Sie Wasserspiele an der Fontaine du Strawinsky.

Für die Kleinen
- Disneyland Paris (➤ 169).
- La Cité des Sciences et de l'Industrie (➤ 156).
- Das Musée Grevin (➤ 107).
- Hightech-Zirkus Alexis Grüss im Bois de Boulogne (nur in manchen Monaten: Info unter Tel. 01 40 36 0800).
- Jardin d'Acclimatation (➤ 28).
- Kasperle-Theater auf dem Champ de Mars, in den Parks Luxembourg, Buttes-Chaumont und Montsouris.

Die schönsten Aussichtspunkte
- Eiffelturm (➤ 50).
- Tour Montparnasse (33, avenue du Maine, Tel. 01 45 38 52 56; April–Sept. 9.30–23.30. Okt.–März 9.30–22.30 Uhr; Métro: Montparnasse Bienvenüe).
- Sacré-Cœur (➤ 150).
- Turm von Notre-Dame (➤ 80).
- Triumphbogen (➤ 104).

Moderne Bauten
- La Grande Arche de la Défense (➤ 111).
- La Cité de la Musique (➤ 30).
- Das frühere Amerika-Center von Franck Gehry (51, rue de Bercy, 75012; Métro: Bercy).
- Maison de la Culture du Japon von Masauki Yamanaka (Quai Branly, 75007, Métro: Bir-Hakeim).

Oasen der Ruhe
- Square du Vert-Galant (➤ 28).
- Cimetière Père-Lachaise (➤ 8, 136).

Nur Zeit für 1 …

Museum: überraschenderweise nicht der Louvre, sondern das Musée d'Orsay (➤ 54ff).
Restaurant: Beauvilliers – wegen der romantischen Atmosphäre (➤ 158).
Hotel: Pavillon de la Reine (28, place des Vosges, 75003, Tel. 40 29 19 19, Métro: Chemin Vert) – das vielleicht hübscheste Hotel in ganz Paris. Antik eingerichtete Zimmer mit Blick auf idyllische Gärten.
Café: La Palette (➤ 15) – ein Juwel in St-Germain.
Geschäft: Fauchon, der Gourmet-Tempel mit großer Auswahl an Mitbringseln (➤ 116).

Gegenüber: Montmartre mit dem Wahrzeichen Sacré-Cœur

Erster Überblick

Ankunft

Keine Angst vor der Größe der Stadt! Das Pariser Zentrum – in dem ja die meisten Sehenswürdigkeiten liegen – ist trotzdem recht gut überschaubar. Außerdem ist die Zufahrt dank des ausgezeichneten öffentlichen Nahverkehrs sehr einfach.

Flughafen Roissy Charles de Gaulle

Der Pariser Hauptflughafen liegt 35 Kilometer nordöstlich der Stadt. Air France benutzt Terminal 2.
Es gibt drei Möglichkeiten, ins Zentrum zu gelangen:

- Bus: **Air-France-**Busse verkehren von 7–21 Uhr im 30-Minuten-Takt zwischen Flughafen und Montparnasse sowie von 5.45–23 Uhr im 15-Minuten-Takt zum Arc de Triomphe (auch für Passagiere anderer Airlines). Der **Roissybus** fährt von 6 bis 23 Uhr alle 15 Minuten zur Opéra. Fahrtzeit: 45–60 Minuten.
- Taxi: die teuerste Lösung! Sie zahlen 30–40 € für die Fahrt ins Zentrum und sind dennoch kaum schneller am Ziel: Je nach Verkehrslage brauchen Sie zwischen 30 und 60 Minuten.
- Zug: Die **RER** (Réseau Express Régional, eine Vorortexpressbahn, die den Großraum Paris bedient) Linie B fährt Sie in etwa 35 Minuten ins Zentrum. Abfahrt alle 15 Minuten.

Flughafen Orly

Dieser kleinere und ältere der beiden internationalen Flughäfen der Stadt liegt 20 Kilometer südlich von Paris – damit viel näher am Zentrum als der Airport Roissy. Er hat zwei Terminals: Orly-Sud für internationale Flüge und Orly-Ouest für Inlandflüge, die Air France und einige internationale Linien. Leider gibt es keine direkte öffentliche Anbindung ans Zentrum.

- Bus: Nehmen Sie nicht den **Orlybus**, denn der fährt nur bis zur Metro Denfert-Rochereau.
- Dafür verkehrt der **Air-France-**Shuttlebus von 5.50 bis 23 Uhr alle 12 Minuten bis Les Invalides (Nähe Eiffelturm) und Gare Montparnasse. Die Fahrtzeit beträgt 30 Minuten.
- Taxi: Eine Fahrt mit dem Taxi kostet bis ins Zentrum etwa 25 €. Fahrtzeit: 15–30 Minuten.
- Zug: Der **Orlyval-Zug** (Mo–Sa 6–22.30, So 7–22.55 Uhr) fährt nur zwei Stationen bis Antony. Dort kann man in die **RER** umsteigen (Linie B) und in rund 30 Minuten ins Zentrum fahren.

Gare du Nord oder Gare de l'Est

Eine Anreise mit der Bahn bietet viele Vorteile. Nicht zuletzt hat der Bahnreisende vermutlich den einfachsten Weg in die Innenstadt. Der Zug fährt bis ins Stadtzentrum, und da alle Einreiseformalitäten bereits erledigt sind, kann man sich sofort ins Getümmel stürzen.

- Der Gare du Nord liegt an zwei Metro- und an zwei RER-Linien (zur Metro ► 36).
- Taxis sollten Sie wegen der langen Wartezeiten meiden (jeden Augenblick kommt ein Zug an, und entsprechend lang sind die Schlangen!) – es sei denn, Sie haben viel Gepäck.

Unterwegs in Paris

Paris hat zwei Teile: das rechte (nördliche) und das linke (südliche) Seineufer, Rive Droite und Rive Gauche. Das offizielle Zentrum ist die Kathedrale Notre-Dame de Paris auf der Île de la Cité, einer der beiden kleinen Inseln inmitten des Flusses. Denkt man sich an dieser Stelle einen Radius von acht Kilometern, so liegen praktisch alle Sehenswürdigkeiten in diesem Umkreis.

Arrondissements

Seit über einem Jahrhundert wird Paris in 20 *arrondissements* (Bezirke) eingeteilt, die sich wie eine Spirale im Uhrzeigersinn vom Zentrum aus in die Peripherie winden. Die für Besucher wichtigsten tragen die Nummern 1 bis 8:

1e (75001) – das Herz der Rive Droite mit Louvre und ein Teil der Île de la Cité
2e (75002) – das Geschäftsviertel um die Opéra
3e und **4e** (75003/4) – Maraisviertel, ein Teil der Île de la Cité und Île St-Louis
5e (75005) – Quartier Latin und Rive Gauche
6e (75006) – St-Germain
7e (75007) – Wohngegend um Faubourg St-Germain und Eiffelturm
8e (75008) – das Viertel des Chics um den Arc de Triomphe

Touristenbüros

Der Besuch in einem der drei Büros lohnt sich wegen Stadtplänen, Broschüren und Veranstaltungstipps. Auch bei der Suche nach Unterkunft ist man Ihnen dort behilflich. Kostenlose Stadtpläne bieten auch die großen Kaufhäuser.

Office du Tourisme (Hauptstelle)
127, avenue des Champs-Élysées, 75008
08 92 68 31 12
tägl. 9–20 Uhr. Geschlossen am 1. Mai, 25. Dez.
George V

Île de France
Carrousel du Louvre (Erdgeschoss)
01 44 50 19 98
Mi–Mo 9–19 Uhr

Büro am Eiffelturm
Champ de Mars, 75007
01 45 51 22 15
2. Mai–Sept. tägl. 11–18 Uhr
Bir Hakeim

Öffentlicher Nahverkehr

Busse eignen sich zum Sightseeing und für Menschen mit Problemen beim Treppensteigen. Am besten fährt man Metro oder RER – eine Schnellbahn, die außer dem Zentrum auch die Vororte bedient. Die Metro hat 13 Linien mit über 300 Stationen. Beide Bahnen sind billig und pünktlich. Die nächste Metro- oder RER-Station ist immer ganz in der Nähe. Beide Systeme funktionieren in der gleichen Weise, und die Fahrkarten sind in beiden gültig. Info: www.ratp.fr.

Metro

In der hinteren Klappe finden Sie einen Metroplan.

- Die Stadt hat **fünf Tarifzonen**; bis auf La Défense (Zone 3), die Ausflüge sowie die Flughäfen (Zone 4: Orly, Zone 5: Roissy) liegen jedoch alle hier besprochenen Ziele innerhalb der Zone 1.
- Für diesen Bereich ist ein ***carnet*** mit zehn Fahrkarten erhältlich, das etwa soviel kostet wie sieben einzelne Karten. Sie können auch eine *Mobilis*-Karte für einen oder *Paris-Visite*-Dauerkarten für zwei, drei oder fünf Tage kaufen, aber Sie müssen schon sehr viel herumfahren, sonst lohnen die Karten nicht. Fahrkarten gibt es an allen Stationen und an einigen Kiosken.
- Die Metro – jede Linie hat eine eigene Farbe und Nummer, **Netzpläne** gibt es kostenlos an den Stationen – fährt von 5.30 bis 0.30 Uhr. Meiden Sie die **Rushhour** von 8 bis 9.30 sowie 16.30 bis 19 Uhr!
- Vergessen Sie nicht, die Fahrkarte beim Passieren des Drehkreuzes im **Entwerter** am Eingang zum Bahnsteig zu stempeln. Dazu stecken Sie das Ticket in den Schlitz, dann werden die Karten abgestempelt. Behalten Sie die Karte bis zum Verlassen der Zielstation – erwischt Sie der Kontrolleur mit nicht entwertetem oder gar ganz ohne Fahrschein, wird es teuer.
- Vorsicht vor **Taschendieben**.

Batobus

Diese von Ende April bis Oktober alle 25 Minuten verkehrenden Boote erlauben Ihnen einen schönen Blick auf beide Seineufer (10–19 Uhr; Juli, Aug./Sept. 10–21 Uhr). Zwischenstopps zum Ein- und Aussteigen: Eiffelturm, Musée d'Orsay, St-Germain, Notre-Dame, Hôtel de Ville, Louvre, Champs-Elysées.

Taxi

Man kann eine fahrende Taxe mit erleuchtetem rotem Taxi-Zeichen auf dem Dach heranwinken oder an *Tête-de-Station*-Warteplätzen suchen. Taxi Bleu: Tel. 01 49 36 10 10; G 7: Tel. 01 47 39 47 39.

Auto

Nehmen Sie nationalen Führerschein und Fahrzeugschein mit. Besser aber, Sie lassen Ihren Wagen zu Hause: Es herrscht extremer Parkplatzmangel, überall lauern Einbahnstraßen, die das Fahren zum Albtraum machen, Tankstellen sind schwer zu finden. Wer aber durchaus einen fahrbaren Untersatz braucht – die Geschwindigkeitsbegrenzung in der Stadt liegt bei 50 km/h, auf den Vordersitzen besteht Anschnallpflicht; hinten, soweit Gurte vorhanden sind. Es herrscht wie in Deutschland, Österreich und der Schweiz Rechtsverkehr.

Mietwagen

Alle großen Autovermieter sind am Flughafen Roissy CDG sowie im Stadtzentrum vertreten (Avis: Tel. 01 48 62 34 34; Hertz: 01 39 38 38 38; Europcar: 01 48 62 33 33).

Discountpässe

Die spezielle *Carte Musées et Monuments* gilt für 40 Sehenswürdigkeiten in Paris und 22 in der Île-de-France (nur nicht für Ausstellungen). Pässe für einen, drei oder fünf Tage sind in den Museen, Touristenbüros, Bahn- und Metrostationen erhältlich.

Preise für Eintrittskarten

Es werden folgende Preisgruppen unterschieden:

€ bis 6 Euro **€€ 6–8 Euro** **€€€ über 8 Euro**

Übernachten

Paris bietet von der Luxusherberge bis zur kleinen Familienpension für jeden Geldbeutel die geeignete Unterkunft. Man sollte allerdings in jedem Fall rechtzeitig buchen, ganz besonders im Frühling oder Herbst.

Reservierungen
Eine sehr nützliche Website, um Unterkunft zu finden, ist www.webtourist.net. Ein weiterer ausgezeichneter Reservierungsservice für Hotels und Restaurants ist www.reservethebest.com, wo man darauf spezialisiert ist, auch kurzfristig einen Platz im Restaurant oder ein geeignetes Hotelzimmer zu vermitteln.

Internationale Hotelketten

Wie überall auf der Welt übernehmen internationale Hotelkonzerne auch in Paris einen immer größeren Teil des Geschäfts. Sie bieten zwar gute Qualität, ihnen fehlt dagegen jede individuelle Note. Außerdem hat der Service manchmal einen eher automatisierten Charakter.
Holiday Inn (Reservierung innerhalb Frankreichs Tel. 0800 90 59 99), eine von Bass Holiday Resorts in Großbritannien betriebene Kette, besitzt im Großraum Paris 26 Häuser dreier Typen: Holiday Inn Full Service ist derzeit die höchste Qualitätsstufe, denn das nobelste Haus der Kette, Crowne Plaza, gibt es in Paris bisher nicht. Holiday Inn Garden Courts ist eher informell; Holiday Inn Express ist vor allem für Geschäftsreisende geeignet, denn es verfügt über wenig Freizeiteinrichtungen.
Ibis (Reservierung: Tel. 01 60 87 90 00) hat in Paris 20 Hotels, die einfachen, aber zuverlässigen Service bieten.

Appartements

Gerade für einen längeren Aufenthalt lohnt es sich, ein Appartement zur Selbstversorgung zu mieten. Sie können damit die Kosten erheblich reduzieren. Die Einrichtung ist exzellent, es herrscht täglicher Service, außerdem haben Sie Ihre eigene Adresse. Geräumige Zimmer, Bad und voll ausgestattete Kochnischen gehören zum Standard der Appartements. **Paris-Appartements** (69, rue d'Argout, 75002; Tel. 01 40 28 01 28) bietet eine gute Auswahl.

Jugendherbergen

Die Stadt bietet auch preiswerte Unterkünfte in Form von Jugendherbergen an, deren Zimmer sich mehrere Gäste teilen. In Anspruch genommen werden sie hauptsächlich von jungen Leuten unter 35 Jahren.
Die besten Kontaktadressen sind die großen Touristenbüros: **Office de Tourisme de Paris**, 127 avenue des Champs-Élysées, 75008, Tel. 08 92 68 31 12, tägl. 9–20 Uhr, 1. Mai, 25. Dez. geschlossen, Metro: Charles de Gaulle.
Wegen des Andrangs bilden sich im Lauf des Tages in der Regel sehr lange Warteschlangen, also: zeitig hingehen!
Zu den Jugendherbergen der Stadt gehören die **Auberge Internationale des Jeunes** nahe der Bastille (10, rue Trousseau, 75011, Tel. 01 47 00 62 00; www.aijparis.com; Metro: Bastille, Ledru Rollin) mit Zwei-, Drei- und Vierbettzimmern und die **Auberge de Jeunesse Jules Ferry** (8, boulevard Jules Ferry, 75011, Tel. 01 43 57 55 60; www.hostels-in.com; Metro: République) mit Zwei-, Vier- und Sechsbettzimmern.

Bed & Breakfast

Privatunterkünfte im Pariser Raum, zuweilen auch mit Abendessen, bekommen Sie über: **France Lodge**, 2, rue Meissonier, 75017, Tel. 01 556 33 85 85, Métro: Wagram.
Die Auswahl ► 38ff stellt einen kleinen Querschnitt von einigen der besten und typischsten Pariser Hotels dar.

Preise für Doppelzimmer

€ unter 120 Euro
€€ 120–200 Euro
€€€ 200–300 Euro
€€€€ über 300 Euro

Hôtel Agora €

In zentraler Lage, Nähe Les Halles und Centre Pompidou, besitzt dieses Hotel eine Fassade aus dem frühen 20. Jahrhundert und im Inneren eine Mischung aus Alt und Modern. Die fünf Stockwerke sind durch einen Lift verbunden; die Zimmer im obersten Stock mit schrägen Wänden sind die hübschesten.

200 C1
7, rue de la Cossonnerie, 75001
01 42 33 46 02; Fax 01 42 33 80 99
Les Halles

Artus Hôtel €€€

Nur wenige Meter vom Boulevard St-Germain entfernt, herrscht in diesem relativ neuen Hotel Eleganz und beeindruckende Modernität mit Werken junger Künstler. Die Zimmer sind in einem anheimelnden Stil gehalten, mit terrakottafarbenen Wänden, geschwungenen Möbeln und großen Betten. Die modernen Badezimmer sind gut ausgestattet.

194 C5 34, rue de Buci, 75006
01 43 29 07 20; Fax 01 43 29 67 44; www.artushotel.com
Mabillon

Hôtel Beaumarchais €

Ein Schnäppchen unter den preisgünstigen Pariser Hotels: Es wurde in den späten 1990er-Jahren geschmackvoll umgebaut. In allen Zimmern dominieren lustige Grundfarben oder anheimelnde Ockertöne. Italienische Glaslampen sind ebenfalls typisch. Zum Rund-um-die-Uhr-Zimmerservice gehört auch das Frühstück. Günstig zwischen Bastille, Marais und den angesagten Oberkampf-Nachtclubs gelegen, ist dieses Hotel schwulenfreundlich, aber für alle offen.

201 F2 3, rue Oberkampf, 75011
01 53 36 86 86; Fax 01 43 38 32 86; www.hotelbeaumarchais.com; E-Mail: reservations@hotel.beaumarchais.com
Oberkampf

Hôtel de la Bretonnerie €€

Ein eleganter und geschmackvoll renovierter Bau aus dem 17. Jahrhundert mitten im Marais, nur wenige Schritte vom Centre Pompidou. Die Zimmer sind unterschiedlich gestaltet, einige in kräftigen Farben, andere etwas zurückhaltender. Zimmer und Bäder sind groß. Rustikale Balken tragen zum Charakter bei.

201 D1
22, rue Ste-Croix-de-la-Bretonnerie, 75004
01 48 87 77 63; Fax 01 42 77 26 78; www. Bretonnerie.com
Hotel de Ville

George V €€€€

Das von der Vier-Jahreszeiten-Gruppe betriebene Haus ist, obwohl nach einem englischen König benannt, ein typisch französisches Hotel mit internationalem Flair. Die hohen Räume sind mit antiken Möbeln, Tapeten aus dem 17. Jahrhundert und vielen Kunstwerken ausgestattet.

197 F3 31, avenue George V, 75008
01 49 52 70 00; Fax 01 49 52 70 10; www.fourseasons.com/paris
George V

L'Hôtel €€€–€€€€

Im früheren Hôtel d'Alsace starb 1900 Oscar Wilde. Das Haus wurde 1968 von den heutigen Eigentümern liebevoll restauriert und enthält noch zahlreiche Details aus früherer Zeit; Wildes bescheidenes Zimmer wurde nachgebildet. Die Gästezimmer sind geräumig, in individuellem Stil aus einem Mix verschiedener Stilrichtungen einschließlich des Barock gehalten und klimatisiert, alle modernen Einrichtungen sind enthalten.

194 C5
13, rue des Beaux-Arts, 75006,
01 44 41 99 00, Fax 01 43 25 64 81; www.l-hotel.com; E-Mail: reservations@l-hotel.com
St-Germain-des-Prés

Hôtel du Jeu de Paume €€

Dieses originelle Hotel mitten auf der Île St-Louis ist um einen überdachten Tennisplatz aus dem 17. Jahrhundert herum gebaut. Die öffentlichen Räume liegen auf verschiedenen Stockwerken; die komfortable Lounge liegt auf einer Zwischenetage. Im Keller: Sauna, Jacuzzi und Fitnessraum. Sehr gemütliche Zimmer, höflicher und aufmerksamer Service.

199 F4
54, rue St-Louis-en-l'Île, 75004
01 43 26 14 18, Fax 01 40 46 02 76; www.jeudepaumehotel.com
Pont-Marie

Hôtel du Lys €

Liegt in einer schmalen Gasse im Herzen des Quartier Latin. Das attraktive Gebäude aus dem 17. Jahrhundert steht nahe an der Kreuzung Boulevard St-Germain/St-Michel. Madame Decharme und ihre Familie leiten dieses gemütliche Alt-Pariser Hotel. Ihr Name ist Programm: Hier kann man sich wie zu Hause fühlen. Das malerische Gebäude bietet kleine, hübsch eingerichtete Zimmer mit heimeliger Atmosphäre; es gibt keinen Fahrstuhl, dafür aber eine prächtige alte Holztreppe.

195 D4 23, rue Serpente, 75006
01 43 26 97 57, Fax 01 44 07 34 90
St-Michel/Odéon

Hôtel Meurice €€€€

Das heutige Gebäude gegenüber dem Jardin des Tuileries stammt von 1907 und verkörpert das goldene Zeitalter der Palasthotels. Bald nachdem es eröffnet hatte, wurde es von Herrscherkreisen favorisiert. Heute ist es (wie das Dorchester in London) Teil der Audley-Gruppe, die dem Sultan von Brunei gehört. Erst kürzlich wurde es renoviert und ist jetzt mit einem Neo-Rokokosalon »Pompadour« noch prachtvoller als zuvor. Antike Möbel, stets frische Blumen und Originalgemälde bringen Individualität in die luxuriösen Räume.

199 E2 228, rue de Rivoli, 75001
01 44 58 10 10, Fax 01 44 58 10 15; www.meuricehotel.com Tuileries

Millennium Hôtel Paris-Opéra €€€€

Das sehr günstig am Boulevard Haussmann, der Haupteinkaufsstraße der Rive Droite, gelegene Hotel wurde 1927 gebaut und vor einigen Jahren renoviert. Es glänzt mit einer herrlichen *Belle-époque*-Halle, mit einer Glaskuppel über einer kleinen Bar und einem gläsernen Aufzug. Die Zimmer mit Möbeln aus der Zeit, glänzend weiße Badezimmer und Schreibtische mit Internetzugang verbinden die besten Traditionen von Haussmanns Paris mit den Annehmlichkeiten eines modernen Hotels.

200 A4
12, boulevard Haussmann, 75009
01 49 49 16 00; Fax 01 49 49 17 99; www.millennium-hotels.com; E-Mail: opera@mill-cop.com
Richelieu-Drouot

Hôtel Montalembert €€€€

Das Haus im Originalzustand von 1926 bietet prächtiges Dekor und viele Luxusmaterialien in Bauteilen und Design, eine elegante Bar und Lounge mit Garten. Marmortreppen führen zu den zum Teil modern, zum Teil im Louis-Philippe-Stil eingerichteten Zimmern.

194 A5
3, rue de Montalembert, 75007
01 45 49 68 68, Fax 01 45 49 69 49; www.montalembert.com
Rue du Bac

Hôtel de la Place du Louvre €€

Von den Zimmern dieses legeren Hotels können Sie die Wasserspeier von St-Germain l'Auxerrois und die elegante Fassade des Louvre bewundern. Jedes der gemütlichen großen Zimmer hat ein Bad und trägt den Namen eines modernen Künstlers wie Kupka oder Modigliani. Sie sollten die besten Croissants der Stadt bei Cador am Ende der Straße probieren.

200 B1
21, rue des Prêtres St-Germain l'Auxerrois, 75001
01 42 33 78 68; Fax 01 42 33 09 95; E-Mail: hotel.place.louvre@wanadoo.fr
Louvre-Rivoli/Pont Neuf

Hôtel Prima Lepic €

Ein unscheinbarer Eingang an einer lebhaften Straße führt den Gast in ein attraktives, hell gehaltenes Foyer. Das Hotel hat helle Zimmer mit interessanten Blumendekorationen. Die ruhigsten liegen zum Innenhof; die Zimmer zur Straße hin sind etwas lauter, andererseits interessanter, da sie einen in authentischer Weise am Pariser Leben teilhaben lassen. Nur wenige Schritte von Sacré-Cœur und nicht weit vom berühmten Moulin Rouge gelegen.

202 B3 29, rue Lepic, 75018 01 46 06 44 64, Fax 01 46 06 66 11 Blanche/Abbesses

Relais St-Germain €€€

In diesem Hotel in einem Stadthaus des 17. Jahrhunderts kann man kaum glauben, dass man nicht auf dem Land wohnt. Das liegt nicht nur an den lärmdämmenden Doppelfenstern und dem reichen Blumenflor, sondern auch an den Steinreliefs, Parkettböden und Holzbalken in den meisten Zimmern. Viele Zimmer, bis hin zu großen Suiten, haben ein eigenes Bad und sind nach französischen Schriftstellern benannt. Das literarische Thema unterstreicht der verlockende Leseraum neben der geschmackvollen Lobby.

194 C4
9, carrefour de l'Odéon, 75006
01 43 29 12 05; Fax 01 46 33 45 30
Odéon

Terrass' Hôtel €€€

Am Fuß des Montmartre nahe der Kirche Sacré-Cœur. Außer den schönen Zimmern des Hauses gibt es noch 13 Suiten und ein Restaurant im siebten Stock (nur Mai–Sept.) mit einzigartigem Blick auf Paris. Den können Sie auch von den nach vorn blickenden Fenstern der Zimmer des vierten, fünften und sechsten Stocks genießen.

202 B3
12, rue Joseph-de-Maistre, 75018
01 46 06 72 85, Fax 01 42 52 29 11;
www.terrass-hotel.com
Blanche/ Place-de-Clichy

La Villa Saint Germain €€€

Wenn sie Designerschick und hochmodernes Dekor suchen, sind sie hier richtig. Auch Prominente lieben das Hotel. Die Ausstattung besteht aus Stahl und poliertem Granit, aber die Bequemlichkeit bleibt nicht auf der Strecke. Die Zimmer und Bäder sind elegant und modern. Im Erdgeschoss gibt es eine Bar, in der man gewesen sein muss, außerdem hat man gut gefüllte Minibars in jedem Zimmer.

194 B5
29, rue Jacob, 75006
01 43 26 60 00;
Fax 01 46 34 63 63;
www.villa-saintgermain.com;
E-Mail: reservation@villa-saintgermain.com
St-Germain-des-Prés

Essen und Trinken

Paris genießt international den Ruf als unangefochtene Welthauptstadt der Gastronomie. Keine Reise wäre somit vollständig ohne den Besuch einiger der zahllosen Restaurants, Brasserien, Bistros und Cafés.

Für die Bewohner dieser Stadt ist Essen und Trinken nicht einfach ein normaler Zeitvertreib – sie machen daraus eine Kunst, eine Lebensart, eine Philosophie; für Nahrungsmittel wendet man in Paris einen größeren Teil des Einkommens auf als irgendwo sonst.

Und wenn sie nicht gerade dinieren, stellen die Pariser Einkaufslisten zusammen, besuchen Märkte oder unterhalten sich über die Mahlzeiten, die sie gerade genossen haben, oder über das, was sie demnächst essen werden. Nicht vergessen: Fast jeder macht um halb eins Mittagspause; viele der guten Restaurants bleiben am Wochenende und fast den ganzen August geschlossen.

Mehr als eine *Cuisine*

1956 starb der französische Gastronomiekritiker Curnonsky. 1932 hatte er sein *La France gastronomique* herausgegeben, in dem er die französische Küche in vier Sparten einteilte: *La Haute Cuisine, la Cuisine Bourgeoise, la Cuisine Régionale* und *la Cuisine Improvisée*. Diese Katagorien gelten noch heute.

- Die *Haute Cuisine* beruht auf jahrhundertealter Erfahrung und solider, klassischer Ausbildung des Kochs und erfordert lange Übung und den Gebrauch raffinierter Techniken. Es ist die professionelle Kochkunst der allerersten Köche des Landes, mit anderen Worten das, was der *Michelin* mit mehreren Sternen auszeichnet. Dazu zählt etwa die Kunst eines Alain Ducasse (► 112) und Guy Savoy (► 64).

- Die *Nouvelle Cuisine* ist (oder war) eine moderne Interpretation, meist die abgespeckte Version der *Haute Cuisine*. Der Trend zur leichteren Nahrung seit den Achtzigerjahren führte zu phantasievollen, gesünderen Gerichten ohne allzu viele fetthaltige Saucen, die oft nur als Geschmacksträger gedient hatten. Die *Nouvelle Cuisine* in ihrer ursprünglichen Form indessen überlebte nicht lange. Sie hat aber deutliche Spuren in der *Haute Cuisine* hinterlassen: Auch die klassischen Gerichte werden heute deutlich leichter zubereitet als noch vor 26 Jahren.

- Die *Cuisine Improvisée* dagegen ist bäuerlichen Ursprungs, es sind althergebrachte Gerichte mit einfachen Zutaten. Vor allem die *Cuisine Bourgeoise*, die tägliche Alltagsmahlzeit, hat die Pariser Küche beeinflusst. Eingang gefunden hat aber auch die *Cuisine Régionale*, die an eine bestimmte Herkunftsgegend gebunden ist: etwa die *bouillabaisse* und *estouffade de bœuf* der Provence, Hecht mit *beurre blanc* des Loiretals, *coq au vin* im Burgund und *choucroute garnie* im Elsass.

Bistros, Brasserien, Restaurants und Cafés

Viele Besucher von Paris finden sich mit diesen vier Bezeichnungen nicht zurecht; daher hier ein kleiner Überblick:

Bistro
Das Bistro erfreut sich bei den Franzosen großer Beliebtheit; wer einfach zum Essen ausgehen will, wählt häufig ein Bistro. Zu verstehen ist darunter eine meist kleine, eher bescheidene Gaststätte, oft in Familienbesitz – mit traditionellen Gerichten auf der nicht sehr umfangreichen Speisekarte. Typisch ist das gute Käseangebot; Wein wird in der Regel in der *carafe* oder im *pichet* (einem kleinen Krug) serviert. Flaschenweine werden nur wenig angeboten.

Brasserie
Das französische Wort für »Brauerei« steht heute für ein schickes Restaurant mit einem Essensangebot – oft bis spät in die Nacht. Hier bekommt man Bier – zuweilen in reichhaltiger Auswahl. Typische Gerichte sind *choucroute* (Sauerkraut mit Würstchen), *blanquette de veau* (Kalbfleisch in Sahnesoße) und *steak pommes frites*, oft als Nationalgericht der Franzosen bezeichnet. Muscheln spielen eine zentrale Rolle: In den Fenstern der Brasserien an den vornehmeren Boulevards sieht man oft ganze Berge davon.

Restaurant
Im Gegensatz zu Bistros und Brasserien speist man hier die klassische *Haute Cuisine* in eleganterem Rahmen. Die Preise sind zwar höher – oft aber bieten

diese Restaurants Menüs zu festen Preisen, und man bekommt für sein Geld erstaunlich gute Qualität, vor allem zur Mittagszeit. Manche Restaurants sind auf moderne Küche, viele auf Fischgerichte, andere wieder auf Regionales spezialisiert. Im Gegensatz zum Bistro oder zur Brasserie verfügen Restaurants meist über einen eigenen Weinkellner (*sommelier*), der einem den Zugang zu den Schätzen eines oft uralten Kellers eröffnet. Tische in guten Restaurants müssen sehr frühzeitig bestellt werden, oft Monate im Voraus. Man sollte sich für den Abend schon etwas zurechtmachen – für Herren besteht Krawattenpflicht.

Die besten Restaurants für ...
... Romantik: Beauvilliers, 75018 (➤ 158)
... Atmosphäre: L'Ambroisie, 75004 (➤ 138)
... Küche: Pierre Gagnaire, 75008 (➤ 114)
... Preis-Leistungs-Verhältnis: Batifol (➤ 87)
... eleganten Luxus: Alain Ducasse, 75016 (➤ 112)

Café und Bar
In Paris gibt es rund **zehntausend Cafés und Bars**. Cafés mit zur Straße ausgerichteten Sitzreihen sind genauso französisch wie das *baguette*. Hier kann man die Menschen in aller Ruhe beobachten, denn kein Kellner ist böse, wenn Sie sich am Kaffee oder Bier stundenlang festhalten. Tee ist meist fürchterlich – außer in *salons de thé*. Bestellen Sie schwarzen Kaffee; Bier ist als *pression* (vom Fass) besser und billiger. Heiße Schokolade (oft aus wirklicher Schokolade gemacht) schmeckt meist ausgezeichnet! Das Trinkgeld taucht automatisch auf den Kassenzettelchen auf (*service compris*). Sie bezahlen erst, wenn Sie gehen. Man redet das Personal höflich mit *»monsieur«* oder *»mademoiselle«* an, ruft nie *»garcon«* und schnipst schon gar nicht mit den Fingern! Hochburg der Café-Kultur ist St-Germain-des-Prés. Hier finden Sie die beiden weltberühmten Adressen **Café de Flore** und **Les Deux Magots**. Auch das **Café Marly** mit einer Speisekarte wie in einer Brasserie gehört in diese Kategorie.

Frühstück
Café Beaubourg (➤ 138)
Le Cochon à l'Oreille, 15, rue Montmartre, 75001, legendäres Arbeitercafé an Les Halles, bekannt für sehr frühe Snacks. ✚ 200 B2

Teesalons
Angélina, 226, rue de Rivoli, 75001, gute heiße Schokolade. ✚ 199 E2
L'Ébouillanté, 6, rue des Barres, 75004, winziger Teeladen mit köstlichem Kuchenangebot. ✚ 195 F5
Ladurée, 16, rue Royale, 75008, altmodische Teestube, wegen ihrer Makronen geschätzt. ✚ 199 D3
Mariage Frères(➤ 65)

Aperitif
Café de la Musique, 213, avenue Jean-Jaurès, 75019, eine moderne Cocktail-Bar im neuen Cité-de-la-Musique-Komplex. ✚ außerhalb des Stadtplans
La Gueuze, 19, rue Soufflot, 75005, ein Biertempel mit 130 Sorten. ✚ 195 D3
Le Baron Rouge, 1, rue Théophile Roussel, 75012, halb Bar, halb Weinladen. ✚ außerhalb des Stadtplans
Le Rouge Gorge, 8, rue St-Paul, 75004, Weinkneipe in Landhausstil. ✚ 196 A4

Einkaufen

Auch in der Mode kann keine Stadt der Welt mit Paris konkurrieren. Es macht Spaß, hier Schaufensterbummel zu unternehmen. Was tut's, wenn nicht alles ganz billig ist: Ansehen kostet nichts.

Das Zentrum ist ein einziges Einkaufsparadies – die wirklich guten Geschäfte liegen leicht zu Fuß oder per Metro erreichbar an der Rive Droite in einem Quadrat zwischen Boulevard Sebastopol im Osten, Boulevard Haussmann im Norden und der Rue Washington und Avenue George V im Westen. Dort findet man auch die führenden Kaufhäuser.

5. Arrondissement
Östlich davon liegt das 5. Arrondissement, das Studentenviertel mit seinen vielen Buchhandlungen. Das 6. und 7. Arrondissement wiederum sind voller Antiquitätenläden und kleinen Boutiquen. Im 7., wo viele Reiche und Angehörige der Regierung wohnen, fehlen allerdings gute Metroanbindungen.

Kosmetik und Parfüm
Kosmetika und Parfüms sind manchmal kaum preiswerter als zu Hause. Man sollte also die heimischen Preise kennen, um vergleichen zu können. Bekannte Hersteller führen ihre neuen Kreationen in den großen Kaufhäusern wie den Galeries Lafayette oft zu besonderen Eröffnungspreisen ein, die weit unter dem Niveau liegen können, das Sie gewohnt sind: Schauen Sie vorbei, es könnte sich lohnen.

Kaufhäuser
Sie waren die ersten in der Welt – ursprünglich entwickelt als große Einkaufstempel für erschwingliche Konfektionskleidung und Schmuck. Ihre Restaurants und Cafés sind beliebte Ruhestationen im Konsumtrubel.

Gourmet-Tempel
Paris ist ein Mekka für die wachsende Zahl von Leuten, die herkommen, um nach den feinsten Delikatessen zu suchen. Hier findet man wundervolle Pasteten, und die Schokolade sucht ihresgleichen – allein die Konditoreien und Schokoladengeschäfte sind die Reise wert! Etwa Christian Constant (➤ 67) – ein Muss für die Fans edler Kakaoprodukte. Auf der Suche nach Käse sollte man bei Alléosse (➤ 116) im 17. Arrondissement, bei Androuet, Barthélémy oder Marie-Anne Cantin (7. Arrondissement, ➤ 67) oder La Ferme St-Hubert im 8. Arrondissement (➤ 116) vorbeischauen

Öffnungszeiten
In der Regel bleiben die Geschäfte bis mindestens 19 Uhr geöffnet. Manche schließen mittags (12–14 Uhr) und am Montag. Kaufhäuser und Supermärkte sind Montag bis Sonnabend durchgehend von 9.30 bis 19, Donnerstag meist bis 22 Uhr geöffnet. Die Öffnungszeiten am Sonntag sind beschränkt, doch einige Supermärkte und kleine Läden sind wenigstens einige Stunden geöffnet, vor allem in Touristenbereichen.

Die wichtigsten Märkte
Rue Mouffetard. Lebensmittel aller Art. 🕐 Di–So 8–13 Uhr Ⓜ Monge
Marché aux Fleurs (➤ 77).
Marché aux Puces (➤ 157).
Marché aux Livres. Secondhand- und antiquarische Bücher 🕐 Sa–So 9.30–18 Uhr ✉ Parc Georges Brassens, Ⓜ Porte de Vanves

Ausgehen

Wichtige Veranstaltungen und Informationen finden Sie im wöchentlich erscheinenden *Pariscope* (www.pariscope.fr) – erhältlich am Kiosk. Außerdem: *l'Officiel des Spectacles.*

Eintrittskarten
Für Konzerte, Theater und anderes erhalten Sie Karten im **FNAC Spectacles** (136, rue de Rennes, 75006, Tel. 01 49 54 30 00, Metro: St-Placide), dazu im Virgin Megastore (52, avenue des Champs-Élysées , 75008, Tel. 01 49 53 50 00, Metro: Franklin D. Roosevelt).
Buchen Sie mindestens zwei Wochen im Voraus. Discount-Karten sind am Tag der Veranstaltung am Kiosque Théatre erhältlich (15, place de La Madeleine, 75008, 12.30–20, So bis 16 Uhr, Mo geschlossen, Metro: Madeleine). Andere Kartenverkaufsstellen sollten Sie meiden.

Oper und Theater
Paris hat **zwei Opernhäuser** und vier der fünf **französischen Nationaltheater**. Deren Repertoire umfasst sehr viel Molière, Shakespeare und auch Goethe. Das typisch französische Theater legt mehr Wert auf klassische, ernste Stücke als auf Lustspiele – andererseits ist Paris voller Bühnen, die ausschließlich Komödien aufführen.

Kino
Paris kennt zwei unterschiedliche Arten von Kino: kleine, mehr der **Filmkunst** verschriebene Häuser, etwa 400 an der Zahl, mit mehr als 300 Filmen pro Woche – und die riesigen **Multiplexhäuser** an den Champs-Élysées und den Boulevards, mit den *blockbusters* im Programm (VO bedeutet Originalversion, VOST Original mit französischen Untertiteln, VF französischsprachige Fassung). Programmwechsel ist mittwochs.
Die größte Leinwand: **Gaumont Grand Écran Italie** (30, place d'Italie, 75013, Tel. 08 92 69 66 96; www.gaumont.com, Metro: Place d'Italie). Das schönste Rundkino mit stereoskopischen Effekten ist **La Géode** in der **Cité des Sciences et de l'Industrie** (30, avenue Corentin Cariou, 75019, Tel. 01 40 05 12 12). Unabhängige Kunstfilme zeigt die Kette MK2 (www.mk2.com).

Cabaret
Glanz und Glitter der Tanzsäle, Gesang, Transvestiten-Shows und akrobatische Vorführungen haben in dieser Stadt eine lange Tradition. Heute sind sie auf ein internationales Publikum zugeschnitten. Am bekanntesten ist das Moulin Rouge (➤ 152). Die Shows beginnen selten vor 1.30 Uhr, sind nicht billig und erfordern vom Zuschauer gute Garderobe.

Die Saison
Die Saison für Kultur, Theater, Kunst und Unterhaltung fängt in Paris erst nach der Sommerpause im Herbst richtig an. Höhepunkt ist die Zeit um Weihnachten, wenn die Hauptstraßen in phantasievollen Lichtdekorationen aller Art erstrahlen. Die großen Kaufhäuser, wie *Printemps* und *Samaritaine,* wetteifern um die schönste Ausschmückung und widmen ihre Schaufenster verschiedenen Märchen und anderen Themen, die Kinderherzen höherschlagen lassen.

Vom Eiffelturm nach St-Germain

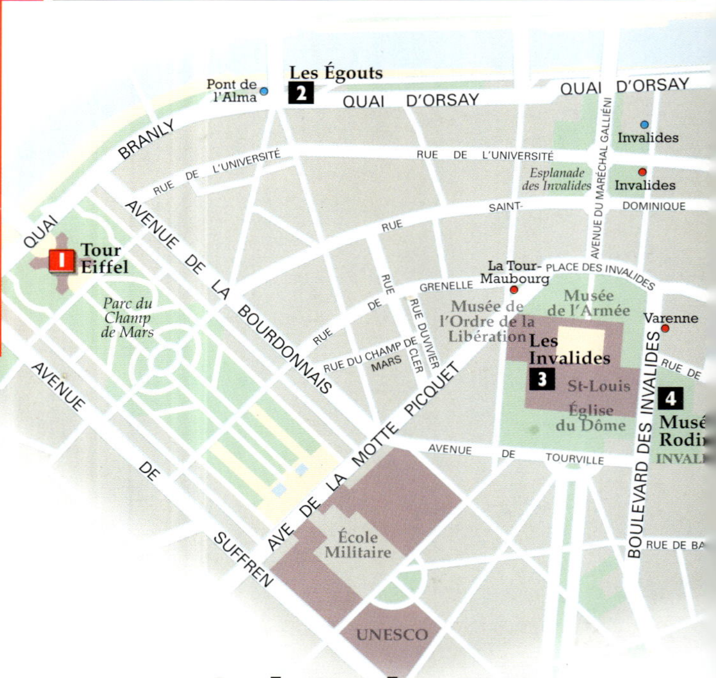

Erste Orientierung

Die Rive Gauche, das linke Ufer der Seine, atmet den ganzen Charme des alten Paris. Mit seinen geschäftigen Straßenmärkten, den Kellnern, die in langen weißen Schürzen ihre Kundschaft bedienen, kleinen exquisiten Läden, winzigen Bistros mit Kerzenlicht auf rotweiß gemusterten Tischdecken wirkt dieses Viertel, als lebte man vor einem halben Jahrhundert. Kein Wunder, dass diese Gegend unzählige Besucher in ihren Bann schlägt und eine der beliebtesten Wohngegenden von Paris ist.

In diesem Kapitel soll »Rive Gauche« den gesamten Bereich südlich der Seine vom Eiffelturm im Westen bis zum Jardin du Luxembourg im Osten (ohne das Quartier Latin) bezeichnen. Hier liegen viele der beliebtesten Sehenswürdigkeiten, darunter das Musée d'Orsay (➤ 54), ehemals ein Bahnhof aus der Gründerzeit, der in das bedeutendste Museum der Stadt für den Impressionismus verwandelt wurde; das Quartier St-Germain mit seiner Atmosphäre – seit langem das geistige und literarische Herz Frankreichs und ein wahres Paradies für Gourmands, Freunde nobler Geschäfte und Kaffetrinker; schließlich der alles beherrschende Eiffelturm, das Wahrzeichen der Stadt.

Vorhergehende Seite: An der Rive Gauche befinden sich die berühmtesten Cafés

★ Nicht verpassen!

1 Der Eiffelturm ➤ 50
5 Musée d'Orsay ➤ 54
6 St-Germain-des-Prés ➤ 58

Nach Lust und Laune!

2 Les Égouts ➤ 60
3 Les Invalides ➤ 60
4 Musée Rodin ➤ 61
7 Les Deux Magots ➤ 62
8 Musée National Eugène-Delacroix ➤ 62
9 Jardin du Luxembourg ➤ 63

Entspannen Sie sich an der Rive Gauche

Vom Eiffelturm nach St-Germain-des-Près an einem Tag

9 Uhr

Seien Sie früh (Mitte Juni–Aug. 9, Sept.–Mitte Juni 9.30 Uhr) am **Eiffelturm** (➤ 50ff)! Sie vermeiden so lange Wartezeiten und können als einer der Ersten die atemberaubende Aussicht von der obersten Plattform genießen. An ganz klaren Tagen soll man sogar das 70 Kilometer entfernte Chartres sehen.

10 Uhr

Schlendern Sie das **Champ-de-Mars** hinunter. Vielleicht sehen Sie Einheimische beim Boulespiel, Liebespaare auf den Bänken und fotografierende Touristen. Gehen Sie weiter bis zu **Les Invalides** (➤ 60), der letzten Ruhestätte Napoleon Bonapartes (links), gleichzeitig ein reich ausgestattetes militärhistorisches Museum.

12 Uhr

Ankunft am berühmten **Musée d'Orsay** (➤ 54ff) – früh genug für eine kleine Mittagsmahlzeit im angeschlossenen Café des Hauteurs. Zum Nachtisch gibt es dann Manets, Monets und van Goghs.

15.30 Uhr

Jetzt geht es in Richtung Osten die Seine entlang zu den ***bouquinistes*** (➤ 24), wo man nach alten Büchern oder Karten stöbern kann.

16 Uhr

Gehen Sie kreuz und quer durch die alten Gassen in **St-Germain-des-Prés** (➤ 58f) mit der gleichnamigen Kirche (rechts). Ein wahres Einkaufsparadies mit vielen winzigen Galerien, Antiquitätenläden, Designer-Ateliers und Modegeschäften.

18 Uhr

Gönnen Sie sich einen Kaffee oder eine erfrischende *citron pressé* im Café **Les Deux Magots** (➤ 62) am Boulevard St-Germain. Ein Tisch auf der Terrasse in diesem leider etwas touristischen Café wäre schön, dann könnten Sie den Blick auf die alte Kirche St-Germain-des-Prés genießen. Immer noch ist in den Cafés dieser Gegend die Atmosphäre aus den Tagen Hemingways und Sartres zu spüren. Das Deux Magots ist auch heute Anziehungspunkt für Schriftsteller, Schauspieler, Philosophen und solche, die es werden wollen.

20 Uhr

Erst abends erwacht in St-Germain das volle Leben. Gehen Sie den Boulevard St-Germain in südlicher Richtung und genießen Sie die Atmosphäre – Sie werden vergessen, dass Sie eigentlich essen gehen wollten.

1 Der Eiffelturm

Kaum zu glauben, dass man diesen weltbekannten Turm nach seiner Fertigstellung vor mehr als hundert Jahren als hässliches Monstrum beschimpfte und lautstark den Abriss forderte. Und doch haben ihn seit seiner Einweihung 1889 mehr als 200 Millionen Menschen bestiegen. Am häufigsten besucht wird die oberste Plattform – heute von etwa sechs Millionen Touristen pro Jahr.

Oben: Gustave Eiffel war auch am Bau der Freiheitsstatue von New York beteiligt

Die kunstvollen Ornamente und die kühne Metallkonstruktion erregen auch heute noch Erstaunen. Die Fahrt nach oben in den gläsernen Doppeldecker-Fahrstühlen ist ein Erlebnis, das bei aller Bewunderung auch ein wenig Furcht einflößt. Der Schriftsteller Irwin Shaw sah in ihm ein gigantisches Phallussymbol; der Dichter Paul Verlaine nahm angeblich bei seinen Spaziergängen große Umwege in Kauf, um den Turm nicht sehen zu müssen.

Ganz egal, wie Sie ihn finden – dieses Wunderwerk aus 7000 Tonnen glänzend-braunem Metall muss man aus der Nähe gesehen haben. Und die Aussicht ist bei klarem Wetter ein unvergessliches Erlebnis.

Gedacht war der Turm als Wahrzeichen der Weltausstellung (und Jahrhundertfeier der Revolution) 1889 – einige Jahre zu-

Der Eiffelturm auf der Weltausstellung 1889

197 E1 quai Branly, 75007
01 44 11 23 23; www.tour-eiffel.fr
Sept.–Mitte Juni, tägl. 9.30–23, Mitte Juni–Aug. tägl. 9–24 Uhr, letzter Einlass 30 Min. vor Schließung
Café (1. Plattform) €; Jules-Verne-Restaurant (2. Plattform) €€€ (➤ 65)
Bir-Hakeim
RER Champ-de-Mars
1. Plattform (57 m) €; 2. Plattform (115 m) €€; 3. Plattform (276 m) €€€; zu Fuß (1. und 2. Plattf.) €

vor, 1885, hatte man einen entsprechenden Wettbewerb ausgeschrieben. Der »Magier des Eisens«, Gustave Eiffel, stach mit seinem Konzept alle 107 weiteren Vorschläge aus, darunter Monstrositäten wie eine Riesengießkanne oder die gigantische Nachbildung einer Guillotine.

In weniger als zwei Jahren war der Turm fertig. Anfangs wuchs er 10 Meter pro Monat; am Schluss, als man sich dem Gipfel näherte, schafften die Arbeiter 30 Meter. Am Tag der Eröffnung funktionierte kein einziger Fahrstuhl, so dass Eiffel und das 60-köpfige Einweihungskomitee die 1710 Stufen zur Spitze zu Fuß bewältigten – schließlich sollte dort ja die französische Fahne gehisst werden.

Viele Jahre lang hielt der Eiffelturm den Weltrekord an Höhe – bis zur Fertigstellung des New Yorker Empire State Building 1930. In den ersten sechs Monaten drängten sich täglich 12 000 Besucher auf den Turm. Aber auch Kritiker meldeten sich – noch in der Bauphase – zu Wort und nannten das Wunderwerk einen »Schrotthaufen«. Auch die Anwohner lehnten die gewaltige Konstruktion über ihren Dächern ab, schon aus Furcht, der Turm könne ins Wanken geraten und die Häuser ringsum unter sich begraben. Guy de Maupassant, Stammgast im Restaurant der zweiten Plattform, äußerte einmal, er liebe diesen Ort, da er der einzige in Paris sei, von dem aus man den Turm nicht sehen könne. Zusammen mit

DATEN

Gewicht: **7000 Tonnen**
Höhe: **320 m (bei Hitze 15 cm höher)**
Metallteile: **18 000**
Nieten: **2,5 Millionen**
Nietenlöcher: **7 Millionen**
Stufen: **1710**

- ❑ **Sichtweite von der Spitze aus: 75 km**
- ❑ **Maximale Schwankung der Spitze: 12 cm**

300 weiteren Intellektuellen, darunter Charles Garnier, Charles Gounoud und Alexandre Dumas, unterzeichnete er eine Petition, in der der Bau als »monströse Konstruktion«, »kaputter Regenschirm«, ja sogar »Verbrechen gegen die Geschichte und gegen Paris« bezeichnet wurde. Für Cocteau hingegen, seiner Zeit weit voraus, war der Eiffelturm die »Königin von Paris«.

EIFFELTURM: INSIDER-INFO

Top-Tipps: Vermeiden Sie Warteschlangen, indem Sie früh am Morgen oder abends kommen. Oder steigen Sie bis zur ersten Plattform die Treppe (es dauert nur fünf Minuten) und sehen Sie einen Kurzfilm zur Geschichte des Turms. Anschließend fahren Sie mit dem Fahrstuhl weiter (Eintrittskarten für beide Plattformen am Südpfeiler, *pilier sud).*
Den schönsten Blick hat man etwa eine Stunde vor Sonnenuntergang.
- Die **oberste Plattform** ist nur an sehr klaren Tagen die beste Wahl – oft ist man enttäuscht vom Blick auf die graue flache Häusermasse von so weit oben.

Der Eiffelturm selbst wirkt **im Dunkeln** in seiner vollen Beleuchtung am eindrucksvollsten.
- Den **Eiffelturmstempel** für Postkarten bekommen Sie auf dem Postamt auf der ersten Plattform (tägl. 10–19.30 Uhr).

Ursprünglich war der Turm nur für 20 Jahre gedacht. Seine Höhe hat ihn schließlich gerettet – der hohe Eisenturm erwies sich als ideale Antenne! Die ersten Radio-Nachrichten wurden 1921 ausgestrahlt, 1935 folgte die erste Fernsehsendung. Man konnte vom Turm aus Luftdruckmessungen vornehmen, und nach dem Ende der deutschen Besatzungszeit 1944 nutzte man ihn zum Abhören des deutschen Militärfunks.

Immer wieder haben von hier aus Exzentriker mit mancherlei flugzeugähnlichem Eigenbau, Hängegleitern oder Fallschirmen den Sprung in die Tiefe gewagt. 1977 flog ein amerikanischer Pilot unangemeldet durch die Stützpfeiler des Turms hindurch – und verlor prompt seinen Flugschein. Von den mindestens 380 Selbstmördern hat lediglich 1964 eine junge Frau überlebt: Sie landete auf dem Dach eines Autos.

Vorhergehende Seite und unten: Bei klarem Wetter kann man von der Spitze aus 75 km weit sehen

KLEINE PAUSE

Gute regionale Küche im Restaurant **Altitude 95** (1. Plattform, Tel. 01 45 55 20 04, Öffnungszeiten: tägl. 12–15.30, 19–23.30 Uhr).

5 Musée d'Orsay

Wollen Sie nur ein einziges Kunstmuseum besuchen, so gehen Sie ins Musée d'Orsay. Hier erwartet Sie ein Querschnitt durch die Malerei und das Kunsthandwerk des 19. Jahrhunderts – vor allem die berühmte Sammlung der Impressionisten. Sie begegnen hier nicht nur Gemälden, sondern auch der Bildhauerei, Grafik und den dekorativen Künsten; alles unter dem Glasdach eines Bahnhofs aus der Gründerzeit.

Musée d'Orsay: Allein das Gebäude ist schon ein Kunstwerk

Untergebracht ist das Museum im Gebäude des ehemaligen Bahnhofs **Gare d'Orléans** (später Gare d'Orsay). Er wurde von Victor Laloux anstelle des von der Commune 1871 (➤ 9) zerstörten Palais d'Orsay gebaut, 1900 eröffnet, jedoch schon 1939 mit dem Aufkommen elektrischer Züge wieder geschlossen, und stand jahrzehntelang leer. Mal nutzte man den Bahnhof als Auktionshalle, mal als Theater. 1973 entging er nur deshalb dem Abriss, weil die öffentliche Meinung noch ganz unter dem Schock der Zerstörung der ehrwürdigen Pariser Markthallen stand (➤ 133). 1986 schließlich wurde das Gebäude zum Museum.

Der Gare d'Orléans war immer schon ein prächtiges Stück Architektur gewesen. Schon bei der Eröffnung des riesigen Glas- und Eisentempels hatte der Maler Édouard Detaille vorgeschlagen, man solle hier doch ein Museum oder eine Kunstgalerie unterbringen. Später hat der Architekt Gae Aulenti tatsächlich viel vom ehemaligen Bau in das neue Konzept integrieren können, vor allem die grandiose Glaskuppel mit der von prächtigen Statuen geschmückten Balustrade, die den Besucher um den gesamten Innenraum führt.

Auch die **beiden großen Uhren** wurden restauriert und einbezogen. Eine von ihnen ist das Glanzstück des Café des Hauteurs im obersten Stockwerk. Den riesigen Minutenzeiger in einer Stunde einmal herumwandern zu sehen, das allein macht

---

191 L1
1, rue de La Légion d'Honneur, 75007 ☎ 01 40 49 48 14; www.musée-orsay.fr
Sept.–Mitte Juni Di–Sa 10–18 (Do bis 21.45), So 9–18 Uhr; Mitte Juni–Aug. Di–So 9–18 Uhr, Kartenverkauf bis 45 Minuten vor Schließung. Mo, 1. Jan., 1. Mai und 25. Dez. geschlossen
Selbstbedienungsrestaurant €, Café €€ und Restaurant €€€
Solférino
RER Musée d'Orsay
€€€; am ersten Sonntag im Monat frei

Musée d'Orsay: Innenansicht

Belle-Époque-Interieur im Museum

die Mittagspause hier zu einem Erlebnis. In seinen besten Tagen war dem Bahnhof ein prächtiges Hotel angeschlossen. Der weiträumige Belle-Époque-Speisesaal mit goldgerahmten Spiegeln und Kandelabern im 1. Stock ist noch zu besichtigen.

Rundgang durchs Museum

Die Sammlungen umfassen die Zeit zwischen 1848 und 1914, beginnen also da, wo der Louvre (► 96ff) aufhört, und enden dort, wo das Centre Pompidou (► 124ff) anfängt.

Sie sind **chronologisch auf drei Ebenen angeordnet**. Ganz oben – im Tageslicht – sind die Glanzstücke des Museums zu sehen: die Impressionisten und Postimpressionisten. Etwa Monets *Coquelicots* (Mohnblumen) und *La Rue Montorgueil – Fête du 30 juin 1878*, Renoirs *Danse à la ville* (Tanz in der Stadt) und *Danse à la campagne* (Tanz auf dem Lande), van Goghs *Chambre à Arles* (Zimmer in Arles) und Matisses pointillistisches *Luxe, calme et volupté*. Liebhaber des Montmartre erfreuen sich am großformatigen *Bal du Moulin de la Galette* von Renoir, *L'Absinthe* (die Absinthtrinkerin) von Degas und an Toulouse-Lautrecs *Danse au Moulin Rouge*.

Die Ugolin-Statue von Carpeaux

Skulpturen

Überall im Museum – vor allem im Mittelgang – stehen Skulpturen. Erheiternd wirken die 36 Büsten der Parlamentsabgeordneten von Daumier. Auf der mittleren Ebene finden wir Rodins Entwurf der *Porte de l'enfer* (Höllenpforte), eine Bronzestatue, die den Künstler die letzten 37 Jahre seines Lebens beschäftigt hat und die doch infolge seines Todes unvollendet blieb. Viele der Bronzeskulpturen von Degas im obersten Stockwerk sind nach Wachsfiguren gegossen worden, die man nach seinem Tod in seinem Studio fand; die schöne und einzigartige *Danseuse habillée* (Bekleidete Tänzerin) war bereits zu seinen Lebzeiten ausgestellt.

Das enge Nebeneinander von Malerei und Skulptur auf der unteren Ebene zeigt uns die große Vielfalt der Kunst zwischen 1848 und 1870 (das Jahr, in dem der Begriff »Impressionismus« erstmals aufkam). Hier hängen Courbets *L'Origine du monde* (Der Ursprung der Welt), impressionistische Frühwerke wie Boudins *La Plage de Trouville* (Der Strand von Trouville) und Monets *La Pie* (Die Elster) und natürlich *L'enterrement à Ornans* (Das Begräbnis von Ornans). Hier sind auch die »Opernzimmer«, gewidmet dem Architekten Charles Garnier und seinem *pièce de résistance*, der Opéra de Palais Garnier (➤ 108). In diesem Stockwerk finden Sie auch einen sehr guten Kunstbuchladen.

Auf der unteren Etage sind Stücke aus der Jugendstil-Zeit mit ihren typischen verschlungenen Linien ausgestellt – hier vertreten in Form von Möbelstücken von Charles Rennie Mackintosh sowie Schmuck und Glasvasen von Lalique – welche die Franzosen zu dem Spitznamen *style nouille* (Nudelstil) animierten.

Die Kirche in Auvers **– ein Beispiel für van Goghs kühne Pinselführung**

MUSÉE D'ORSAY: INSIDER-INFO

Top-Tipps: Benutzen Sie auf Ihrem Rundgang den **Museumsplan**, sonst kann es schwierig sein, sich zurechtzufinden.

- Sehr praktisch ist der ***Pocket Guide***. Er bringt viel Klarheit in den Aufbau des Museums und zeigt die Hauptwerke. Für ausführliche Besuche des Museums ist der schön illustrierte Führer durch das Musée d'Orsay ideal – er ist ein Muss für alle, die sich ohne Führung in der Sammlung zurechtfinden wollen.
- Wer wenig Zeit hat, wende sich gleich dem **Herzstück des Museums**, den Impressionisten, zu (oben, an der Flussseite).

Eintrittskarten und Führungen: Die Eintrittskarten gelten den ganzen Tag. Sie können **das Museum also verlassen und wieder betreten,** sooft Sie wollen.

- **Sonderausstellungen** kosten extra. Die Preise sind unterschiedlich, je nach Art, Größe und Bedeutung der Ausstellung. Eintrittskarten-Automaten sind geplant, damit die Wartezeiten an der Kasse verkürzt werden.
- Es gibt **Führungen** (€€) in verschiedenen Sprachen (auch auf Deutsch). Auskunft am Informationsschalter.
- **Audioguides** (Tonbandkassetten mit Kopfhörern, €) von $1^1/_2$ Stunden Länge sind in sechs Sprachen erhältlich. Sie konzentrieren sich auf die Hauptwerke. Viele davon sind Werke, die die Kunstrichtungen im 19. Jahrhundert revolutionierten. Die Audioguides wie die Sprachführungen sind sehr empfehlenswert

6 St-Germain-des-Prés

Dieses Viertel ist der Inbegriff all dessen, was man unter Rive Gauche versteht: lebendig, schick, voller Cafés, Restaurants, Antiquitätenläden und Boutiquen. Auch die *caviar gauche*, die nicht gerade mittellose linke Intelligenz, trifft man hier – dazu natürlich die wirklich Reichen, die einmal etwas intellektuelle Luft schnuppern möchten.

Bis ins 6. Jahrhundert lässt sich die Geschichte dieses Stadtteils zurückverfolgen. Damals wurde die Benediktinerabtei St-Germain-des-Prés gegründet. Sie blieb das ganze Mittelalter über eine mächtige Bastion des Klerus. Die Revolution von 1789 überstand nur die romanische **Kirche St-Germain-des Prés,** die älteste von Paris. Ihr markanter Turm ist ein nützlicher Orientierungspunkt für Besucher.

Kulinarische Verführung auf dem Markt in der Rue de Buci

Die Gegend um die Kirche entwickelte sich im späten 17., ihr heutiges Gesicht verdankt sie jedoch dem 19. Jahrhundert. Ihr Ruf als literarischer und intellektueller Brennpunkt entstand zwischen den beiden Weltkriegen, als fast die gesamte geistige Elite in drei heute fast legendären Cafés auf dem Boulevard St-Germain verkehrte: dem **Café de Flore** (Nr. 172), der **Brasserie Lipp** (Nr. 151) und dem berühmten **Deux Magots** (Nr. 170, ➤ 62). In den fünfziger Jahren war hier der Jazz zu Hause.

Die Hauptstraße, der Boulevard St-Germain, verläuft in west-östlicher Richtung zwischen dem Quartier Latin im Osten und dem bürgerlichen Regierungsviertel des Faubourg St-Germain im Westen. Diese Straße teilt das Viertel in zwei Hälften, nördlich liegen die älteren Cafés, Hunderte von Kunstgalerien und Antiquitätenläden, dazu noch die Kunstakademie École des Beaux Arts. Im Süden findet man moderne Bars, Restaurants und Einkaufszentren wie etwa das Bon Marché (➤ 67), das erste Einkaufszentrum der Stadt.

Heute weiß das Viertel nicht so recht, wohin – ob es sich auf seine Tage aus der Vorkriegszeit zurückbesinnen oder mit der Zeit gehen soll als Teil des modernen Paris der Zukunft. Es ist zwar einerseits immer noch der intellektuelle Mittelpunkt der Stadt, die École des Beaux Arts und die meisten Verlage sowie zahlreiche Antiquitätenhändler, die Stücke aus der Vergangenheit verkaufen, sind hier angesiedelt, andererseits haben inzwischen Modedesigner die Gegend entdeckt: Armani, Dior, Lacroix, Saint Laurent und Louis Vuitton sind vom rechten Ufer hierher gezogen. Keineswegs aber hat das Viertel seinen künstlerisch-geistigen Touch eingebüßt: Die Zeit vergeht hier immer noch langsamer als an der Rive Droite (Rundgang ➤ 178f).

Gegenüber: Kleinod romanischer Architektur: die Abtei St-Germain-des-Prés

194 C5 · 75006 · St-Germain-des-Prés

ST-GERMAIN-DES-PRÉS: INSIDER-INFO

Ein Muss: Stellen Sie sich aus den vielen Köstlichkeiten auf dem Markt in der Rue de Buci (nur morgens) oder der Markthalle St-Germain ein **schönes Picknick** zusammen.

- Genießen Sie die Abgeschiedenheit und Ruhe des **Place Furstemberg**.
- **Schaufensterbummel** in den Antiquitätenläden rund um die Rue de Beaune.
- **Leute beobachten** in einem der großen Literaten-Cafés (➤ 15).
- Besuchen Sie die ***bouquinistes*** (➤ 24), die alten grünen Buden an der Seine mit wahren Schätzen an Secondhandliteratur. Natürlich gibt es hier auch Wertloses, doch vielleicht entdecken Sie ein interessantes Buch, das Sie lange suchten.

Nach Lust und Laune!

2 Les Égouts

Victor Hugo hat sie in seinen *Les Misérables* als Fluchtweg des Jean Valjean verewigt, hier ist das Reich des *Phantoms der Oper*: Die Abwasserkanäle von Paris gibt es jetzt als – zugegebenermaßen ungewöhnliche – Touristenattraktion.

Wussten Sie, dass die Seine – Endstation aller Abwässer – im Mittelalter die Hauptquelle des Trinkwassers war; dass das heutige 2100 Kilometer lange Kanalisationsnetz auf Baron Haussmann im späten 19. Jahrhundert zurückgeht; dass die deutschen Besatzungstruppen 1944 ihre Befehlsstände und Büros hierher verlegten, nachdem sie Elektrizitäts- und Telefonleitungen sowie Frischluftpumpen installiert hatten, und dass vor zehn Jahren Kostümfeste in der Kanalisation die große Mode waren? Auch Sie können den Geheimnissen dieser Gänge unter der Stadt nachspüren – ein Besuch im übel riechendsten Museum von Paris.

198 A2
place de la Résistance (Eingang gegenüber 93, quai d'Orsay), 75007
01 53 68 27 81 Sa–Mi 11–16 (Mai–Sept. bis 17) Uhr. Letzte drei Wochen des Jan. wegen Inspektion geschlossen
Alma-Marceau RER Pont de l'Alma
€

3 Les Invalides

Dieses imposante Ensemble mit einer großen Kirche und mehreren Museen gehört vor allem für militärgeschichtlich Interessierte zum Pflichtprogramm. Der schönste Zugang erfolgt über die Pont Alexandre III und die Esplanade. Die Brunnen sollten nach dem Willen Napoleons die römischen an Schönheit übertreffen.

Das Hôtel National des Invalides wurde von Ludwig XIV. für verwundete Soldaten in Auftrag gegeben. Seine schlichte, 195 Meter lange Fassade ist ein großartiges Beispiel für französische Klassik. Zur Blütezeit glich der Komplex einer kleinen Stadt, in der das Leben der Veteranen Militärgesetzen folgte.
Auch heute wohnen hier noch Kriegsveteranen; Les Invalides ist nun jedoch in erster Linie Gedenkstätte für die endlosen Schlachten und Kriegszüge

der französischen Geschichte. Besonders interessant im **Musée de l'Armée**, einem der bedeutendsten Militärmuseen der Welt, ist das **Museum der Reliefkarten** im vierten Stock des Ostflügels. Zu sehen sind auch Modelle von Stadtbefestigungen, Illustrationen der Belagerungskunst französischer Kriegsherren von Ludwig XIV. bis zu Napoleon III. sowie die bewegende Ausstellung zum Zweiten Weltkrieg (Südflügel). Der Zugang zu allen Flügeln erfolgt vom Arkadenhof; der Westflügel ist wegen Renovierung bis Sommer 2005 geschlossen. Die Eintrittskarte gilt auch für das **Musée de l'Ordre de la Libération** und die **Église du Dôme.** Die vergoldete Kuppel dieses Meisterwerks aus dem 17. Jahrhundert glänzt in der Sonne und ist

Oben: In der Église du Dôme befindet sich das Grab Napoleons
Unten: *Der Denker* von Rodin

ein Symbol für den Pomp und Glamour des Sonnenkönigs Ludwig XIV. Im Innern befinden sich die Grabmale bedeutender Generäl. Die Mitte wird beherrscht von der letzten Ruhestätte Napoleons, einer kreisrunden Krypta mit einem roten Porphyr-Grabmal, das sechs Särge enthält. Neben dem Dom liegt die Kirche der Soldaten.

- 193 E5
- esplanade des Invalides, 75007
- 01 44 42 37 72; www.invalides.org
- Okt.–März tägl. 10–17, April–Sept. 10–18 Uhr; Kirche von Mitte Juni–Mitte Sept. bis 19 Uhr; 1. Mai, 1. Nov., 25. Dez., 1. Mo im Monat geschlossen
- Café €
- Latour-Maubourg/Varenne/Invalides
- RER Invalides €€

4 Musée Rodin

Man kann sich an sonnigen Tagen kein schöneres Plätzchen vorstellen als eine Bank zwischen den Statuen im Garten des Rodin-Museums. Der berühmte Bildhauer wohnte und arbeitete im dazugehörigen Hôtel Biron (wie später Cocteau und Matisse), das sich 1730 ein wohlhabender Perückenmacher hatte errichten lassen. Das Palais war nacheinander Tanzhalle, Frauenkloster und Schule. Nach Rodins Tod wurde es das Musée Rodin.

Napoleon Bonaparte

In dieser Gegend ist der Mythos des berühmten Korsen am lebendigsten. Auf dem Marsfeld nahm er seine großen Paraden zur Feier seiner Siege ab, auf der Esplanade wurden Beutestücke ausgestellt: Kanonen aus Österreich und der Markuslöwe, den er in Venedig geraubt hatte. Wenn es galt, siegreichen Truppen Orden zu verleihen, tat der Kaiser das gern in Les Invalides oder der nahe gelegenen École Militaire, deren Schüler er selbst einst gewesen war. Prophetische Bemerkung auf seinem Abgangszeugnis: »Unter günstigen Umständen kann er es weit bringen.«

Heute beherbergt es 500 Skulpturen des Meisters, unter anderem so bekannte Werke wie *Der Kuss* und *Das eherne Zeitalter.* Dessen Natürlichkeit schockierte die Kritiker derart, dass manche ihn beschuldigten, er habe einen lebendigen Jungen eingegipst. Auch Rodins berühmtestes Werk, *Der*

Denker (► 61), die *Bürger von Calais* und *Balzac* sowie die Skulpturen von Camille Claudel – seine Schülerin, Modell und Geliebte – schmücken diesen Garten.

193 E5 66, rue de Varenne, 75007
01 44 18 61 10; www.musée-rodin.fr
April–Sept. Di–So 9.30–17.45 Uhr (letzter Einlass 17.15, Garten schließt um 18.45 Uhr), Okt.–März Di–So 9.30–16.45 Uhr (letzter Einlass 16.15, Garten schließt um 17 Uhr), Mo, 1. Jan., 25. Dez. geschl.
Café (April–Sept. 9.30–18.30, Okt.–Dez. 9.30–16.30 Uhr)
Varenne €€ (nur Garten €)

7 Les Deux Magots

Für den Journalisten Albert Thibaudet berührten sich hier nicht nur zwei Straßen, sondern auch geistige Strömungen und Ideen. Das Café öffnete 1881. Namenspatrone waren die Holzfiguren *(magots)* zweier chinesischer Würdenträger, die man im Innern über Geldkassetten auf einem Sockel sehen kann. Picasso und Hemingway – er las hier aus seinen Werken – waren Stammgäste. Jean-Paul Sartre und Simone de Beauvoir favorisierten das **Café de Flore** gleich nebenan (Nr. 172), St-Exupéry, Camus und viel später Präsident Mitterand gingen gern in die **Brasserie Lipp** (Nr. 151). Heute sieht man dort meist nur Touristen, aber Legenden haben ein zähes Leben, und so kommt tatsächlich immer noch so mancher berühmte Literat hierher.

194 B5
170, boulevard St-Germain, 75006
01 45 48 55 25
St-Germain-des-Prés

8 Musée Nationale Eugène-Delacroix

Etwas versteckt an einem zauberhaften kleinen Hof liegt dieses winzige Museum – hier lebte der große französische Maler der Romantik von 1857 bis zu seinem Tod mit 60 Jahren 1863. Man sieht Farbentuben und Paletten, einige Sketche, Selbstporträts, Tiermalerei und viele Briefe – aber das helle Atelier mit den großen Fenstern an sich ist schon sehenswert. Das wusste Delacroix selbst am besten, als er schrieb: »Mein Heim hat in der Tat viel Charme. Die Aussicht auf meinen kleinen Garten und mein heiteres Studio macht mir Freude.«

194 C5
6, rue de Furstemberg, 75006
01 44 41 86 50
Mi–Mo 9.30–17 Uhr
St-Germain-des-Prés
€

Im Musée Delacroix besuchen Sie das Paris des 19. Jahrhunderts

9 Jardin du Luxembourg

Dieser französische Garten mit seinen alten Bäumen, beschnittenen Hecken, Springbrunnen, Teichen, verschlungenen Spazierwegen und vielen Bänken erfreute sich bei unzähligen Malern und Schriftstellern schon immer großer Beliebtheit. Nach wie vor treffen sich Studenten und andere Bewohner des Quartier Latin hier zu Rendezvous. Er gehört zum Palais du Luxembourg, der 1627 als Refugium für die Witwe Heinrichs IV., Maria von Medici, vollendet wurde. Die aber konnte hier nur fünf Jahre wohnen – dann verwies Kardinal Richelieu sie des Landes. Bis zur Revolution blieb es königliche Residenz und wurde dann zum Gefängnis umfunktioniert. Seit 1879 ist das Palais Sitz des französischen Senats.

Bei allen Besuchern beliebt Fontaine de la Medici

- 194 C3
- boulevard St-Michel, 75006
- 01 42 34 20 00
- April–Okt. 7.30–19.30, März–Nov. 8.15 Uhr –Sonnenuntergang
- Odéon
- RER Luxembourg
- frei

Für Kinder

Der **Eiffelturm** mit seiner schwindelnden Höhe und großartigen Aussicht auf das Umland.
Kasperletheater auf dem Champ-de-Mars (15.15 und 16.15 Uhr während der Schulferien, ➤ 51).
Les Égouts.
Jardin du Luxembourg (➤ oben) mit Abenteuerspielplatz, Pony-Reiten, Straßenkünstlern, Karussell und Verleih von Modell-Segelbooten.
Die **Katakomben** (➤ 9), das gruselige Labyrinth der Gebeine (nichts für die ganz Kleinen).

Wohin zum … Essen und Trinken?

Preise
Sie zahlen pro Person ohne Getränke
€ unter 25 Euro €€ 25–50 Euro €€€ 50–100 Euro €€€€ über 100 Euro

L'Affriolé €€

Der Name dieses kleinen Bistros kommt vom altfranzösischen Wort für »in Versuchung führen«, und genau das tut die erfindungsreiche, auf Brasserie-Rezepten basierende Küche von Alain Atibard. Unterschiedliche Gerichte voller Aroma und mit Produkten der Saison, etwa gefülltes Kaninchen mit Erbsenpüree oder Backäpfel mit Pinienkernen, werden raffiniert auf schönen gefliesten Tischen serviert. Auf der Weinkarte dominieren weniger bekannte Anbaugebiete. Die Bänke aus Pseudomarmor und Leder geben diesem außergewöhnlichen Restaurant mit seinem typisch Pariser Flair einen altmodischen Touch. An Werktagen wird es oft von Abgeordneten der nahen Assemblée Nationale besucht.

198 A1 · 17, rue Malar, 75007
01 44 18 31 33
Di–Sa 12–14.15, 19.30–22.30 Uhr. Geschl. Aug.
La Tour-Maubourg/Invalides

Alcazar €€

Terence Conran wollte Paris erobern und hat mit diesem Szene-Restaurant einen Sieg errungen. Im Mezzanin klingen jeden Samstagabend heißer Sound und Cocktailgläser. Jazz und Blues begleiten oft die Mahlzeiten, während zum beliebten Brunch am Sonntag eine Massage japanischer Art gehört. Conran-Fans wird das Essen bekannt vorkommen, ebenso die weißen Decken und roten Säulen. Auch für Vegetarier ist gesorgt. Am Wochenende reservieren.

194 C5 · 62, rue Mazarine, 75 006
01 53 10 19 99; www.conran-restaurants.co.uk.
Lunch: Mo–Sa 12–15 Uhr; Brunch: So 12–15.30 Uhr; Dinner: Mo–So 19–1 Uhr Uhr. Geschl. 2 Wochen im Aug. · Odéon

L'Arpège €€€€

In einer ruhigen Straße zwischen Regierungsgebäuden. Die Stärke dieses Restaurants ist weniger die recht schlicht gestylte Einrichtung, sondern vielmehr die traditionelle Kochkunst eines Alain Passard. Sein unaufdringlich origineller Stil ist vergleichbar mit dem eines Boyer in Reims und eines Senderens bei Luca Carton. Seine unvergleichliche *tomate confite farcie aux douze saveurs* (süße gebackene Tomaten mit einem Dutzend verschiedener Füllungen) ist nicht billig, aber sehr gefragt.

193 F5 · 84 rue de Varenne, 75007
01 45 51 47 33; www.alain-passard.com
12–14, 19.30–22.30 Uhr; Sa und So geschl. · Varennes

Barocco €€

Im Gegensatz zu anderen südamerikanischen Restaurants in Paris, wo Kitsch und Spaß Pflicht sind, bietet das Barocco eine gemütliche Umgebung mit bequemen Samtsesseln, elegantem Geschirr und einer interessanten Bibliothek. Die Speisen mischen intelligent brasilianische Lebensfreude und französische Raffinesse: Fisch und Meeresfrüchte in Kokosmilch, Lamm und Süßkartoffeln. Dienstags und freitags gibt es Livemusik.

194 C5 · 23, rue Mazarine, 75006
01 43 26 40 24
Di–Sa 19–2, So, Mo 17–0.30 Uhr
Odéon

Les Bookinistes €€

Dieses Guy Savoy (➤ 113) gehörende Bistro an der Rive Gauche ist sehr in Mode; es ist nach den Bouquinistes am Quai benannt. Absolut Designer-gestylt und in dezentcremigem Farbton gehalten, mit kleinen farbigen Lichtern an den stuckverzierten Wänden, die deren Licht reflektieren. Der insgesamt aber recht schlichten Einrichtung entspricht die nicht sehr umfangreiche Speisekarte mit neuen, modernen Menüs. Einfallsreiche, gut und mit Liebe zum Detail angerichtete Speisen.

195 D5
53, quai des Grands Augustins, 75006
01 43 25 45 94
12–14.30, 19–23 Uhr; Sa Mittag, So und Weihnachten geschl. St-Michel

Brasserie Lipp €€

Die berühmteste Brasserie von Paris, 1880 von Léonard Lipp eröffnet. Das unter Denkmalschutz stehende Gebäude lohnt den Besuch schon wegen seines Dekors aus den Zwanzigerjahren, mit farbenprächtigen Keramiken und riesigen Spiegeln an den Wänden und schönen Deckengemälden. Hier verkehren die Reichen und Berühmten. Man serviert die ganze Bandbreite typischer Brasseriegerichte, auch den Bismarckhering und *cervelas rémoulade* (Wurst mit scharfer Mayonnaise).

194 B5
151, boulevard St-Germain, 75006
01 45 48 53 91; www.brasserie-lipp.com
10–1 Uhr; Aug. geschl.
St-Germain-des-Prés

Le Cherche Midi €€

Der ideale Ort, um sich vom Einkaufsbummel in den schicken Boutiquen der Nachbarschaft zu erholen. Dies ist eine altmodische Trattoria, wo jeder einen Platz findet und gutes Essen bekommt. Die Speisekarte hält keine Überraschungen bereit, doch die Portionen sind groß, und der Montepulciano fließt reichlich. Fleisch wird mit perfekt gekochtem Gemüse und Polenta serviert. Das Dekor stammt aus einem früheren Bistro, in den wärmeren Monaten ist eine Terrasse geöffnet. Neben typisch italienischen Desserts (Pannacotta und Tiramisu) wird auch Eiscreme von Berthillon serviert.

194 A4
22, rue du Cherche-Midi, 75006
01 45 48 27 44
12–15, 20–23.30 Uhr
Sèvres-Babylone

Le Divellec €€€€

Jacques Divellec gilt als Spezialist der modernen Fischküche. Man blickt auf die Esplanade des Invalides. Interieur mit Seemannsmotiven, was gut zur recht einfachen, aber aufregend innovativen Küche passt. Raffinierte Saucen und unnötige Garnierungen werden vermieden, um den Eigengeschmack des Fisches voll zur Geltung kommen zu lassen.

202 B1
107, rue de l'Université, 75007
01 45 51 91 96, www.le-divellec. com
12–14, 19.30–22 Uhr; So und 1 Woche über Weihnachten geschl. Invalides

Jules Verne €€€€

Hier müssen Sie wenigstens zwei Monate vorher einen Tisch bestellen, um sicherzugehen, einen Platz in diesem atemberaubenden Lokal auf der zweiten Plattform des Eiffelturms (auf etwa einem Drittel der Gesamthöhe) zu bekommen. Das Restaurant hat seinen eigenen Fahrstuhl. Auf 115 Metern über der Stadt genießen Sie einen superben Rundblick, der den Genuss der sehr einfallsreichen, exquisiten Küche vollends zu einem Erlebnis werden lässt.

197 E1
2. Plattform, Tour Eiffel, 75007
01 45 55 61 44
12.15–15.30, 19.15–21.30 Uhr
Bir Hakeim/ Champ de Mars

Mariage Frères €

In diesem Gebäude aus dem 17. Jahrhundert befindet sich der Tempel der Teefreunde mit mehr als 460 Teesorten aus 20 Ländern. Im elegant eingerichteten Speiseraum im ersten Stock kann man in kolonial-indischer Atmosphäre gut essen – meist wird zu den Speisen Tee serviert. Wie zum Mittagessen ist das Lokal auch ein idealer Platz für exquisite Nachmittagstees. Der zugehörige Laden liegt in der Rue du Bourg-Tibourg 30 im Marais.

195 D5
13, rue des Grands-Augustins, 75006
01 40 51 82 50; www.mariagefreres.com
12–19 Uhr Odéon

Le Petit St-Benoît €

Hier kann man gut Einheimische treffen, doch verwechseln Sie das Lokal nicht mit gleichnamigen Restaurants in der Nähe. Altmodische Gerichte wie Kaninchen mit Senfsoße beherrschen die Karte an diesem bohemienhaft gestalteten Platz. Suppen und Terrinen beruhen auf jahrhundertealten Rezepten. Leckeres Brot und fruchtige Hausweine sind Pluspunkte, ebenso die Terrasse. Keine Kreditkarten.

194 B5 4, rue St-Benoît, 75006
01 42 60 27 92
Mo–Sa 12–14.30, 19–22.30 Uhr. Geschl. Aug.
St-Germain-des Prés

Le Récamier €€

Hier verkehren Politiker und Verleger. Das gemütliche Restaurant spezialisiert sich auf die herzhafte burgundische Küche wie *jambon persillé* (Schinken mit Petersilie in Aspik), *œufs en meurette* (Eier mit Knoblauch, Zwiebeln und Speckwürfeln in Rotwein) und einen herrlichen *bœuf bourguignon* (in Burgunder gedünstetes Rindfleisch) mit frischen Nudeln. Die Weinkarte ist phänomenal.

194 A4 4, rue Récamier, 75007
01 45 48 86 58
12.30–14.30, 19.30–22.30 Uhr; So geschl.
Sèvres-Babylone

La Rôtisserie d'en Face €€

Etwas versteckt in einem schmalen Gässchen, hat Jacques Cagna hier eine von drei preiswerteren Filialen seines Hauptrestaurants eröffnet. In moderner, zwangloser Umgebung gibt es eine gute Auswahl von Menüs der Hausmarke Cagna in der gewohnt exquisiten Qualität. Sehr zu empfehlen ist Huhn vom Grill. Auch ausgezeichnete Wildspezialitäten werden angeboten sowie als Dessert erlesene Fruchttorten des Tages. Auf der Weinkarte stehen hauptsächlich Rotweine.

194 C5 2, rue Christian, 75006
01 43 26 40 98
Mo–Fr 12–14.30, 19–23 Uhr; Sa Mittag, So geschl.
Odéon/St-Michel

Le Sept Quinze €

Dieses beliebte Restaurant mit seiner Glasfront liegt zwischen dem siebten und dem fünfzehnten Arrondissement – daher der Name. Sein Stil schwankt zwischen freundlichem Bistro und angesagtem Treffpunkt. Die Speisekarte ist mediterran, asiatisch und kalifornisch. Rustikale Suppen, Polenta und Pasta, frischer Fisch und Schokoladendessert dürfen nie fehlen.

192 C4
29, avenue de Lowendal, 75015
01 43 06 23 06
Mo–Fr 12–14.30, 20–23, Sa 20–23 Uhr. Geschl. 3 Wochen im Aug.
Cambronne

Le Violon d'Ingres €€€

Christian Constant war gefeierter Chefkoch im Restaurant Le Ambassadeur des Hotel Crillon (➤ 38), bevor er sein eigenes, sehr schickes Rive-Gauche-Restaurant aufmachte, wo er rustikale Tradition mit der Küche der Haute Cuisine verbindet. Das Preisniveau spiegelt die erstklassige Qualität der Zubereitung sowie den außergewöhnlichen Standard des Service wider (➤ 67).

197 F1
135, rue St-Dominique, 75007 01 45 55 15 05, www.levioilondingres.com
12–14.30, 19–22.30 Uhr; So, Mo und 3 Wochen im Aug. geschl.
École Militaire

Wohin zum … Einkaufen?

Das 6. Arrondissement ist der Inbegriff des Pariser Flairs; das gilt auch fürs Einkaufen, vor allem seit sich große Namen wie Armani, Hermès, Lacroix und Louis Vuitton im Sog von Sonia Rykiel hier angesiedelt haben. Dann gibt's noch die Rue de Buci mit ihrem täglichen Markt, der eine riesige Auswahl an Lebensmitteln bietet.

Wo gibt's was?

Die Rue du Bac erstreckt sich vom 6 bis zur Seine im 7. Arrondissement mit seinen vielen Regierungsgebäuden. Auch die Rue du Pré-aux-Clercs und die kleine Rue Cler lohnen den Besuch. Die größte Konzentration an Geschäften aber haben die Rue de Grenelle selbst und die Rue St-Dominique.

Kaufhäuser

Bon Marché (24, rue de Sèvres, 75007, Tel. 01 44 39 80 00, Metro: Sèvres-Babylone) ist das führende Kaufhaus an der Rive Gauche mit einer großen Feinkostabteilung in der Grand-Epicerie-Markthalle.

Lebensmittel

Androuet (83, rue St-Dominique, 75007, Tel. 01 45 50 45 75, Metro: Invalides) ist einer der führenden Pariser Käseläden; in der Nähe liegt **Barthélemy** (51, rue de Grenelle, 75007, Tel. 01 45 48 56 75, Metro: Rue du Bac). Das Käsegeschäft von **Marie-Anne Cantin** (12, rue du Champ-de-Mars, 75007, Tel. 01 45 50 43 94, Metro: École Militaire) liegt direkt um die Ecke beim immer vollen Markt an der Rue Cler. Schokolade gibt es bei **Christian Constant** im 6. (37, rue d'Assas, 75006, Tel. 01 53 63 15 15, Metro: Notre-Dame-des-Champs) und **Debauve et Gallais** im 7. Arrondissement (30, rue des Sts-Pères, 75006, Tel. 01 45 48 54 67, Metro: Sèvres-Babylone). **Oliviers & Co** (28, rue de Buci, 75006, Tel. 01 44 07 15 43; www.oliviers-co.com; Metro: St-Germain-des-Prés, Mabillon und Odéon); bietet Oliven in allen Variationen. An Sonntagen belebt ein **Bio-Markt** (*marché biologique*) den Boulevard Raspail bei der Metro-Station Rennes.

Mode und Accessoires

Armani (149, boulevard St-Germain, 75006, Tel. 01 53 63 33 50, Metro: St-Germain-des-Prés) hat eine neue Filiale mit sehr gutem Coffeeshop aufgemacht. Ganz in der Nähe liegt **Sonia Rykiels Modeboutique**, ein Modehaus für Damen mit Ware von der Stange und exzellenter Auswahl an Accessoires und Kosmetika (175, boulevard St-Germain, 75006, Tel. 01 49 54 60 60, Metro: St-Germain-des-Prés); die Herrenabteilung liegt auf der anderen Straßenseite. **Yves Saint-Laurent** für Damen liegt an der Place St-Sulpice Nr. 6, 75006, Tel. 01 43 29 43 00; www.ysl.com. Herren gehen zur Place St-Sulpice Nr. 12, 75006, Tel. 01 43 25 84 40; Metro: Mabillon. Make-up und Kosmetika bekommen Sie bei **Shu Uemura** (176, boulevard St-Germain, 75006, Tel. 01 45 48 02 55, Metro: St-Germain-des-Prés).

Mitbringsel

Christian Tortu ist das beste Blumengeschäft der Stadt (6, carrefour de l'Odéon, 75006, Tel. 01 43 26 02 56, Metro: Odéon). **Emilio Robba** (63, rue du Bac, 75007, Tel. 01 45 44 44 03; Metro: Rue du Bac) ist auf künstliche Blumen spezialisiert. Tischdecken und Bettwäsche erhalten Sie bei **Souleiado** (78, rue de Seine, 75006, Tel. 01 43 54 62 25, Metro: Mabillon Odéon). Gediegene Wohnkultur ist die Spezialität von **Geneviève Lethu** (95, rue de Rennes, 75006, Tel. 01 45 44 40 35, Metro: St-Supice/Rennes) und **Le Cèdre Rouge** (16, rue du Bac, 75007, Metro: Rue du Bac/Sèvres-Babylone).

Wohin zum ... Ausgehen?

Nirgends auf der Welt kann der Cineast sich so zu Hause fühlen wie an der Rive Gauche in Paris. Die Auswahl an Alternativkinos und Filmen ist einmalig. Diese Kinohäuser liegen bequem zu erreichen nahe beieinander im 5. und 6. Arrondissement. Ein Blick in die Informationsbroschüre *Pariscope* oder in eine Tageszeitung lohnt sich aber immer. In diesem Bereich liegen wesentlich weniger Theater und Nachtclubs, doch gibt es ein oder zwei beachtliche Ausnahmen.

Kino

Ganz egal, wann Sie nach Paris kommen: Irgendwo laufen Klassiker wie *Metropolis* oder *Easy Rider* immer; dazu natürlich auch Meisterwerke wie *Uhrwerk Orange* vom kürzlich verstorbenen Stanley Kubrick, das in seiner unzensierten Fassung nur in Paris laufen durfte – nach der Premiere gab es einen Aufschrei der Entrüstung, woraufhin Kubrick die Aufführung in der ursprünglichen Fassung anderswo untersagte. Kultfilme – neu oder alt – haben in diesem Pariser Viertel stets eine Heimat gehabt.

La Pagode (57, rue de Babylone, 75007, Tel. 01 45 55 48 48, Metro: St-Francois-Xavier) ist wohl das originellste Kino der Stadt: Mit seinen samtenen Sesseln, Lackmalereien und dem Japangarten wirkt es wie aus Nippon hierher verpflanzt – und tatsächlich hat der Eigentümer es in Japan gekauft, zerlegen und nach Paris transportieren lassen.

Erste Adressen sind auch
Action Christine (4, rue Christine, 75006, Tel. 01 43 29 11 30, Metro: Odéon),
L'Arlequin (76, rue de Rennes, 75006, Tel. 01 45 44 28 80, Metro: St-Sulpice),
Le St-Germain-des-Prés (place St-Germain-des-Prés), 75006, Tel. 01 42 22 87 23, Metro: St-Germain-des-Prés),
Les Trois Luxembourg (67, rue Monsieur-le-Prince, 75006, Tel. 01 46 33 97 77, Metro: Cluny la Sorbonne, RER: Luxembourg).

Theater und Konzerte

Das **Théâtre du Vieux Colombier** (21, rue du Vieux Colombier, 75006, Tel. 01 44 39 87 00, Metro: St-Sulpice) gehört zur Comédie Française. Es spielt klassische und moderne Stücke.

Das **Odéon, Théâtre de l'Europe** (1, place Paul Claudel, 75006, www.theatre-odeon.fr) zeigt klassisches und zeitgenössisches Theater aus ganz Europa, oft auch in anderen Sprachen als Französisch.

Die **American Church in Paris** (65, quai d'Orsay, 75007, Tel. 01 40 62 05 00, Sept.–Juni So 17 Uhr, Metro: Invalides) veranstaltet kostenlose klassische Konzerte.

Die Konzerte in der Kirche **St-Germain-des-Prés** sind zwar nicht gratis, dafür lohnt allein schon die prächtige Akustik einen Besuch (3, place St-Germain-des-Prés, 75006, Tel. 01 44 62 70 90, Metro: St-Germain-des-Prés).

Nachtleben

Le Trap (10, rue Jacob, 75006, Tel. 01 43 54 53 53; geöffnet im Sommer Di–So 23–4 Uhr; Metro: St-Germain-des-Prés) ist einer der wenigen Schwulenclubs am linken Ufer und hat den Ruf, sehr gewagt zu sein.

Le Don Camillo (10, rue des Saints-Pères, 75007, Tel. 01 42 60 82 84, Metro: St-Germain-des-Prés) ist einer der wenigen Nachtclubs in der Gegend. Die Show beginnt um 20 Uhr.

Das Quartier Latin und die Inseln

Erste Orientierung

Seit 700 Jahren ist das Quartier Latin das akademische Zentrum der Stadt. Hier gab es schon im Mittelalter namhafte Schulen und Kollegs, alle aber scharten sich um die »Mutter aller Universitäten«, die ehrwürdige Sorbonne. Der Name des Viertels geht auf die Tradition jener Zeit zurück, als es für Gelehrte und deren Schüler nur eine Sprache gab: Latein. Heute hört man hier Idiome aus aller Welt, bestimmt aber kein Latein mehr.

Obwohl es im *quartier* heute von billigen Läden, griechischen und Fastfood-Restaurants nur so wimmelt, hat es seinen Charakter als Universitätsviertel keineswegs verloren. Buchhandlungen, kleine Cafés, Boutiquen, Kinos, Jazzclubs und verräucherte Bars, die bis in die Morgenstunden geöffnet sind, beherrschen das Bild des Gassengewirrs mit seinem Kopfsteinpflaster. Die legendäre Bohème lebt!

Nun zu den Inseln: Die größere nennt sich Île de la Cité; hier liegen die beiden ältesten und schönsten Kirchen von Paris, das Juwel Ste-Chapelle – und Notre-Dame. Die Île St-Louis schließlich ist eine kleine Oase der Ruhe im Lärm der Stadt.

Notre-Dame (vorhergehende Seite) und Ste-Chapelle (unten), der Stolz von Paris

★ Nicht verpassen!

2 Musée National du Moyen-Âge – Thermes de Cluny ➤ 74
4 Île de la Cité und die Conciergerie ➤ 76
5 Ste-Chapelle ➤ 78
6 Notre-Dame de Paris ➤ 80

Nach Lust und Laune!

1 Panthéon ➤ 84
3 St-Séverin ➤ 84
7 Île St-Louis ➤ 84
8 Musée de la Sculpture en Plein Air ➤ 85
9 Jardin des Plantes ➤ 86

Etwas außerhalb

10 Manufacture des Gobelins ➤ 86

Dieser Tag bietet jedem etwas: von Kirchen und Museen bis zu Erinnerungen an die Guillotine. Und nicht zu vergessen das allerleckerste Eis von Paris – auch die ganz Kleinen müssten da eigentlich ihren Spaß haben.

Das Quartier Latin und die Inseln an einem Tag

9.15 Uhr

Das **Musée National du Moyen-Âge** (➤ 74f) sorgt für einen ruhigen Einstieg in den Tag. Die Schätze im gotischen Bau (auf römischen Ruinen errichtet) gehören zu den wichtigsten Sammlungen aus dem Mittelalter.

11 Uhr

Jetzt geht es in Richtung Norden: Im Gassengewirr hinter der Kirche **St-Séverin** (➤ 84) liegen viele kleine studentische Frühstückscafés; dort sollten Sie sich einen Morgenkaffee gönnen.

12 Uhr

Über den Petit Pont gehen Sie auf die **Île de la Cité** zur mächtigen Kathedrale **Notre-Dame** (➤ 80ff). Genießen Sie Quasimodos phantastischen Ausblick von den Türmen aus. Der Aufstieg mag etwas mühsam sein, bei gutem Wetter lohnt sich jedoch jede einzelne Stufe.

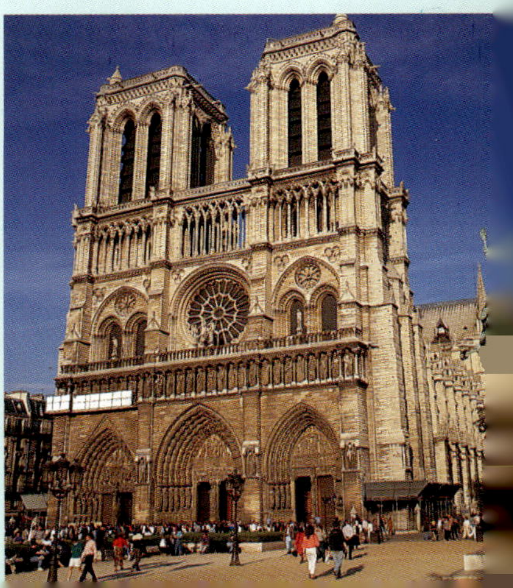

13 Uhr

Wieder überqueren Sie die Seine und betreten die stillere der beiden Inseln, die **Île St-Louis** (➤ 84). Einen guten Imbiss bietet **Au Gourmet de l'Isle** (➤ 87) oder ein anderes Bistro. Der Nachtisch muss aber einfach vom Eiscafé **Berthillon** (➤ 85) kommen: Nicht umsonst werden Sie wohl in einer Warteschlange Einheimischer stehen müssen.

15 Uhr

Zurück zur Île de la Cité, vorbei am idyllischen **Blumenmarkt** (➤ 77) am Place Louis-Lépine und weiter zur **Conciergerie** (➤ 76), dem düsteren Museum aus den Tagen der Guillotine. Ganz am Schluss begeben Sie sich zur **Ste-Chapelle** (➤ 78f).

17.30 Uhr

Gönnen Sie sich eine Rast im kleinen Park an der Westspitze der Insel, dem **Square du Vert-Galant** (➤ 28) mit Blick auf die vorbeifahrenden Kähne und Touristenboote. Erliegen Sie doch ruhig der Versuchung, und machen Sie im Abendlicht eine Fahrt auf einem *bateau-mouche* (➤ 172).

20 Uhr

So viel frische Luft macht Appetit! Begeben Sie sich ins **Quartier Latin** südlich der Seine: Dort wartet das Restaurant **Les Bookinistes** (➤ 54) mit vorzüglichem Abendessen und einem Drink, bevor Sie zu Bett gehen.

2 Musée National du Moyen-Âge – Thermes de Cluny

Auch wenn Sie nicht auf mittelalterliche Kunst und Geschichte stehen – dieses Nationalmuseum des Mittelalters mit seinen Ausstellungen aus 15 Jahrhunderten Pariser Vergangenheit gehört einfach dazu. Allein das Gebäude ist einen Besuch wert – es ist die Verkörperung der hier gezeigten Periode.

In diesem schönen Museum entdecken Sie Pariser Geschichte

Das Museum umfasst zwei nebeneinander liegende Gebäude: die Reste gallo-römischer Bäder und das Hôtel de Cluny aus dem späten 15. Jahrhundert – das Gebäude der Abtei von Cluny, ein Meisterwerk der Spätgotik. Etwa um 200 n. Chr. bauten sich die Reeder und Binnenschiffer von Paris einen imposanten Komplex römischer Bäder. Schon ein Jahrhundert danach fielen diese der Gewalt der Völkerwanderung zum Opfer. Die freigelegten Reste des gut erhaltenen *frigidarium* bilden heute das Untergeschoss des Museums mit allerlei römischen Funden, Mosaikresten und Fresken, die einst das Badehaus geschmückt hatten.

Jahrhunderte später erbauten Cluniazenser aus dem Burgund hier eine Herberge für reisende Äbte: das Hôtel de Cluny. Ein damaliges Sprichwort besagte: »Wohin der

195 D4 · 6, place Paul Painlevé, 75005 · 01 53 73 78 00 · Mi–Mo 9.15–17.45 Uhr · St-Michel, Cluny–La Sorbonne · RER B oder C St-Michel–Cluny–Sorbonne · €€

Wind auch weht, Cluny hat überall seine Reichtümer.« Das Hôtel ist Beweis genug. Mit seinen kunstvollen Ornamenten, Wasserspeiern und dem prächtigen Kreuzgang (Eintritt frei) ist es das schönste Stück mittelalterlicher Architektur, das Paris zu bieten hat.

Die Schätze dieses Museums zeigen die ganze Vielfalt und den Kunstsinn des Mittelalters: Möbel, farbige Glasfenster, Schmuck, Statuen, Schnitzarbeiten, Buchmalerei, Gemälde und das Prachtstück der Sammlung: die *Dame à la Licorne* (Die Jungfrau und das Einhorn). Die berühmte sechsteilige Wandverkleidung mit der Dame zwischen Löwe und Einhorn vor einem blumendurchwirkten Hintergrund in Rosa zeigt uns die Minne, diese höfische Spielart der Liebe im Mittelalter, greifbar und plastisch. Jeder Teil (von links nach rechts) zeigt einen der fünf Sinne: Schmecken, Hören, Sehen, Riechen und Tasten. Auf dem letzten und größten Bild mit dem Titel *Mon seul désir* legt die Jungfrau das Halsband, das sie auf allen Darstellungen getragen hat, in ihr Schmuckkästchen zurück: Sie verweigert sich den Versuchungen der Sinne.

Mittelalterliche Wandteppiche – ein bedeutender Anziehungspunkt des Museums

KLEINE PAUSE

Mittags isst man im **La Gueuze** in der Nähe des Jardin du Luxembourg (➤ 87) recht gut.

DAS MUSEUM: INSIDER-INFO

Orientierung: Nehmen Sie am Eingang einen Übersichtsplan für beide Etagen des Museums mit.

Unbedingt ansehen: Farbige Glasfenster aus der Ste-Chapelle und der Kathedrale von Rouen (Erdgeschoss, Raum 6).
- **Statuen der Könige von Judäa**. Deren ursprünglicher Standort war die Fassade von Notre-Dame (Erdgeschoss, Raum 8).
- **Römische Bäder** (Untergeschoss, Raum 9).
- ***Die Jungfrau und das Einhorn*** (Wandteppiche; 1. Stock, Raum 13).
- **Kapelle der Mönche von Cluny** im spätgotischen Stil (1. Stock, Raum 20).

Top-Tipps: Mindestens die Hofseite des Gebäudes mit seinen **Türmchen, Wasserspeiern und geschmückten Simsen** sollten Sie ansehen, auch wenn Sie keine Zeit für das Museum haben.
- Die römischen Ruinen können Sie auch ohne Eintrittskarte **durch den Gitterzaun** am Boulevard St-Michel sehen.

Geheimtipp: Keltischer Schmuck, ein mit prächtigen Malereien geschmücktes **Stundenbuch,** ein schöner Altar aus dem 16. Jahrhundert mit Schnitzereien, die drei Szenen zeigen, darunter das letzte Abendmahl Jesu; außerdem Spitzschuhe.

4 Île de la Cité und die Conciergerie

Auf dieser Insel mit dem Umriss eines Schiffes liegt der Ursprung der Stadt: Hier siedelten bereits um 300 v. Chr. die keltischen Parisii, die Namensgeber der Stadt; nur zwei Jahrhunderte später bauten die Römer an dieser Stelle ihre Stadt Lutetia, die »wasserumspülte Siedlung«. Sehr viel später hatten die französischen Könige hier ihr Machtzentrum, ebenso seit dem Mittelalter Kirche und Gericht.

Auf dieser kleinen Seineinsel stehen die Kathedrale **Notre-Dame** (➤ 80), **Ste-Chapelle** (➤ 78) und die **Conciergerie.**

Das imposante Gebäude-Ensemble, das die gesamte Breite der Insel am westlichen Ende einnimmt, war früher die Residenz des königlichen Hofs; heute steht hier der Justizpalast, der Ort des Pariser Gerichts. Dazu gehört auch die Conciergerie, die einen Teil des unteren Stockwerks des Komplexes einnimmt, sowie zwei Türme am Nordflügel der Insel. Ursprünglich war die Conciergerie Residenz des königlichen Conciergen, des Haushofmeisters (daher der Name). 1391 jedoch wurde der Concierge Gefängniswärter, das Gebäude wurde zum Gefängnis umfunktioniert – das blieb es bis 1914.

Marie-Antoinette unter der Guillotine

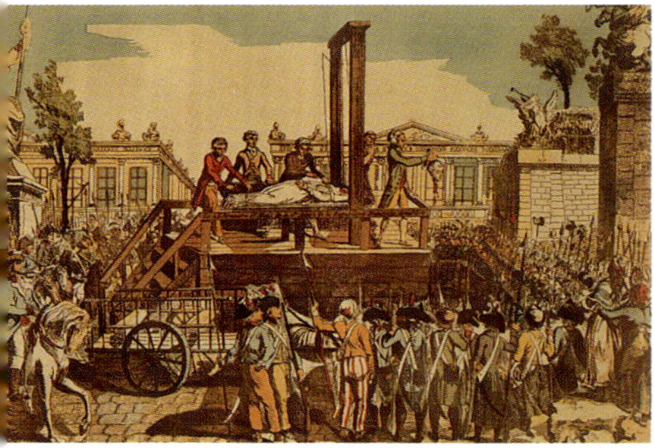

Wer es gern gruselig mag, ist hier in seinem Element. Der Rundgang beginnt im kirchenähnlichen Salle des Gens d'Armes (Halle der Bewaffneten), geht dann durch die Rue de Paris (benannt nach dem Scharfrichter, im Volksmund Monsieur de Paris) in den Salle de Toilette oder »Vorberei-

---

Île de la Cité
195 E4 · Cité

Die Conciergerie
195 D5 · Palais de la Cité, 2, boulevard du Palais, 75001
01 53 73 78 50 · tägl. 9–18 Uhr; 1. Jan., 1. Mai 1., 25. Dez. geschl.
€€ (Kombi-Karte mit Ste-Chapelle €€€)

Marché aux Fleurs und Marché aux Oiseaux
195 E5 · place Lois-Lépine, 75004 · Mo–So 8–19 Uhr · Cité

tungsraum«, wo die Gefangenen der Revolutionsjustiz ihre letzten Habseligkeiten abgeben mussten, wo ihnen – die Hände auf den Rücken gefesselt – der Nacken ausrasiert und das Hemd oben aufgerissen wurde, ehe sie im Hof die gefürchteten Wagen bestiegen, die sie zur Guillotine auf den Place de la Révolution (den heutigen Place de la Concorde) brachten.

Viele berühmte Gefangene mussten in der Conciergerie auf ihre Hinrichtung warten: Ravaillac, der Mörder Heinrichs IV., die Marquise von Brinvillier, eine Giftmischerin, die fast ihre gesamte Familie vergiftet, und Cartouche, eine Art französischer »Robin Hood«, der die Pariser Straßen unsicher gemacht hatte. In der Revolution wurden 2780 Menschen aus allen Ständen – Bauern, Politiker, Künstler und Adlige – geköpft, darunter Marie-Antoinette, die 76 Tage in einem Verlies auf den Tod gewartet hatte. 1793 wurde sie enthauptet.

Ein »malerisches« Gefängnis

KLEINE PAUSE

Überqueren Sie den Pont de l'Archevêché, um in La Rôtisserie du Beaujolais (► 88) eine traditionelle französische Mahlzeit zu genießen.

Place du Parvis Notre-Dame

Die Île de la Cité ist nicht nur das Herz der Stadt, sie ist auch der Mittelpunkt des ganzen Landes. Vor dem Hauptportal von Notre-Dame ist ein Bronzestern als *»point zéro des routes de France«* in das Pflaster eingelassen: Von hier aus werden alle Entfernungen von und nach Paris im ganzen Land gemessen.

ÎLE DE LA CITÉ: INSIDER-INFO

Top-Tipp: Leicht kann man einen **ganzen Tag** auf der Île de la Cité verbringen, da es genug zu sehen gibt: Notre-Dame (► 80ff), die Ste-Chapelle (► 78f), die Conciergerie, schöne Parkanlagen wie den Square du Jean XXIII (► 82), der malerischen Blumenmarkt (Marché aux Fleurs), aus dem sonntags der Vogelmarkt (Marché aux Oiseaux) wird – und den belebten Anlegeplatz der *bateaux-mouches.*

5 Sainte-Chapelle

Goldene Sterne vor blauem Hintergrund: das Dach von innen

Dieses Kleinod muss man gesehen haben, um sich davon einen Begriff zu machen. Dabei wird die Sainte-Chapelle oft gar nicht zu den großen Sehenswürdigkeiten gezählt – und doch ist sie unbestritten die schönste Kirche von Paris: eine wahre Sixtinische Kapelle aus strahlend farbigem Glas.

Ludwig IX. – der »Heilige« – hat sie 1248 als Schrein für zwei Reliquien errichten lassen: einen Splitter des Kreuzes Jesu und die Dornenkrone. Die Reliquien hatten ihn die unglaubliche Summe von 1,3 Millionen Francs gekostet, wogegen die Kapelle selbst mit lediglich 400 000 zu Buche schlug. Das Ganze sollte den leichten ornamentalen Charakter eines Reliquienschreins erhalten: Herausgekommen ist in nur fünf Jahren Bauzeit dieses Juwel gotischer Architektur.

Die Kapelle hat zwei Stockwerke: das untere für den Hofstaat, das obere exklusiv für den König und sein unmittelbares Gefolge – über einen Gang direkt vom Palast aus zu erreichen. Dort oben könnte man glauben, das Gotteshaus habe keine Wände, nur strahlend farbiges Glas und dünne Streben, die ein sternübersätes Gewölbe tragen. Außen wird die vertikale Note vom hohen, spitzen Dachreiter aufgenommen und unterstützt. Der

---

195 D5
4, boulevard du Palais, 75001
01 53 73 78 50; 01 53 40 60 80
tägl. 9.30–18 Uhr; 1. Jan., 1. Mai, 1. Nov., 25. Dez. geschl.
Cité/St-Michel
Châtelet - Les-Halles/St-Michel - Notre Dame €€ (Kombiticket Ste-Chapelle/Comciergerie ist erhältlich)

SAINTE-CHAPELLE: INSIDER-INFO

Top-Tipps: Legen Sie Ihren Besuch möglichst auf einen **sonnigen Tag** – nur dann kommen die Glasfenster mit rotem, grünem, blauem und goldgelbem Licht voll zur Geltung • Erleben Sie den Zauber der Kirche an einem der regelmäßigen **Kammermusikabende bei Kerzenschein**. Erkundigen Sie sich an der Kasse oder im Touristenbüro nach Einzelheiten – dort hilft man Ihnen gern weiter.

Muss nicht sein! Die untere Etage der Kapelle lohnt den Besuch nicht – im Vergleich zum oberen Stockwerk, der oberen Kapelle, **verblasst sie zur Bedeutungslosigkeit.**

Engel auf dem Dach drehte sich früher um die eigene Achse, so dass sein Kreuz überall in Paris gesehen werden konnte.

Es grenzt an ein Wunder, dass diese Kapelle überhaupt erhalten blieb. Während der Revolution wurde sie vernachlässigt, die Reliquien verlegte man in die Kathedrale Notre-Dame. Sainte-Chapelle diente als Lagerhaus für Mehl; später musste sie die Akten des Hofs aufnehmen. Schließlich war die Kirche so heruntergekommen, dass man sie 1847 zum Verkauf anbot. Glücklicherweise sprang der Staat ein, kaufte und restaurierte das Gotteshaus – und verpasste ihm einen neuen Dachreiter. 1871 jedoch geriet die Kapelle erneut ins Kreuzfeuer der Politik: Die Kommunarden (➤ 9) versuchten, sie in Brand zu setzen, und nur, weil sie es zu eilig hatten, überlebte die Kirche.

Die Glasfenster enthalten 1134 Darstellungen aus dem Alten und Neuen Testament. Die große Rosette sollte man im Abendlicht betrachten; sie zeigt auf 86 Einzelteilen die Apokalypse.

KLEINE PAUSE

Gehen Sie über die Île St-Louis zu **Au Gorumet de l'Île** (➤ 87), wenn Sie die appetitabregenden Dekorationen in vielen der Schaufenster betrachten, bekommen Sie sicher Hunger.

Die bunten Glasfenster sind Ornament, aber auch Teil der Architektur

6 Notre-Dame de Paris

Trotz der Flut an Touristen – diese gewaltige, weithin sichtbare Kathedrale mit ihren eindrucksvollen Skulpturen an der majestätischen Fassade und den ausladenden Stützpfeilern am himmelhohen Längsschiff wird jeden in Bann ziehen.

Im frühen 12. Jahrhundert wuchs die Pariser Bevölkerung so stark an, dass die beiden schon arg heruntergekommenen Kirchen, die ehemalige Notre-Dame und St-Etienne, nicht mehr ausreichten. Der Bischof von Paris entschied sich für den Bau der mächtigen Kathedrale – als Ausdruck festen christlichen Glaubens an einem seit vielen Jahren heiligen Ort, wo schon die Römer ihren Jupitertempel errichtet hatten. Der Bau der Kirche dauerte von 1163 bis 1345. Seitdem hat das Gotteshaus manche bauliche Veränderung erlebt. Während der Revolution stürzte der Mob die Standbilder der Könige von Judäa von ihrer Galerie und schlug ihnen – im Glauben, sie stellten die französischen Könige dar – die Köpfe ab. Heute stehen die Originale im Musée National du Moyen-Âge – Thermes de Cluny (► 74f). An der Fassade haben Kopien ihren Platz eingenommen.

Für alles Mögliche schon musste die ehrwürdige Notre-Dame herhalten: Neben ihrer eigentlichen Funktion als Gotteshaus war sie Ratssaal, Schauplatz üppiger Bankette und Laienschauspielbühne. Schließlich wurde das alte Gebäude ganz aufgegeben, und erst Victor Hugos *Glöckner von Notre-Dame* erweckte es zu neuem Leben: Unter Napoleon III. restaurierte Viollet-le-Duc die Kirche unter sorgfältiger Beachtung der ursprünglichen Formen.

So können wir heute den Anblick eines der schönsten Bauten der Früh- und Hochgotik genießen. Vor allem die **Fassade** besticht durch ausgewogene Proportionen, die Türme verjüngen sich nach oben, um den Eindruck größerer Höhe zu vermitteln. Bei näherem Hinsehen erweist sich der (linke) Nordturm als etwas breiter, die drei Hauptportale sind etwas unterschiedlich in Form und Größe. Für den **Aufstieg auf**

Notre-Dame: geografisches wie historisches Herz von Paris

Kleines Bild: einer der berühmten Wasserspeier

195 E4
6, Parvis Notre-Dame, 75001
01 42 34 56 10
tägl. 8–18.45 Uhr; Sakristei: Mo–Sa 9.30–11.30, 13–17.30 Uhr; an manchen kirchlichen Feiertagen geschl.
Cité
RER St-Michel-Notre Dame
Eintritt frei, Sakristei €, Turm €€

Wussten Sie das?

Der Innenraum ist 130 m lang, 48 m breit und 35 m hoch.
Die 387 Stufen der Wendeltreppe führen auf den 75 m hohen Nordturm.
Zwölf Millionen kommen jedes Jahr als Touristen, aber nur 6000 von ihnen besuchen einen Gottesdienst.
Die Hauptglocke »Emmanuel« wurde zuletzt 1944 zur Feier der Befreiung Frankreichs geläutet.

Square du Jean XXIII
Oben auf der Kathedrale nisten jedes Jahr einige Turmfalkenpaare. Gegen Ende Juni, wenn die schon großen Jungen draußen sind, von den Altvögeln aber noch gefüttert werden, sitzen Ornithologen mit Ferngläsern und Videokameras in diesem kleinen Park hinter Notre-Dame und beobachten sie. Von hier aus hat man einen unvergesslichen Blick auf Schiff und Stützpfeiler der Kathedrale.

einen der Türme wird der Besucher durch den schönen Blick auf das Herz der Stadt und durch den Blick aus nächster Nähe auf die grotesken Wasserspeier belohnt.

Wenn möglich, sollten Sie die Kathedrale an einem sonnigen Tag besuchen. Dann badet das hoch aufstrebende Längsschiff in vielen Farben, gefiltert durch die großen Glasfenster: Die **große Rosette** an der Fassade ist besonders berühmt.

In der Vierung zeigt das Nordfenster (links, wenn Sie zum Altar stehen) Szenen aus dem Alten Testament, das Südfenster (rechts) hingegen einen von Jungfrauen, Heiligen und den zwölf Aposteln umgebenen Heiland. Die blau und rot gehaltene Rosette im Westen hat als Motiv die Jungfrau Maria und ihr Kind. Der Durchmesser beträgt stolze 10 Meter.

Ausgewogene Proportionen: die Stützpfeiler der Notre-Dame

Römisches Erbe
Jeder Asterix-Leser weiß es: Im Jahr 50 v. Chr. hatten die Römer ganz Gallien erobert. Zwei Jahre zuvor, 52 v. Chr, unterwarfen sie auf der heutigen Île de la Cité die *Parisii* (➤ 76) und bauten dort ihre Stadt Lutetia. Zahlreiche Ruinen erinnern an fünf Jahrhunderte römischer Herrschaft. Neben den römischen Bädern unter dem Hôtel de Cluny und Resten eines Amphitheaters fand man unter dem Platz vor Notre-Dame noch etliches andere, das in der Crypte Archéologique de Notre-Dame de Paris ausgestellt ist (1, place du Parvis Notre-Dame, 75004; Tel. 01 55 42 50 10, geöffnet: Di–So 10–18.30 Uhr; Eintritt: preiswert).

Die Fenster des Querschiffs strahlen in allen Farben

NOTRE-DAME: INSIDER-INFO

Das Innere: Die Seitenkapellen beherbergen die **Ölbilder mit religiösen Motiven**, die so genannten »Mai-Gemälde«, die der Kirche im 17. und 18. Jahrhundert traditionsgemäß an jedem ersten Mai von den Gilden gestiftet wurden. Die schönsten stammen von Le Brun.

- Links vom überraschend modernen Altar steht an einer Säule die besonders schöne Statue ***Die Jungfrau und das Kind***, die Notre-Dame de Paris.
- Neben dem Hochaltar steht eine **Statue des knienden Ludwigs XIII.**, der gelobt hatte, einen Altar zu errichten, wenn seiner kinderlosen Ehe doch noch ein Erbe geschenkt würde. Obwohl Ludwig XIV. bald darauf das Licht der Welt erblickte, ließ der Altar noch 60 Jahre auf sich warten.

Muss nicht sein! Bei Zeitmangel kann man die **Sakristei** ruhig auslassen, es sei denn, man interessiert sich besonders für Ornate, Weihrauchgefäße und andere liturgische Geräte.

Top-Tipps: Möglichst früh kommen. Dann ist die Kathedrale am hellsten und nicht so überfüllt.

- Zur Turmbesteigung bitte an **bequeme und flache Schuhe** denken. Mit Wartezeiten ist zu rechnen. Der Eingang am Nordturm ist an der Rue du Cloître Notre-Dame (geöffnet: April–Juni 9.30–18.30, Juli, Aug. Mo–Fr 9–19.30, Sa, So 9–23 Uhr; Sept.–März 10–19.30 Uhr. Letzter Einlass 45 Min. vor Schließung).
- Informationen zu **Führungen in verschiedenen Sprachen** erhalten Sie direkt vor Ort.
- Sonntags um 17.15 Uhr gibt es **Orgelkonzerte** (Eintritt frei).

Nach Lust und Laune!

1 Panthéon

Usprünglich von Ludwig XV. um 1750 zum Dank für die Genesung von einer Todkrankheit als Kirche in Auftrag gegeben, blieb dieses Gebäude aus Geldmangel bis 1789 unvollendet. Zwei Jahre später entfernte man alle christlichen Symbole, um es in ein weltliches Mausoleum für große Franzosen »des Zeitalters der Freiheit« (*grands hommes de l'époque de la liberté francaise*) zu verwandeln. Heute liegen hier Voltaire, Rousseau, Hugo, Zola, der Chef der Résistance Jean Moulin und der Erfinder der Blindenschrift Braille. Auch andere Persönlichkeiten haben hier ihre letzte Ruhestätte, darunter – als erste Frau – die Nobelpreisträgerin Marie Curie: Sie wurde 1995 hierher umgebettet. Innen ist weit weniger zu sehen, als das massive, weithin sichtbare Bauwerk vermuten lässt – in seiner Schlichtheit, mit der säulengeschmückten Halle und mit vielen Skulpturen ist das Gebäude seinem Zweck jedoch angemessen.

195 E3 place du Panthéon, 75005
01 44 32 18 00
April–Sept. 10–18.30, Okt.–März 10–18.15 Uhr, letzter Einlass 45 Minuten vor Schließung; an Feiertagen geschl.
Place Monge/Cardinal Lemoine
RER Luxembourg
€€

Schlicht und erhaben: Im Panthéon ruhen die Heroen Frankreichs

3 St-Séverin

Eine der schönsten Kirchen von Paris und fast ein Geheimtipp. Die erstklassige Orgel erklingt bei vielen Konzerten. Spätgotische Architektur und moderne Glasfenster (mit den Sakramenten als Thema) bilden ein harmonisches Ganzes, eine der ältesten Glocken von Paris läutet ihre Melodie über dem in einem Kreuzgang versteckten, idyllischen Garten. Hier stand einst die Pfarrkirche der Rive Gauche mit ihrem Friedhof.

195 D4
1, rue des Prêtres-St-Séverin, 75005
01 42 34 93 50; www.saint-severin.com
Mo–Sa 11–19.15, So 9–20.30 Uhr
St-Michel

7 Île St-Louis

Wenn Sie vom hektischen Stadtleben genug haben, gehen Sie auf die Île St-Louis – eine Oase der Ruhe mitten im Herzen von Paris. Auf dieser kleineren der beiden Inseln mit ihrer dörflichen Atmosphäre, baumbestandenen Uferstraßen und eleganten Häusern aus dem 17. Jahrhundert – aus grauem Stein als Fortsetzung des Maraisviertels erbaut – fühlt man sich fast wie in der Kleinstadt, außerdem ist der Blick auf Notre-Dame sehr malerisch. Seit der Dichter Louis-Sébastien Mercier vor zwei Jahrhunderten bemerkte: »Diese Insel scheint noch unberührt von der Verderbnis der

Stadt«, scheint die Zeit stehen geblieben zu sein. In der Hauptstraße der Insel, der Rue St-Louis-en-l'Île, reihen sich luxuriöse Geschäfte und Restaurants aneinander. Vor dem Maison Berthillon sieht man meist eine Warteschlange, und das nicht ohne Grund: Hier gibt es das feinste Eis von Paris.

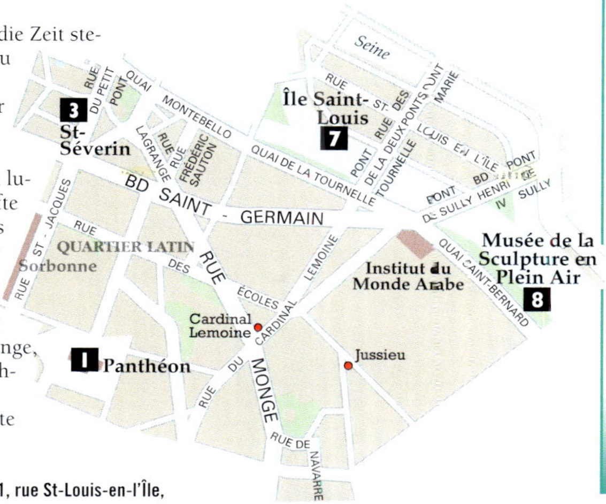

195 F4
Berthillon, 31, rue St-Louis-en-l'Île, 75004
01 43 54 31 61
Mi–So 10–18 Uhr; Aug. geschl.
Pont Marie

8 Musée de la Sculpture en Plein Air

Am Quai St-Bernard zwischen dem Gare d'Austerlitz und dem Institut du Monde Arabe verläuft eine im Stil moderner Gartenarchitektur gestaltete Uferpromenade, flankiert von über 40 avantgardistischen Skulpturen von Künstlern wie Brancusi, César und Zadkine. Auf der Seine ziehen malerische Kähne vorbei, die Sicht auf Notre-Dame ist einmalig. Tagsüber ist dies ein schöner Spazierweg; nach Sonnenuntergang sollten Sie die Gegend jedoch lieber meiden.

196 A3 quai St-Bernard, 75005
Austerlitz

Solch stilvolle Stadthäuser stehen direkt an der Seine entlang den Ufern der Île St-Louis

Für Kinder

Notre-Dame (➤ 80ff) – die **Turmbesteigung** mit Nahsicht auf die Monsterwasserspeier (mit etwas Glück auch auf den Glöckner). Die ganz Kleinen möchten vielleicht auf dem Platz vor der Kathedrale Tauben füttern.
Der »**Vorbereitungsraum**« für die Todeskandidaten in der Conciergerie (➤ 76) – nur für ältere Kinder!
Flussfahrt in einem *bateau-mouche* von der Île de la Cité aus (➤ 76f).
Ein **Eis** bei **Berthillon** auf der Île St-Louis.

Architektur mit besonderer Note

Liebhaber moderner Architektur müssen das Institut du Monde Arabe gesehen haben – ansonsten würde man solche Raffinesse nicht für möglich halten. Der französische Designer Jean Nouvel hat hier 1988 eine Glas- und Stahlfassade mit 240 mechanisierten Metallplatten verwirklicht, die sich – ähnlich einer Kamerablende – öffnen und schließen und genau die richtige Tageslichtmenge einlassen. Gleichzeitig entstehen so Formen, die an ein *moucharabieh* (arabisches Gittermuster) erinnern. Das Café im 9. Stockwerk bietet einen schönen Blick auf Paris.

195 F3 1, rue des Fossés-St-Bernard, 75005 01 40 51 38 38; www.imarabe.org
Di–So 10–18 Uhr Cardinal Lemoine/Jussiey €

Einer der beiden Väter des Gartens bewundert sein Werk

9 Jardin des Plantes

1640 wurde dieser medizinische Kräutergarten, den zwei Ärzte für Ludwig XIII. angelegt hatten, der Öffentlichkeit zugänglich gemacht. Heute ist er einer der bekanntesten Parks und gleichzeitig der offizielle Botanische Garten: mit alten Bäumen, prächtigen Blumenbeeten und Statuen an breiten Wegen. Im Alpengarten kann man über 2000 Gebirgspflanzenarten aus aller Welt bewundern. Der kleine Zoo wurde in der Revolution für die Tiere der königlichen Menagerie in Versailles angelegt. Außerdem befindet sich hier das Musée National d'Histoire Naturelle, ein Naturkundemuseum mit erstaunlichen Sammlungen zur Evolution des Lebens und zur Völkerkunde, die zu den umfangreichsten der Welt gehören. Besonders interessant, vor allem für Kinder, ist die paläontologische Abteilung mit rekonstruierten Skeletten ausgestorbener Säugetiere.

196 A2
Park und Zoo: 57, rue Cuvier, 75005, Museum: 2, rue Buffon, 75005
Zoo: 01 40 79 37 94, Museum: 01 40 79 30 00
Park: Sonnenaufgang bis -untergang, (Alpengarten Sa, So geschl.); Zoo: Okt.–März 9–17, April–Sept. 9–18, Museum: Mi–Mo 10–17 (10–18 im Sommer), Grande Galerie Do bis 22 Uhr Jussieu/Austerlitz
Zoo und Museum €€

Etwas außerhalb

10 Manufacture des Gobelins

Am Anfang dieser Manufaktur war eine kleine, von den Brüdern Gobelin 1440 gegründete Färberei. Erst im frühen 17. Jahrhundert wurde daraus eine Teppichweberei. Ihr Weltruhm kam mit Ludwig XIV., der für sein neues Schloss in Versailles riesige Wandteppiche brauchte. Zu diesem Zweck rief er 1662 250 flämische Weber hierher. Noch heute werden hier auf traditionelle Weise Teppiche hergestellt.

195 F1
42, avenue des Gobelins, 75013
01 44 54 19 33
nur Gruppenführungen Di, Mi, Do Nachmittag, Details telefonisch erfragen
Les Gobelins €€

Wohin zum …
Essen und Trinken?

Preise
Sie zahlen pro Person ohne Getränke
€ unter 25 Euro €€ 25–50 Euro €€€ 50–100 Euro €€€€ über 100 Euro

Aux Vins des Pyrénées €

Das Restaurant mit den alten Familienbildern an den Wänden versetzt Sie zurück in die 1930er-Jahre. Für Fisch- und Fleischliebhaber wird gleichermaßen gesorgt; Lachs im Blätterteig und gegrilltes Fleisch stehen auf der Speisekarte. Wählen Sie als Dessert eine *crème brûlée* oder einen Schokoladenkuchen. Es gibt auch Weine aus den Pyrenäen.

196 B4 · 25, rue Beautreillis, 75004
01 42 72 64 94
So–Fr 12–14.30, 20–23.30, Sa 20–23.30 Uhr
St Paul/Sully-Morland

Le Bar à Huitres €€

Eine aus einer Gruppe von drei Austernbars in gleichem Besitz (weitere Filialen am Boulevard Beaumarchais 138 und am Boulevard Montparnasse). Hier werden, neben anderen schmackhaften Speisen, wundervolle Muschel- und Fischgerichte serviert.

195 D4 · 33, rue St-Jacques, 75005
01 44 07 27 37; www.lobarahuitres.com
12–2 Uhr · Cluny–La Sorbonne

Bistro d'à Côté €€

Moderne Version traditioneller regionaler Gerichte – vor allem aus dem Raum Lyon. Michel Rostang hat außer dieser noch zwei weitere erfolgreiche und ebenfalls auf den nicht ganz so dicken Geldbeutel zugeschnittene Filialen, die moderne Versionen traditioneller Gerichte servieren. Die Köstlichkeiten dieses Restaurants: Bratspießchen aus Muscheln mit Tartarsauce und Pilzen, Langustinen-Spezialitäten, scharf gewürzte Hühnchen mit Gänseleberpastete, schließlich Kalbsniere in Rotweinsauce.

195 F4
16, boulevard St-Germain, 75005
01 43 54 59 10; www.michelrostang.com
12–14, 19.30–23.30 Uhr
Maubert-Mutualité

Chieng Mai €

Eines der besten Thai-Restaurants in Paris – was bedeutet, dass Sie den Tisch zeitig vorbestellen müssen. Die auf klassischer thailändischer Kochkunst basierenden Gerichte lassen den französischen Einfluss spüren: Sie sind etwas schwächer gewürzt als in der Heimat.

195 E 4
12, rue Frédéric Sauton, 75005
01 43 25 45 45
12–14.30, 19–23.30 Uhr; Aug. geschl.
Maubert-Mutualité

Au Gourmet de l'Isle €€

Am ruhigeren Ende der Hauptdurchgangsstraße der Ile Saint Louis gelegen, ist dieses kleine Bistro auf Hausmannskost spezialisiert, z. B. Artischockenherzen mit pochierten Eiern und scharfer Sauce, gebratenes Perlhuhn mit grünen Linsen und als Dessert Birnen in Rotwein. Die Preise der Weine sind angemessen. In dieser Umgebung ist das Preis-Leistungs-Verhältnis des Mittagsmenüs unschlagbar.

196 A4
42, rue St-Louis-en-l'Ile, 75004
01 43 26 79 27
Mi–So 12–14, 19–22.30 Uhr
Pont Marie

La Gueuze €

Nur ein paar Schritte vom Jardin du Luxembourg kann man hier zwischen 150 Biersorten aus aller Welt (allein 66 belgischen Flaschen- und 13 Fassbieren) wählen. Die familienfreundlichen Menüs enthalten großzügige Portionen belgischer Gerichte wie *moules marinières* (Muscheln in Weißwein) mit den obligatorischen *frites*. Natürlich gibt es das belgische Nationalgericht *carbonnade flamande* (Rindfleisch in Bier).

195 D3 ✉ 19, rue Soufflot, 75005
☎ 01 43 54 63 00 🕐 11.30–0.45 Uhr
RER: Luxembourg

Marty €€

In der südlichsten Ecke des 5. Arrondissements, nahe der Kreuzung Avenue des Gobelins/Boulevard de Port-Royale, liegt diese im Stil der dreißiger Jahre eingerichtete Brasserie im ersten Stockwerk des Hauses. Das Lokal ist bekannt für seine guten Fisch- und Muschelmenüs.

195 E 1
✉ 20, avenue des Gobelins, 75005
☎ 01 43 31 39 51
🕐 12–24 Uhr Les Gobelins

Mavrommatis €€

Dieses feine griechische Restaurant hat keine Ähnlichkeit mit den Touristentavernen der nahen Rue Mouffetard. Traditionelle Gerichte wie Tzatziki und Stifado werden raffiniert zubereitet. Die ausgewogene Speisekarte präsentiert mariniertes Lamm, Joghurt mit Honig, Weinblätter und Mussaka. Die Desserts sind teilweise geschickte Abwandlungen französischer Leckereien, doch es gibt auch *baklava*. Hervorragende griechische Weine passen wunderbar zur köstlichen Küche.

195 F2 ✉ 42, rue Daubenton, 75005
☎ 01 43 31 17 17
🕐 Di–So 12–14.30, 19–23 Uhr
Censier-Daubenton

Chez Paul €€

Paul und sein Restaurant mit dem hübschen Sommergarten sind hier eine Institution. Dieses authentische Lokal, das Klassiker wie *pot au feu*, *cochon au lait* (Spanferkel) und *boudin aux pommes* serviert, ist den kleinen Umweg zur Butte aux Cailles wert. Hier ist das beste Kartoffelpüree von Paris im Angebot. Zu den Vorspeisen gehören Terrinen und Suppen, traditionelle Desserts wie Schokoladenkuchen mit *crème anglaise* werden perfekt zubereitet.

knapp außerhalb von 195
✉ 22, rue de la Butte-aux-Cailles, 75013
☎ 01 45 89 22 11
🕐 12–14.30, 19.30–24 Uhr
Place d'Italie/Corvisart)

Les Quatre et Une Saveurs €

In einer Stadt, in der man Vegetarier meist mit einem Karottensalat und einem Käseomelett abspeiste, verdient dieses Lokal eine Medaille. Die schlichte Einrichtung und die legere Studentenatmosphäre sind das ideale Ambiente für köstliches makrobiotisches Essen, das außer saftigem Fisch keine tierischen Produkte verwendet. Die Portionen sind groß, die ungesüßten, zuckerfreien Desserts wie Zitronenkuchen oder Streuselkuchen mit Äpfeln und Rosinen etwas gewöhnungsbedürftig. Makrobiotische Weine und frische Fruchtsäfte verdeutlichen ebenfalls, dass gesunde Ernährung nicht Askese bedeutet.

195 E3
✉ 72, rue Cardinal Lemoine, 75005
☎ 01 43 26 88 80
🕐 Di–Do, So 12–14.30, 19–22.30, Fr 12–14.30, Sa 19–22.30 Uhr
Cardinal Lemoine/Place Monge

La Rôtisserie du Beaujolais €€

Dieses Bistro hat denselben Eigentümer wie das *La Tour d'Argent* (➤ 89) auf der anderen Straßenseite. Von der überdachten Terrasse kann man einen schönen Blick auf Notre-Dame genießen. Viele der Zutaten für die Gerichte hier kommen direkt aus Lyon. Typische Menüs enthalten *escargots* (Schnecken) *de Bourgogne*, *saucisson de Sibilla* und Schweinshaxe.

195 F4
✉ 19, quai de la Tournelle, 75005
☎ 01 43 54 17 47
🕐 12–14.30, 19.30–23 Uhr; Mo, 24./25. Dez. geschl. geschl.
Maubert-Mutualité

La Tour d'Argent €€€

Das zweitälteste Restaurant von Paris öffnete 1582. Hier hat man einen traumhaftem Blick auf die Seine, Notre-Dame und die Île St-Louis: ein absolutes Muss für alle, die einmal im Leben nach Paris kommen – vorausgesetzt, sie verfügen über einen ausreichend gefüllten Geldbeutel. Sehr gute traditionelle Küche mit nur leicht modernem Einschlag; die Spezialität des Hauses ist Ente *à la presse*, die mit einem nummerierten Zertifikat serviert wird (bedenken Sie, dass diese Spezialität nicht immer vorrätig ist). Auch *quenelles de brochet* (Hechtklößchen) und *pêches flambées à l'eau de vie* (flambierte Pfirsiche in Himbeerlikör) sind sehr zu empfehlen.

195 F4
6. Stock, 15–17, quai de la Tournelle, 75005 01 43 54 23 31; www.latourdargent.com 12–14.30, 19.30–22.30 Uhr; Mo und Di Mittag geschl. Maubert-Mutualité/Pont Marie

Wohin zum … Einkaufen?

Da das 5. Arrondissement oder Quartier Latin (der Name stammt aus der Zeit vor der Französischen Revolution, als Latein die hier übliche Sprache war) hauptsächlich akademisches Terrain ist, findet man hier vor allem Buchhandlungen – ein Paradies für Leseratten. Andere Läden sind hier dünn gesät – lediglich Les Comptoirs de la Tour d'Argent, das dem gleichnamigen Restaurant (siehe links) angeschlossen ist, bietet eine großartige Auswahl an Geschirr, Tischwäsche und Gourmandisen. In der Rue St-Louis-en-l'Ile, der Hauptstraße der Insel, findet sich alles von foie gras bis zu Designer-Keramik.

Paris Jazz Corner (5, rue de Navarre, 75005, Tel. 01 43 36 78 92, Metro: Monge) hat ein großes Angebot an Secondhand-Jazzplatten und CDs.

Stock Austerlitz (16, boulevard de l'Hôpital, 75005, Tel. 01 47 07 88 44, geöffnet: Mo–Sa 10–19 Uhr, Metro: Austerlitz) hat viel herabgesetzte Ware im Angebot.

Maison de la Vanille (18, rue du Cardinal Lemoine, 75005, Tel. 01 43 25 50 95, geöffnet Di–Fr 11.30–18, Sa, So, Feiertage 14.30–19 Uhr; Metro: Cardinal Lemoine) bietet eine erstaunliche Auswahl an Vanilleschoten und -produkten. Im Teesalon werden Spezialitäten serviert.

La Ferme St-Aubin (76, rue st-Louis-en-l'Ile, 75004, Tel. 01 43 54 74 54, Mo geschl.; Metro: Pont-Marie) hat 200 Käsesorten (französische und europäische) im Angebot.

La Tuile à Loup (5, rue Daubenton, 75005, Tel. 01 47 07 28 90, geöffnet: Di–Sa 10.30 – 19, Mo 15–19 Uhr, So Winter geschlossen, Metro: Cencier Daubenton) bietet rustikales Kunsthandwerk.

Abbey Bookshop (29, rue de la Parcheminerie, 75005, Tel. 01 46 33 16 24, geöffnet: 10–19 Uhr, So geschl., Metro: Cluny–La Sorbonne) ist ein kleiner Buchladen in kanadischem Besitz.

In der **Librairie Ulysse** (26, rue St-Louis-en-l'Ile, 75004, Tel. 01 43 25 17 35, geöffnet Di–Sa 14–20 Uhr; Metro: Sully Morland) finden Sie alles zum Thema Reisen.

Gibert Jeune (5, place St-Michel, 75005, Tel. 01 56 8 22 22, geöffnet: Mo–Sa 9.30–19.30 Uhr, Metro: St-Michel) ist eine der größten Buchhandlungen von Paris.

Librairie Gourmande (4, rue de Dante, 75005, Tel. 01 43 54 37 27, geöffnet: tägl. 10–19 Uhr, Metro: St-Michele) wird seinem Namen gerecht: Hier finden Sie alles über die Geschichte des Kochens.

Shakespeare & Co (37, rue de la Bûcherie, 75005, Tel. 01 43 26 96 50, geöffnet: tägl. 12–24 Uhr, Metro: St-Michel). Das direkt an der Seine gelegene Antiquariat bietet englische Literatur aller Art.

Wohin zum ... Ausgehen?

Der Spaziergang durch die enge, kurvige Rue Mouffetard in Richtung Süden durch das Herz des Quartier Latin ist eigentlich schon unterhaltend genug. Tür an Tür locken hier zahllose Schaufenster von Geschenk- und Lebensmittelläden, kleine Restaurants laden mit Fensterdekorationen, die einem das Wasser im Mund zusammenlaufen lassen, zum Besuch ein. Hier finden Sie überall stimmungsvolles Ambiente bei Kerzenschein und Live-Musik.

Konzerte

In der Kirche **St-Julien-le-Pauvre** (23, quai Montebello, 75005, Tel. 01 43 54 52 16, Metro: St-Michel) an der Seine gibt es häufig Konzerte; man sollte etwa eine halbe Stunde früher kommen.

Im **Paradis Latin** gibt es Liveshows mit vorangehendem Abendessen (28, rue du Cardinal Lemoine, 75005, Tel. 01 43 25 28 28, geöffnet: 20–24 Uhr, Di geschlossen, Metro: Cardinal Lemoine/Jussieu).

Jazz

Im **Caveau de la Huchette** (5, rue de la Huchette, 75005, Tel. 01 43 26 65 05, geöffnet: Mo–Do 21.30–2.30, Fr 3, Sa 4 Uhr, Metro: St-Michel) gibt es bereits seit 1946 Jazz und Tanz, vor allem am Wochenende. Dann ist es hier stets überlaufen mit Leuten, die Menschen betrachten, zuhören und tanzen wollen: breites Spektrum aus Swing, Boogie und Rock.

Le Petit Journal widmet sich dem Oldtime-Jazz. Es spielen regelmäßig bekannte Künstler (71, boulevard St-Michel, 75005, Tel. 01 43 26 28 59, geöffnet: Mo–Sa 20.30–1.30 Uhr, im Aug. geschl., Metro: Luxembourg-St-Michel).

Aux trois Maillets (56, rue Galande, 75005, Tel. 01 43 54 00 79, geöffnet: 17 Uhr bis Sonnenaufgang, Metro: St-Michel) ist ein ausgezeichnetes Jazzcafé im Straßengewirr zwischen Seine und Boulevard St-Germain.

Blue Note (38, rue Mouffetard, 75005, Tel. 01 45 87 36 09, Musik: Fr, Sa ab 23, So, Di–Do ab 22 Uhr, Metro: Place Monge).

Kino

Hier drängen sich sehr viele kleine Programmkinos, alle meist nah beieinander in Fußgänger-Entfernung, wie **Studio Galande** (42, rue Galande, 75005, Tel. 08 36 68 06 24, Metro: St-Michel), wo häufig *The Rocky Horror Picture Show* läuft. Ferner: **Diagonal Europa**, das älteste Kino der Stadt aus dem Jahr 1907 (13, rue Victor-Cousin, 75005, Tel. 01 40 46 01 21, Metro: Cluny–La Sorbonne, RER: Luxembourg), **Action Écoles** (23, rue des Écoles, 75005, Tel. 01 43 29 79 89, Metro: Odéon), **Le Champo** (51, rue des Écoles, 75005, Tel. 01 43 54 51 60, Metro: St-Michel), **Grand Action** (5, rue des Écoles, 75005, Tel. 01 43 29 44 40, Metro: Cardinal Lemoine/Jussieu) und **Studio des Ursulines** (10, rue des Ursulines, 75005, Tel. 01 43 26 19 09, Metro/RER: Luxembourg).

Ein Blick in die Broschüre *Pariscope* gibt Ihnen weitere detaillierte Hinweise.

Nachtclubs

Le Saint – nicht weit vom Place St-Michel – ist ein kleiner gemütlicher Tanzklub mit breitem Musikangebot, vor allem aber Techno und Rhythm-and-Blues (7, rue St-Séverin, 75005, Tel. 01 43 25 50 04, geöffnet: Di–Sa 23–6 Uhr, Metro: St-Michel).

Vom Louvre zum Triumphbogen

Erste Orientierung

Zwischen Louvre und Arc de Triomphe herrscht weniger der Charme als die große architektonische Geste, und außerdem das Geld. Den Charakter dieses Viertels bestimmen Fünfsterne-Hotels, weitläufige Plätze, kunstvolle Parks und nicht zuletzt Modehäuser.

Der Hauptmagnet schlechthin ist zweifellos der Louvre. Ganz egal, wohin man sich von dort aus wendet: Alle Wege führen zu bekannten Sehenswürdigkeiten. Im Nordwesten liegen die Tuilerien und der Place de la Concorde (der Platz, wo in den Jahren der Revolution die Guillotine wütete), die Champs-Élysées, der Triumphbogen und schließlich die Grande Arche de la Défense. Unmittelbar nördlich des Louvre können Sie die

Vorhergehende Seite: der Triumphbogen – Symbol der Rive Droite

elegantesten Einkaufsstraßen der Stadt erkunden: die Rue de Rivoli und die Rue St-Honoré. Hier ist die Domäne der teuren Boutiquen, der *grands magazins* (Kaufhäuser) und altmodischen Arkaden aus dem 19. Jahrhundert voller Geschäfte: ein Paradies für den Einkaufsbummel. Abends eröffnet sich dem staunendem Besucher eine Welt feinster Restaurants, elegantester Nachtclubs, der großen Oper und der Comédie Française. Zu erwähnen sind schließlich noch einige der romantischen Promenaden und Aussichtspunkte für die Verliebten der Stadt.

★ Nicht verpassen!

- 1 Musée du Louvre ➤ 96
- 6 Jardin des Tuileries ➤ 102
- 10 11 Arc de Triomphe und Avenue des Champs-Élysées ➤ 104

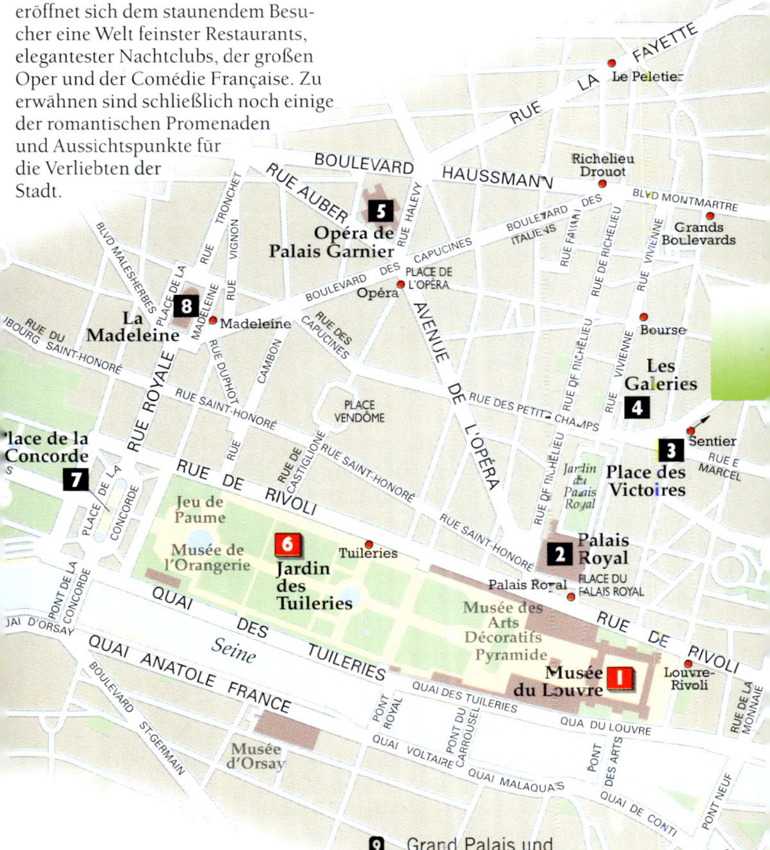

Nach Lust und Laune!

- 2 Palais Royal ➤ 106
- 3 Place des Victoires ➤ 106
- 4 Les Galeries ➤ 106
- 5 Opéra de Palais Garnier ➤ 107
- 7 Place de la Concorde ➤ 108
- 8 La Madeleine ➤ 108
- 9 Grand Palais und Petit Palais ➤ 109
- 12 Musée National des Arts Asiatiques-Guimet ➤ 110
- 13 Palais de Chaillot ➤ 110

Etwas außerhalb

- Musée Marmottan Claude Monet ➤ 111
- La Défense ➤ 111

Dieser Tag gehört Kunstliebhabern, Fotobegeisterten und allen, die Paläste, Parks und grandiose Alleen lieben.

Vom Louvre zum Triumphbogen an einem Tag

9 Uhr

Seien Sie vor der Öffnung um 9 Uhr am **Louvre** (oben und rechts, ➤ 96f), denn jeden Tag schieben sich 25 000 bis 30 000 Besucher durch die Gänge des Museums. Drinnen sollte man zunächst eine Auswahl treffen und dann in Ruhe genießen.

12 Uhr

Falls Sie es am Mittag ein wenig extravagant mögen, nehmen Sie sich etwas Zeit für das **Café Marly** (➤ 14f) im Hof des Louvre mit Blick auf die Pyramide. Auch zu empfehlen: **L'Incroyable,** ein winziges, preiswertes Bistro (26, rue de Richelieu, 75001, Tel. 01 42 96 24 64, So geschlossen).

14 Uhr

Nach dem Mittagessen sind die **Tuilerien** (➤ 102f) mit ihren Statuen und gepflegten schattigen Wegen ideal zum Spazierengehen oder Rasten. Und wenn Sie noch nicht genug haben von der Kunst, gehen Sie ins **Musée de l'Orangerie** (wegen Renovierung bis Ende 2004 geschlossen) mit den *Seerosen* von Monet oder in die **Galerie National du Jeu de Paume** mit Ausstellungen zeitgenössischer Kunst. Sie liegt in einer historischen Tennisanlage des Zweiten Kaiserreichs (➤ 103).

15 Uhr

Gehen Sie über den **Place de La Concorde** (➤ 108) und dann die **Champs-Élysées** hinauf (unten, ➤ 104f) – einst grünes Erholungsgebiet des Adels, heute die bekannteste Geschäftsstraße der Welt. Wenn Sie nicht laufen möchten, können Sie die Metro von Tuileries oder Concorde bis zur Station Charles de Gaulle–Étoile nehmen.

17 Uhr

Jetzt während der Rushhour ist die Aussichtsplattform des **Triumphbogens** (links), 50 Meter über zwölf sternförmig von hier ausstrahlenden Magistralen mit tosendem Verkehr, der ideale Ort (➤ 104f). Der Blick ist unvergesslich

19 Uhr

Jetzt ist es Zeit für das Abendessen bei **Le Fouquet's** (➤ 113).

1 Musée du Louvre

Dieses jahrhundertealte Museum beherbergt eine der umfangreichsten und bedeutendsten Kunstsammlungen der Welt. Ganz gleich, ob Sie Ihren Besuch dort hinterher als atemberaubend, umwerfend, frustrierend oder einfach nur anstrengend empfinden, nie dürfen Sie vergessen: Um alles zu sehen, würden Sie Jahre brauchen. Vor lauter Angst gehen viele Parisbesucher gar nicht erst hin. Das Geheimrezept für einen fruchtbaren Rundgang ist geruhsames Tempo und die richtige Auswahl. Man kann schließlich immer noch mal hingehen.

Der Louvre birgt unvergleichliche Schätze der Kunst

Das Gebäude hat seinen Namen wahrscheinlich vom lateinischen *luperia*, zu Deutsch »Wolfsbau« oder »Jagdhütte«. Genau so etwas hat König Philippe Auguste (1180–1223) hier gebaut und durch Mauern vor möglichen Überfällen der Wikinger geschützt. Heute kann man die massiven Wände zweier Türme dieser Befestigung und das Fundament der einstigen Zugbrücke – in eindrucksvolles Scheinwerferlicht getaucht – im Keller des Sully-Flügels bewundern. Erst nach dem Hundertjährigen Krieg zogen die Könige in den Louvre.

Vierhundert Jahre lang hat jeder Herrscher seinen Teil zum Ausbau des Louvre beigetragen. Franz I. verwandelte die Festung in einen Renaissancepalast und legte mit zwölf in Italien geraubten Gemälden (unter anderem der *Mona Lisa*) den Grundstock der Kunstsammlung. Heinrich IV. ließ die Grande Galerie anlegen.

Seine Glanzzeit erlebte der Louvre dann im 17. Jahrhundert unter dem kunstsinnigen

---

200 A1
34–36, quai du Louvre, 75001
01 40 20 51 51 (Anrufbeantworter), 01 40 20 53 17 (Informationsschalter); www.louvre.fr
Mi–Mo 9–18; Mo (Teil des Museums) und Mi (das ganze Museum) abends bis 21.45 Uhr geöffnet
Café (€), Restaurant (€€)
Palais Royal – Musée du Louvre/ Louvre Rivoli
€€ (Ermäßigung nach 15 Uhr und sonntags €€); frei am ersten So des Monats

Ludwig XIV., der die Sammlung mit Werken von Leonardo da Vinci, Raffael und Tizian bereicherte. Man sagte Napoleon I. zwar einen künstlerisch erbärmlichen Geschmack nach, das hinderte ihn aber nicht, dem Louvre viele erbeutete Statuen und Gemälde zu schenken. Erst seit der Revolution – seit 1793 – ist die Sammlung der Öffentlichkeit zugänglich.

Heinrich IV.
Sehr zum Ärger seiner Gemahlin Marie de Medici brachte der König all seine Mätressen und sogar deren Kinder im Louvre unter. Im Jahr 1610 wurde er auf offener Straße erstochen und starb als einziger Herrscher Frankreichs in den Mauern dieses Palastes.

Die neuesten architektonischen Ergänzungen sind die zur Entstehungszeit umstrittene Pyramide als Eingang (1989) und Renovierung des Richelieu-Flügel mit den zwei glasüberdachten Innenhöfen (1993). Hier hat sich nicht nur Präsident Mitterand mit grandioser architektonischer Geste verewigt (► 31), auch ein Traum Ludwigs XIV. wurde wahr: Er hatte sich den Louvre stets als das größte Museum der Welt gewünscht. Nun hat sich die Ausstellungsfläche von 30 000 auf 60 000 Quadratmeter verdoppelt; sein Traum ist wahr geworden.

Wenn man nicht aufpasst, kann man sich in diesem Museum schon mal verirren

So bekommen Sie den Louvre in den Griff

Regel Nummer eins heißt: Geduld! Schließlich erwarten Sie hier 36 000 Kunstwerke auf 60 000 Quadratmetern, und der Ausbau geht weiter.

Nehmen Sie sich also mindestens einen halben Tag Zeit. Denken Sie an die zeitraubenden Schlangen vor Garderoben, Karten- und Informationsschaltern und daran, dass Sie auch an der Garderobe werden warten müssen. Das aber braucht Zeit – so werden Sie ohnehin nur ein paar Stunden für die Sammlungen haben.

Fauxpas eines Meisters

Eine Freundin Picassos, Françoise Gilot, berichtet, der Maler habe einmal in einem Lagerraum des Louvre aus Versehen auf eine alte Leinwand getreten, die er wohl für eine Abdeckung des Fußbodens hielt. Zu seinem Erstaunen entpuppte sie sich als ein sechs mal zehn Meter großes, für eine Galeriedecke gedachtes Gemälde von Delacroix.

Ein Vorteil: Die Galerien sind eindeutig bezeichnet, jeder Raum hat seine Nummer, und man kann sich gut orientieren. Sie können aber auch unter der Glaspyramide nach deutschsprachigen Führungen fragen oder sich der *Audiotour* anvertrauen: Die gibt es in sechs Sprachen an den Zugängen zu den einzelnen Flügeln.

Wenn Sie zum ersten Mal im Louvre sind, hilft Ihnen die Broschüre, die Ihnen den Weg zu den Hauptwerken zeigt.

Vielleicht wollen Sie sich aber auch auf eine bestimmte Periode konzentrieren. Zu den reichhaltigsten und beliebtesten Sammlungen gehören die **Etruskische und Römische Abteilung** (Denon-Flügel, Erdgeschoss, Raum 5–13); **Italienische Malerei des 16. und 17. Jahrhunderts** (Denon-Flügel, 1. Stock, Raum 1–7); **Französische Skulpturen vom frühen Mittelalter bis zum 19. Jahrhundert** (Richelieu-Flügel, Erdgeschoss, Raum 1–33) und die **Französische Malerei des 18. und 19. Jahrhunderts** (Sully-Flügel, 2. Stock, Raum 36–73) und die **Kunst Afrikas**, **Asiens**, **Ozeaniens** und **Amerikas** im Pavillon des Sessions neben dem Hauptmuseum. Diese Sammlung ist eine Leihgabe des Musée du Quai Branly, das 2005 öffnen soll.

Rechts: Die Glaspyramide des Architekten Ming Pei gibt dem Louvre eine neue Perspektive

Fünfsterne-Werke

Drei Gemälde stehen in der Publikumsgunst ganz oben:

- Die ***Mona Lisa*** (auch *Gioconda* genannt, 1503–1506) von Leonardo da Vinci (Denon-Flügel, 1. Stock, Raum 13 bis zur Fertigstellung der Renovierung, dann Raum 6).
- ***Das Floß der Medusa*** von Théodore Géricault (1819, Denon-Flügel, 1. Stock, Raum 77).
- Die ***Spitzenklöpplerin*** von Jan Vermeer van Delft (links, 1670/71, Richelieu-Flügel, 2. Stock, Raum 38).

Vier herausragende Skulpturen:

- Michelangelos ***Sterbender Sklave*** (1513–1520, Denon-Flügel, Erdgeschoss), gedacht für das Grab von Papst Julius II.
- Die ***Venus von Milo*** (2. Jahrhundert v. Chr., Sully-Flügel, Erdgeschoss, Raum 12), gefunden 1820 auf der griechischen Insel Milo.
- Die ***Nike von Samothrake*** (190 v. Chr., Denon-Flügel, 1.Stock), vermutlich eine antike Gallionsfigur und Symbol eines Seesieges.
- Die ***Marly-Pferde*** von Guillaume Coustou (1740–1745, Richelieu-Flügel, Cour Marly).

Die luftige Glaspyramide hellt den Eingangsbereich auf

Für den speziell Interessierten gibt es verschiedene Kataloge. Empfehlenswert ist das dicke, gut illustrierte Werk *Der Louvre: Die Sammlungen* (erhältlich im Buchladen).

Die Flügel – eine Orientierungshilfe

Die Sammlungen sind auf drei Hauptflügel verteilt: den **Sully-** (nach dem Finanzminister Heinrichs IV.), den **Richelieu-** (Kardinal und Minister unter Ludwig XIII.) und den **Denon-** (Museumsdirektor unter Napoleon) Flügel. Jeder Flügel hat vier Stockwerke, auf die sieben Abteilungen verteilt sind – alle durch Farben gekennzeichnet. Gelb steht für orientalische und islamische Kunst, Grün für ägyptische, Blau für griechische, römische und etruskische Kunstwerke; mit Rot sind Gemälde, mit Rosa Drucke und Zeichnungen, mit Lila Kunsthandwerk ausgezeichnet; Skulpturen haben die Farbe Hellbraun, Dunkelbraun steht für die Geschichte des Louvre.

KLEINE PAUSE

Sehr zu empfehlen ist das **Café Marly** (➤ 14f) im Louvre.

Die Pyramide

Den neuen Haupteingang zum Museum bildet seit 1989 eine Glaspyramide – entworfen vom chinesisch-amerikanischen Architekten Ming Pei. Dieses zunächst umstrittene, jetzt aber allgemein geschätzte Werk soll den Himmel hereinlassen und Transparenz gewährleisten. Es ist 21,6 Meter hoch und besteht aus 793 Glasplatten, die jede Woche von einem computergesteuerten Gerät gereinigt werden.

Die *Mona Lisa*

Wer den Louvre nur wegen des Porträts der florentinischen Patrizierin besucht, könnte eine herbe Enttäuschung erleben: Zwischen ihm und dem geheimnisvollen Lächeln von Leonardos *Gioconda* liegt nicht nur eine dicke kugelsichere Scheibe, sondern auch die dichte Masse von Touristen, die unablässig Souvenirfotos knipsen. Jeder Kunstdieb müsste eigentlich davon träumen, dieses Bild zu stehlen. Einem ist es tatsächlich 1911 gelungen: dem ehemaligen Museumsangestellten Vincenzo Perugia, der es aber nicht zu verkaufen wagte. So lag es in Florenz zwei Jahre lang unter seinem Bett, bis es entdeckt und in den Louvre zurückgebracht wurde.

MUSÉE DU LOUVRE: INSIDER-INFO

Eingänge: Durch die Pyramide, die Richelieu-Passage (bei der Rue de Rivoli), die Porte des Lions an der Seine oder den Carrousel du Louvre (Fr. geschl.).

Zugänge ohne Warteschlangen: **Früh morgens** um 9 Uhr oder zu den Abendöffnungszeiten am Montag oder Mittwoch kommen. Den Sonntag möglichst meiden. Um die Wartezeiten zu verkürzen, hat man am **Port des Lions an der Seine für Besucher mit Sammelkarten** einen neuen Eingang eröffnet.

- Mit einem Museumspass oder einer schon vorher auf der Website, in einem FNAC-Geschäft oder Virgin Store gekauften Eintrittskarte kommen Sie **schneller** über die Verbindung beim Eingang zum Richelieu-Flügel hinein.
- Sie haben, wie sehr viele Besucher, an so etwas vorher nicht gedacht? Versuchen Sie's am Carrousel-Eingang, dort sind die **Schlangen meist kürzer**.

Innen angekommen: Nun können Sie am gleichen Tag alle Flügel betreten und verlassen, **so oft Sie es wünschen**.

- **Bequeme Schuhe** sind absolut empfehlenswert, denn Sie laufen kilometerlange Strecken. Setzen Sie sich auf jeden Fall Schwerpunkte.

Top-Tipps: Nehmen Sie sich am Informationsschalter **die praktischen Übersichtspläne** (in vielen Sprachen). Für behinderte Besucher gibt es einen speziellen Plan, eine Dokumentation in Blindenschrift, eine Tast-Galerie und monatliche Führungen in französischer Gebärdensprache. Tel. 01 40 20 59 90.

- An Montagabenden gibt es die Spezialbroschüre ***Nocturnes du lundi*** – auch wenn Sie nur wenig Französisch verstehen, den praktischen Weg zu 26 Hauptwerken, der hier vorgeschlagen wird, kann man gut nachvollziehen.
- Wenn Sie nach dem Ende Ihres Besuches noch Energie haben – der **Museumsladen** bietet eine große Auswahl an Büchern, Kassetten und Souvenirs.
- Nehmen Sie einen Audio-Guide (Kosten: €€) mit Kommentaren zu 1000 Kunstwerken oder folgen Sie einer Führung (€, zusätzlich zum Eintrittspreis) um 11, 14 und 15.45 Uhr.

6 Jardin des Tuileries

Wenn Ihr Bedarf an Kultur gedeckt ist, sollten Sie sich im Park der Tuilerien entspannen – einem der ältesten und schönsten öffentlichen Gärten der Stadt. Von hier aus – dem rechten Seineufer – hat man einen prächtigen Blick auf den Louvre, den Place de la Concorde, den Triumphbogen und – über den Fluss hinweg – auf das Musée d'Orsay und den Eiffelturm.

Hier können Kinder Schiffchen schwimmen lassen

Erstmals angelegt wurde der Park im 16. Jahrhundert – Katharina von Medici wollte ihrem prächtigen Palace des Tuileries, den sie sich hier bauen ließ (bis zu seiner Zerstörung durch die Commune 1871 war dieser ein Teil des Louvre), eine würdige Umgebung schaffen, einen Garten im italienischen Stil. Mit seinen langen Wegen eignete er sich als Platz, um die in Florenz aufgekommene Mode, in von Pferden gezogenen Kutschen zu fahren, auch in Paris einzuführen.

Im 17. Jahrhundert verwandelten Le Nôtre, der Schöpfer der Gärten von Versailles (➤ 165ff), die Grünflächen auf Befehl Ludwigs XIV. in einen französischen Park mit Skulpturen, harmonischer Symmetrie, kurz geschnittenen geometrischen Rasenflächen, gestutzten Bäumen und Hecken und gepflegten Kieswegen. Le Nôtre legte einen langen, geraden Weg ausgehend vom Palast durch die Mitte des Gartens nach Nordwesten: Aus dieser Mittelachse wur-

199 E2 ✉ Jardin des Tuileries ☎ 01 40 20 90 43
April–Sept. 7–21 Uhr, Okt.–März 7.30–19 Uhr Tuileries/Concorde

den später die Champs-Élysées, mittlerweile fast eine Via triumphalis Frankreichs, die sich vom **Louvre** (➤ 96ff) über neun Kilometer bis **La Défense** (➤ 111) erstreckt.

Le Nôtres Gärten waren die ersten in Frankreich, die als Park für die Öffentlichkeit freigegeben wurden. Sie waren beim Volk sofort beliebt und wurden so ein Modell für öffentliche Grünanlagen in ganz Europa. An der Beliebtheit der Tuilerien bei Einheimischen wie Touristen, Groß und Klein, hat sich bis heute nichts geändert. Vor allem Kinder reiten gern auf den Eseln und lassen im großen Bassin an der Ostseite des Parks altmodische Spielzeugboote schwimmen (vom nahe gelegenen Kiosk geliehen).

Die **Galerie National du Jeu de Paume** (auf der Seite der Rue de Rivoli) diente im 19. Jahrhundert als Tennishalle und beherbergte bis 1986 die Gemälde, die jetzt im **Musée d'Orsay** hängen (➤ 54ff). Heute finden dort wechselnde Ausstellungen zeitgenössischer Kunst statt., man plant einen Wechsel zu Fotografie und Multimedia. Die **Orangerie** (sie soll Ende 2004 wiedereröffnet werden) bietet einen schönen Ort für eine kleine Impressionistensammlung, die unter anderem die berühmten *Seerosen* von Monet enthält.

Maler finden hier immer wieder ihre Motive

KLEINE PAUSE

Lescure
✉ 7, rue de Mondovi, 75001
☎ 01 42 60 18 91
🕘 Mo–Fr 12–14.15, 19–22.30 Uhr, Sa, So und Aug. geschl.
Familienbetrieb seit 1919, rustikales Restaurant.

JARDIN DES TUILERIES: INSIDER-INFO

Top-Tipps: Am eindrucksvollsten ist der Zugang vom Arc de Triomphe du Carrousel am Louvre oder aber von der **vergoldeten Gitterpforte** am anderen Ende des Place de la Concorde.

- Informationen zu **kostenlosen Führungen** (nur im Sommer) finden Sie am Aushang oder unter Tel. 01 44 54 19 34.
- Die **Galerie National du Jeu de Paume** (Tel. 01 47 03 12 50, €€) öffnet Di 12–21.30, Mi–Fr 12–19, Sa, So 10–19 Uhr.
- Die **Orangerie** ist seit einigen Jahren wegen Renovierung geschlossen. Ende 2004 soll sie neu eröffnet werden (Fax 01 42 61 30 82 für aktuelle Informationen, auch zu Öffnungszeiten).

Geheimtipp: Etwas unauffällig auf einem Rasenstück stehen schöne **Bronzefiguren** von Aristide Maillol.

10 Arc de Triomphe
11 Avenue des Champs-Élysées

Die majestätische Silhouette des Arc de Triomphe bildet den Schlusspunkt der Prachtstraße Champs-Élysées. Napoleon I. hatte ihn als Denkmal für seine militärischen Siege gedacht; das gewaltige Bauwerk wurde allerdings erst 1836 – 15 Jahre nach seinem Tod – fertig. Unter dem Torbogen liegt das Grab des Unbekannten Soldaten.

282 Stufen einer engen Wendeltreppe sind der Preis für die großartige Aussicht von der 55 Meter hohen Terrasse des Triumphbogens. Man überschaut die gesamte Prachtstraße vom Louvre bis La Défense und die zwölf sternförmig vom Bogen ausstrahlenden Alleen, die dem Platz seinen früheren Namen, Place de l'Étoile, gaben; dieser setzt sich gegen den offiziellen Namen Place Charles-de-Gaulle immer wieder durch.

Kaum vorstellbar, dass die breite Magistrale **Champs-Élysées** mit ihrem tosenden Verkehr Ödland war, bevor Le Nôtre hier einen Park (➤ 102f) schuf. Jahrhundertelang war diese Gegend zum Spazierengehen da. Ihre Beliebtheit bei der Bevölkerung erreichte im 19. Jahrhundert ihren Höhepunkt: Um 1850 herrschte hier lebhafter Verkehr von Pferdekutschen, in denen die

Arc de Triomphe
197 E4 place Charles-de-Gaulle-Étoile, 75008
01 55 37 73 77; www.monum.fr
April–Sept. 10–23, Okt.–März 10–22.30 Uhr
Charles-de-Gaulle-Étoile €€

Champs-Élysées
198 C3 George V/Franklin-D-Roosevelt/Charles-de-Gaulle-Étoile

Straße der Feierlichkeiten
Feierlichkeiten und Paraden – das ist seit jeher für die Champs-Élysées Alltag. Zur Hochzeit mit Marie-Louise von Österreich organisierte Napoleon I. hier eine riesige Parade, ja er ließ sogar den noch unfertigen Triumphbogen aus Holz in Originalgröße provisorisch zu Ende bauen! Das Ende des Ersten Weltkriegs wurde hier am 14. Juli 1919 gebührend mit einer enormen Siegesfeier begangen. 25 Jahre später hielt General de Gaulle seinen siegreichen Einzug in Paris, indem er die Champs-Élysées zu Fuß hinunterschritt. Die Tour de France endet jedes Jahr hier, ganz zu schweigen von den jährlichen Feiern zum Bastille-Tag am 14. Juli und zum Sieg im Ersten Weltkrieg am 11. November.

ARC DE TRIOMPHE: INSIDER-INFO

Top-Tipps: Die beste Besuchszeit ist am frühen Vormittag, weil das Licht die Skulpturen dann besonders **plastisch** erscheinen lässt, oder am späten Nachmittag. Dann geht die Sonne über dem Dach des Triumphbogens unter.

- Überqueren Sie die Straße auf dem Weg zum Arc de Triomphe nicht! Benutzen Sie den **Fußgängertunnel** von den Champs-Élysées aus.
- Nehmen Sie genügend Filmmaterial mit: Die **Aussicht** verführt zu mehr als einem Foto. Oben hilft eine Orientierungstafel beim Einordnen der Sehenswürdigkeiten.
- Die Haupt-Touristeninformation liegt ganz in der Nähe: 127, avenue des Champs-Èlysees

Muss nicht sein! Das kleine **Museum** zur Geschichte des Monuments wirkt nicht sehr einladend.

Damenwelt ihre neueste Mode zur Schau trug. Heutzutage scheint der alte Glanz durch die vielen Fastfood-Restaurants, Kinos und Touristenläden etwas getrübt. Und doch bleibt der majestätische Charakter einer eleganten, großzügigen und urbanen Prachtstraße weiterhin bestehen.

KLEINE PAUSE

Gönnen Sie sich ein Essen im **Le Fouquet's** (➤ 113).

Die Champs-Élysées, der berühmteste Boulevard von Paris

Nach Lust und Laune!

2 Palais Royal

Hier sind Sie richtig, wenn Sie nach zu vielen Besichtigungen einmal Ruhe brauchen. Das Gebäude selbst – es ist der Öffentlichkeit nicht zugänglich – wurde im 17. Jahrhundert von Kardinal Richelieu in Auftrag gegeben und beherbergt heute das Kulturministerium. Der öffentliche Garten zwischen den alten Arkaden jedoch bietet jedem Besucher ein Refugium der Stille; hier spüren Sie nichts mehr vom Großstadtlärm. Dies ist der Ort, an dem letztlich der Startschuss der Revolution fiel: Als solcher gilt jene Brandrede, die am 12. Juli 1789 der junge Camille Desmoulins in diesem Garten hielt. Sehr umstritten sind die modernen Ergänzungen der alten Kolonnaden durch schwarz-weiß-gestreifte Säulenstümpfe und einen modernen Brunnen.

200 A2 ✉ place du Palais Royal
Palais Royal

3 Place des Victoires

Wer Schaufensterbummel mag, sollte diesen eleganten, kreisrunden Platz nicht übersehen. Er stammt vom Architekten des Versailler Schlosses, Jules Hardouin-Mansart. Sein ursprünglicher Zweck, nämlich vom Ruhm Ludwigs XIV. zu künden, wird heute vom Ruf seiner Modehäuser überstrahlt, obwohl doch der Sonnenkönig hoch zu Pferde von seinem Denkmal auf den Platz herabblickt. Die ausgeglichene Ruhe und Harmonie der Architektur wirkt als passendes Ambiente für Modehäuser wie Kenzo und Thierry Mugler.

200 B2 ✉ place des Victoires
Sentier

4 Les Galeries

Es wird Sie kaum überraschen, dass Einkaufspassagen ausgerechnet in Paris erfunden wurden. Es begann mit den Geldnöten des Herzogs von Orleans: Der verkaufte einfach die Arkaden seines Palais Royal (➤ links) an Kaufleute. Diese eröffneten dort sofort Läden, hatten Erfolg, und die Einkaufspassage war geboren! In diesem Viertel kann man noch so manchen Arkadengang aus dem frühen 19. Jahrhundert mit typischem hohem

Picknick mitten in der Stadt

Innenhof des Palais-Royal
Jardin des Tuileries (➤ 102f)
Square de la Tour St-Jacques (➤ 28)

Alt und neu – Kolonnaden und Säulenstümpfe am Palais Royal

Ein Platz für Reiche und Schöne

Der Sonnenkönig war von Mansarts Place des Victoires so hingerissen, dass er gleich noch einen zweiten Platz bei ihm in Auftrag gab: den Place Vendôme ganz in der Nähe. Der ist heute mit seinen Juwelieren, Modehäusern und dem Inbegriff des Luxus, dem Hotel Ritz, das Zentrum des Chics in dieser Stadt.

Glasdach und gusseisernen Verzierungen bewundern. Zum Beginn des 20. Jahrhunderts hin kamen diese Verbindungsgassen zwischen zwei Straßen aus der Mode – nur, um in den Siebzigerjahren wie ein Phönix aus der Asche neu zu erstehen. Ihre Cafés wurden nun wieder zum Treffpunkt für Journalisten, Designer und Modeschöpfer. Die schönsten Exemplare: **Galerie Véro-Dodat** (Antiquitäten, Buchhandlungen und Kunstgalerien), **Passage des Panoramas** (Cafés, Boutiquen), **Passage Verdeau** (Drucke, Stiche, alte Bücher und Postkarten), **Passage Jouffroy** (Spezialläden für Puppenstuben, Kinoplakate, Spielzeug und Bücher) – und die **Galerie Vivienne** (Mode, Inneneinrichtung und ein *salon de thé*).

Galerie Véro-Dodat

200 B2 ✉ 19, rue Jean-Jacques Rousseau, 75001 Louvre-Rivoli, Palais Royal-Musée du Louvre

Passage des Panoramas

200 B4 ✉ 11, boulevard Montmartre/10, rue St-Marc, 75002 Richelieu-Drouot, Grands Boulevards

Passage Verdeau

200 B4 ✉ 31 bis, rue du Faubourg Montmartre, 75009 Le Peletier

Passage Jouffroy

200 B4 ✉ 10, boulevard Montmartre, 75009 Richelieu-Drouot, Grands Boulevards

Galerie Vivienne

200 A3 ✉ 4, rue des Petits-Champs, 75002 Bourse

5 Opéra de Palais Garnier

Mit ihrer reich verzierten Fassade wirkt die Opéra Garnier von außen mehr wie eine gigantische Hochzeitstorte und nicht wie ein weltberühmtes Opernhaus. Das unter Napoleon III. vom Architekten Charles Garnier entworfene Gebäude sollte den Glanz des Zweiten Kaiserreichs zur Schau stellen; es entstand im Zuge der städtischen Neuordnung durch Baron Haussmann (► 30) im 19. Jahrhundert. In der Fassade kommt die klassische neobarocke Architektur jener Zeit, der Belle Époque, voll zum Ausdruck. Die üppige Gestaltung durch Charles Garnier setzt sich auch im

Die Galerie Vivienne – eleganteste Passage in Paris

Die Pariser Oper: Der monumentale Bau wirkt auch von außen elegant und luxuriös

Innern fort: repräsentative, von prächtigen Kandelabern gesäumte Treppen, ein prächtiger Zuschauerraum, darüber ein Deckengemälde von Marc Chagall mit berühmten Opern- und Ballettszenen.

Nach einem Attentatsversuch 1858 ließ sich der Kaiser von Garnier an der Ostseite einen Pavillon mit einer Rampe zum Opernhaus anbauen, über die er sicher in die oberen Ränge hinauffahren und direkt in der Zimmerflucht mit der kaiserlichen Loge gelangen konnte. Heute führt dieser Eingang in ein kleines Museum mit alten Partituren, Manuskripten, Bühnenbildentwürfen und Fotos.

199 F4 place de l'Opéra, 75009
Opernhaus: 01 40 01 22 63; Vorverkauf: 08 92 89 90 90 (innerhalb Frankreichs); 01 40 01 17 89; Museum und Bibliothek: 01 47 42 07 02; www.opera-de-paris.fr
Museum: 10–17 Uhr; Führungen telefonisch erfragen (€€€)
Opéra €€

7 Place de la Concorde

Zwischen 1755 und 1775 baute man diesen riesigen Platz vor zwei einander sehr ähnlichen Gebäuden – dem heutigen Marineministerium und dem Hôtel de Crillon (➤ 38) – und umgab ihn an allen vier Ecken mit acht Frauenbildnissen, die die größten Städte Frankreichs symbolisieren sollten. Erst 1833 kam als Geschenk aus Ägypten – original aus dem Ramses-Tempel in Luxor! – ein vor 3700 Jahren aus rosafarbenem Granit gehauener Obelisk als zentraler Blickpunkt hinzu.

1793 wurden hier – auf dem damaligen Place de la Révolution – Ludwig XVI. und seine Gemahlin Marie-Antoinette (➤ 7) hingerichtet; während der folgenden zwei Jahre wurden an diesem Ort die Todesurteile an 1343 »Feinden der Revolution« mit der Guillotine vollstreckt.

199 D2 Concorde

8 La Madeleine

Im Jahr 1764 begann man mit dem Bau, aber erst 1845 wurde sie der Maria Magdalena geweiht. In der Zwischenzeit hatte man aus ihr eine Bank, das Parlamentsgebäude und einen Ruhmestempel für die napoleonischen Armeen machen wollen.

An den massiven Bronzetüren sieht man Reliefs zum Thema der Zehn Gebote, im Innern aus Marmor und Blattgold kommt das Licht aus drei geöffneten Kuppeln. Vom Hauptportal aus hat der Besucher einen beeindruckenden Blick über die Rue Royale, den Place de la Concorde bis hin zu seinem architektonischen Kontrapunkt, dem Palais Bourbon, dem Ort der Nationalversammlung am anderen Ufer.

- 199 E3
- place de la Madeleine, 75008
- 01 44 51 69 00
- Mo–Sa 9.30–19, So 7.30–19 Uhr
- Madeleine

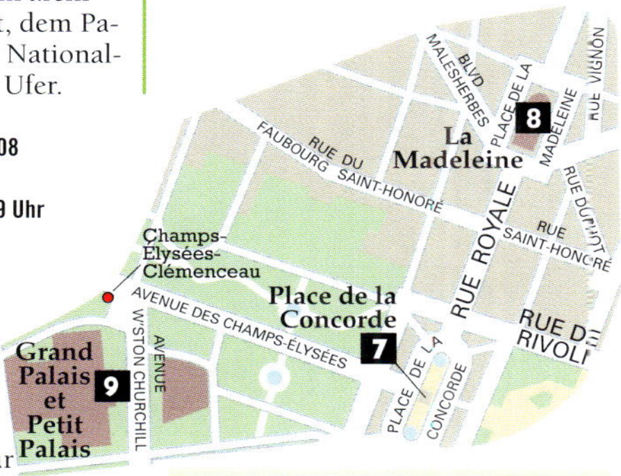

9 Grand Palais und Petit Palais

Diese beiden eindrucksvollen Hallen im Jugendstil waren ursprünglich als Galerien nur für die Pariser Weltausstellung von 1900 errichtet worden. Sie blieben dann aber einfach stehen und werden auch heute noch regelmäßig für Ausstellungen genutzt.

Am Grand Palais fällt das gewölbte Glasdach auf: Es ist nachts von innen beleuchtet und wird gegenwärtig restauriert. Es ist bis Herbst 2005 wegen Renovierung geschlossen.

Im Petit Palais befindet sich das Musée des Beaux Arts de la Ville. An der Ostseite des Palais finden Kunstausstellungen statt, die Westseite beherbergt das Palais de la Découverte, ein Wissenschaftsmuseum.

- Grand Palais: 198 B3; Petit Palais: 198 C3
- avenue Winston-Churchill, 75008

Place de la Madeleine

Dies ist die richtige Adresse für alle Gourmets! Rund um den Platz und die Kirche Madeleine liegen die bekanntesten Delikatessenläden von Paris mit großer Auswahl an Kaviar bester Qualität, Champagner und von Hand hergestellter Schokolade. Am bekanntesten ist Fauchon (► 116), apostrophiert als »Harrod's Markthalle von Paris« oder »Supermarkt der Millionäre«, mit französischen Delikatessen im Schaufenster, die einem das Wasser im Munde zusammenlaufen lassen.

Majestätisch: Place de la Concorde – hier herrschte einst die Guillotine

Der Trocadéro am Palais de Chaillot mit Wasserspielen und Statuen

☏ Grand Palais: 01 44 13 17 17, Petit Palais: 01 42 65 12 73
Do–Mo 10–20, Mi 10–22 Uhr
Champs Élysées – Clemenceau

12 Musée National des Arts Asiatiques-Guimet

Dieses Museum wurde 1889 eröffnet; es war die Idee von Emile Guimet (1836–1918), eines Industriellen und leidenschaftlichen Kunstsammlers aus Lyon. Heute, nach einer Renovierung, zählt es weltweit zu den bedeutendsten Museen asiatischer Kunst. Seine erstaunliche Sammlung von mehr als 45 000 seltenen religiösen und weltlichen Kunstwerken erstreckt sich über mehr als 3000 Jahre. Die kostenlose 90-Minuten dauernde Audioführung führt Sie zu den Meisterwerken, darunter Statuen der Khmer aus Angkor Wat, die Begram-Schätze aus Afghanistan und die Sammlungen Calmann und Grandidier mit chinesischem Porzellan.

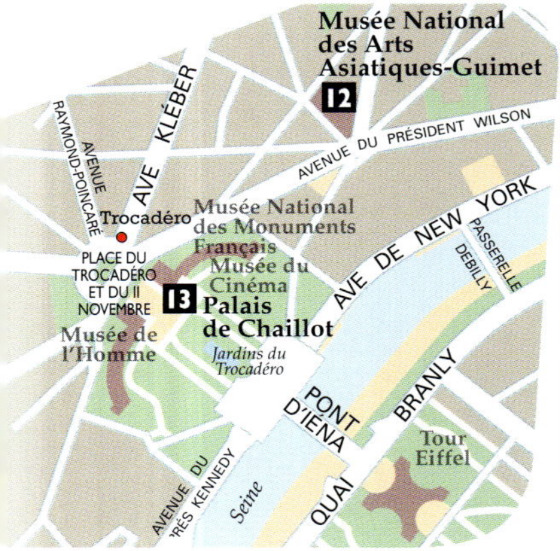

197 E2 ✉ 6, place d'Iéna, 75016
☏ 01 56 52 53 00; www.museeguimet.fr
Mi–Mo 10–18 Uhr (letzter Einlass 17.30 Uhr)
Iéna, Trocadéro, Boissière €€

13 Palais de Chaillot

Hoch über der Seine thront dieser Palast mit seinen beiden symmetrischen, hellbraunen Flügeln, eine Erinnerung an die Weltausstellung von 1937. Hier befindet sich ein Theater, die **Cinématheque Française** (das französische Filmarchiv) und zwei Museen, das der menschlichen Evolution gewidmete **Musée de l'Homme** (Tel. 01 44 05 72 72, geöffnet Mi–Mo 9.45–17.15 Uhr, €€) und das bei Kindern beliebte **Musée de la Marine** (Tel. 01 53 65 69 69, geöffnet Mi–Mo 10–18 Uhr, €€). Zu sehen sind ganze Serien prächtiger Schiffsmodelle und andere Geräte des Seemannslebens.

Was hier jedoch am stärksten die Massen anzieht, ist der Blick von den Gärten des Trocadéro unterhalb des Palais: Hier kann man das ganze Pariser Panorama genießen; der Blick schweift über die Seine zum

Für Kinder
Dach des Triumphbogens (➤ 104f) – wegen der Aussicht auf die Stadt.
Tuilerien (➤ 102f) – Schaukeln, Rutschen, Spielzeugboote.
Palais de Chaillot (➤ 110) – beliebt: die schönen Modelle im Schiffsmuseum.
Musée Grevin (10, blvd Montmartre, 75009, Tel. 01 47 79 85 05; www.grevin.com; tägl. 10–19 Uhr; €€) – das Wachsfigurenkabinett.

Eiffelturm mit dem Marsfeld bis zur École Militaire. Besuchen Sie diese Gärten möglichst während der Dunkelheit: Dann erstrahlen die Skulpturen und Springbrunnen im Flutlicht.
197 D2 · 17, place du Trocadéro, 75016 · Trocadéro

Etwas außerhalb

Musée Marmottan Monet

In diesem Palast aus dem 19. Jahrhundert nahe dem Bois de Boulogne noch so mancher Schatz auf Sie. Sie finden hier die weltgrößte Sammlung von Monets, darunter das bekannte Gemälde *Impression – Soleil Levant*. Außerdem: die berühmte Serie *Cathédrale à Rouen* und das *Parlament à Londres*.

197 außerhalb D2
2, rue Louis-Boilly, 75016
01 47 96 50 33 · Di–So 10–18 Uhr
La Muette · €€

La Défense

Etwa sechzig Wolkenkratzer und Hochhäuser mit Büros von mehr als 1200 Firmen stehen hier am westlichen Rand des Pariser Innenraums

Das Schaustück ist die *Grande Arche de la Défense* (➤ 30), 112 Meter hoch, ein Zylinder aus weißem Marmor und Glas und innen hohl: das Symbol eines zur Welt geöffneten Fensters. Wenn man mit dem Fahrstuhl nach oben gefahren ist, sieht man: Das 1989 eingeweihte Monument markiert den westlichen Endpunkt der großen Ost-West-Achse, der Via triumphalis (➤ 31) durch den Triumphbogen über die Champs-Élysées bis zum Louvre (dies stimmt aber mittlerweile nicht mehr ganz).

La grande Arche
197 außerhalb D5 · Parvis de la Défense · 01 49 07 27 57 · tägl. 10–20 (im Sommer), 10–19 Uhr (im Winter), letzter Einlass 30 Min. vor Schließung
Grande Arche de la Défense
RER La Défense · €€

Gläserne Lifte bringen die Besucher auf die Grande Arche

Wohin zum ... Essen und Trinken?

Preise
Sie zahlen pro Person ohne Getränke
€ unter 25 Euro €€ 25–50 Euro €€€ 50–100 Euro €€€€ über 100 Euro

Alain Ducasse €€€€

Ducasse hat hier, wie in seinem Restaurant Louis XV in Monaco, das stets mit den höchsten Preisen ausgezeichnet wurde, inspiriert von Brillat-Savarin und Alain Chapel, einige Elemente der klassischen *Cuisine* modernisiert und sie mit leichteren Elementen aus der Küche der Provinzen veredelt. Die Zutaten, die er verwendet, sind absolut erstklassig. Auch Einrichtung und Bedienung sind großartig.

198 A3
25, avenue Montaigne, 75008
01 53 67 65 00
Mo–Fr 19.45–10.30 Uhr, Do und Fr auch Lunch. Geschl. Sa, So
Alma Marceau

Bistrot du Sommelier €€€

Es gibt in Frankreich Preise für den besten *sommelier* (Weinkellner). Sehr viele hat der Inhaber dieses Restaurants gewonnen – es ist also nur natürlich, dass Sie eine unglaublich große Auswahl auch offener Weine erwartet. Vom Wein wird auch das Dekor bestimmt. Das Essen ist vielleicht nicht erstklassig, aber dennoch vorzüglich. Die Kombinationen sind recht modern.

199 D4
97, boulevard Haussmann, 75008
01 42 65 24 85; www.bistrodusommelier.com 12–14.30, 19.30–23.30 Uhr; Sa, So, 3 Wochen im Aug., 1 Woche um Weihnachten geschl.
St-Augustin/Miromesnil

Brasserie Flo €€

Diese berühmte Brasserie hat Filialen im Kaufhaus Printemps (➤ 115), am Flughafen Roissy und sogar in Tokio und Peking, doch im originalen Flo ist die Atmosphäre am eindrucksvollsten – in einer pittoresken Seitenstraße der Rue du Faubourg St-Denis. Stände mit tropfenden Muscheln außen und das holzverkleidete Innere sagen Ihnen sofort, dass Sie in einer traditionellen Pariser Brasserie gelandet sind. Das freundliche Personal serviert saftige Steaks und frische Fischgerichte – *sole meunière* ist nur einer der Klassiker –, während *vacherin* (Meringen mit Eiscreme) mit Armagnac der ideale Abschluss jeden Essens ist. Die Weinkarte ist makellos.

201 D4
7, cour des Petites-Ècuries, 75010
01 47 70 13 59
12–15, 19–1.30 Uhr
Château-d'Eau

Café de la Paix €

Zu den berühmten Besuchern gehörten Oscar Wilde, Emile Zola, Maurice Chevalier, Josephine Baker und – selbstverständlich so nahe bei der Oper – Maria Callas und Placido Domingo. Das Innere gestaltete der Architekt der Oper Charles Garnier. Die Wände zieren Fresken des Zweiten Kaiserreichs. Vergessen Sie das relativ uninteressante Restaurant, sichern Sie sich einen Tisch auf der Terrasse (in den kälteren Monaten durch Glas geschützt) und genießen Sie die herrliche Pâtisserie und die riesigen Eisbecher. Große Baguette-Sandwiches mit Pâté, Schinken oder Salami geben Ihnen die Energie für weitere Einkäufe. Der Kaffee ist köstlich, doch rechnen Sie damit, auch den Blick auf die Opéra und die Passanten zu bezahlen.

199 F4
12, boulevard des Capucines, 75009
01 40 07 30 20
Frühstück ab 7 Uhr; Terrasse 10–0.30 Uhr; Restaurant 12–0.30 Uhr
Opéra

Café Ruc €€€
Das gegenüber der Comédie Française gelegene Café der Brüder Costes (die auch das Café Marly ➤ 14f und das Café Beaubourg ➤ 138f führen) ist in Scharlachrot gehalten, mit vergoldeten Spiegeln, Lampenschirmen mit Rüschen und gefliesten Böden. Kellner in Schwarz servieren einwandfreie *steaks tartares*, Wiener Schnitzel und Brasse mit Kräutern. Der Weinkeller birgt erlesene Schätze, vor allem Burgunder. Als Dessert sollten Sie ein riesiges Eclair versuchen. Empfehlenswert ist auch die Terrasse mit den scharlachroten Stühlen.

199 F2 159, rue St-Honoré, 75001
01 42 60 97 54
9–2 Uhr
Palais Royal Musée du Louvre

Café Runtz €
Liegt nahe der Opéra Comique. Einrichtung im Stil der Jahrhundertwende. Dass die Inhaber dieses Bistros aus der Bretagne und dem Elsass stammen, merkt man ihrer Küche an, die eine ganze Reihe Spezialitäten aus jenen Regionen aufweist: beispielsweise *charcuterie* und *choucroute* (gepökeltes Fleisch und Sauerkraut), warmen Zwiebelkuchen, viele Fisch- und verschiedene mit Bier zubereitete Gerichte.

200 A4 16 rue Favart, 75002
01 42 96 69 86
11.45–14.30, 17–23 Uhr; Sa Mittag, So, 1 Woche im Mai,3 Wochen im Aug. geschl. Richelieu-Drouot

Carré des Feuillantes €€€€
Mit Birnenholz verkleidete Wände und Kristalllüster aus Murano sorgen für einen gelungenen Abend in diesem eleganten Restaurant gerade um die Ecke bei der Rue de Rivoli. Alain Dutournier ist der bedeutendste Repräsentant der beliebten Küche der Gascogne. Die großartigen Produkte dieser Region, einschließlich Gänseleberpastete, das Fleisch von Chalosse-Rindern und Hühnchen, verarbeitet er auf der Grundlage traditioneller Rezepte zu Meisterstücken der Kochkunst, die aber viel von ihrem ursprünglichen Charakter bewahren. Der Inhaber unterhält noch ein zweites Restaurant: das Au Trou Gascon (40, rue Taine, 75012).

199 E3
14, rue de Castiglione, 75001
01 42 86 82 82
12–14.30, 19.30–22.30 Uhr; Sa Mittag, So, Aug. geschl.
Tuileries

Le Fouquet's €€€
Dieses Restaurant gilt als Institution und befindet sich überdies in einem unter Denkmalschutz stehenden Gebäude. Gelegen an den Champs-Élysées, ist es heute *der* Platz zum Sehen und Gesehen werden. Das Menü ist das einer Brasserie de luxe – angeboten wird eine Auswahl ausnahmslos exzellent zubereiteter Klassiker wie eine Terrine mit Gänseleberpastete und *hachis Parmentier* (gallischer Hirtenauflauf). Snacks gibt es von 11–23 Uhr in der Bar und auf der Terrasse.

197 F4
99, avenue des Champs-Élysées, 75008
01 47 23 70 60
tägl. 12–15, 19–0.30 Uhr
George V

Harry's Bar €
In dieser legendären Bar bei der Avenue de l'Opéra soll in den Zwanzigerjahren die Bloody Mary zum ersten Mal gemixt worden sein. Wenn Ihr Englisch besser ist als Ihr Französisch, werden Sie Ihre Freude an den englischsprachigen Barkeepern haben. Man kommt wegen der Cocktails hierher, manche halten die Martinis für die besten der Stadt. Tagsüber werden Snacks (Sandwiches, Salate oder *croque monsieur*) serviert. Abends wird formelle Kleidung verlangt. Es ist eine Institution, die einen Besuch lohnt.

199 F3 5, rue Danou, 75002
01 42 61 71 14; www.harrys-bar.fr
10.30–4 Uhr. 25. Dez. geschl.
Opéra

Ledoyen €€€€

Dies ist eines der Restaurants von Paris mit großer Geschichte – hier hat schon Robespierre verkehrt, Tissot hat es gemalt, Maupassant hat es beschrieben. Eröffnet wurde es 1792 in einem kleinen Pavillon nahe dem Petit Palais im Jardin des Champs-Élysées. Vom höchst eleganten Speiseraum im ersten Stock hat man einen schönen Blick auf die Gartenanlagen. Moderne Küche, sorgfältige Zubereitung.

198 C3 avenue Dutuit, 75008
01 53 05 10 01
12.30–14, 20–22 Uhr; Sa, So, Aug. geschl. Champs-Élysées – Clemenceau

Pierre Gagnaire €€€€

Geführt von einem, den viele für einen der kreativsten Köche Frankreichs halten. Insgesamt kann sich dieses Restaurant rühmen, die kreativsten Gerichte der Hauptstadt zu servieren. Und doch schmeckt alles ausgewogen und harmonisch – machen Sie sich auf eine endlose Probe Ihres Geschmackssinns gefasst. Sie müssen früh einen Tisch vorbestellen!

197 F4 6, rue de Balzac, 75008
01 68 36 12 50
12–13.30, 19.30–21.30 Uhr; Sa, So Mittag, Aug. geschl.
George V

Taillevent €€€€

Ein wahres »Grand«-Restaurant der Reichen und Schönen. Getäfelte Wände und unaufdringlicher, aber perfekter Service schaffen ein nobles, kuliviertes Ambiente. Die traditionelle, wunderbar altmodische Küche kreiert großartige Menüs mit nur manchmal leicht modernem Einschlag.

198 A4 15, rue Lamennais, 75008
01 44 95 15 01; www.taillevent.com
12–14, 19.30–21.30 Uhr; Sa, So, Aug. und Feiertage geschl. George V

Terminus Nord

Wer am gegenüberliegenden Gare du Nord ankommt, kann hier (fast) rund um die Uhr seinen Hunger stillen. Die Küche ganz Frankreichs ist vertreten, von *choucroute garnie* (Sauerkraut mit Würsten und Schweinefleisch) aus dem Elsass bis zur *bouillabaisse* (Fischsuppe) vom Mittelmeer. Nach alter Brasserie-Tradition sind das frisch gezapfte Bier, die Muscheln und die Weine ausgezeichnet. Das Dekor aus den 1920er-Jahren und die Kellner mit ihren weißen Schürzen runden den Eindruck ab.

202 E1 23, rue de Dunkerque, 75010
01 42 85 05 15
Frühstück ab 8, Mittagessen ab 11–1 Uhr Gare du Nord

Le Trente chez Fauchon €€

Das an einer Ecke des Place de la Madeleine gelegene Geschäft ist einer der feinsten Delikatessenläden der Welt mit Auslagen im Schaufenster, die allein einen Besuch wert sind. Über dem Laden kann man in sehr eleganter Umgebung vorzüglich speisen. Sehr schön ist das Mittagessen auf der überdachten Terrasse. Die Speisekarte enthält superbe, erlesene Speisen sowie Desserts und Pasteten. Hinterher kann man sich unten im Laden noch mit Köstlichkeiten eindecken.

199 E3
26, place de la Madeleine, 75008
01 47 42 56 58
9.30–19 Uhr, So geschl. Madeleine

Willi's Wine Bar €€

Der Engländer Mark Williamson hat diese originelle Mischung aus Bistro und Weinbar nicht weit vom Place des Victoires mit seinen Designerboutiquen gegründet. Reichhaltige Auswahl an Weinen mit besonderem Schwerpunkt auf Bordeaux und Côtes du Rhone – dazu eine Auswahl von Speisen, die an der Bar mit reichem Angebot an Schoppenweinen eingenommen werden können.

200 A3 13, rue des Petits-Champs, 75001 01 42 61 05 09
11–23 Uhr; So geschl. Bourse

Wohin zum … Einkaufen?

Sie befinden sich hier im Zentrum des gehobenen Konsums und der Luxusgeschäfte. Ganz gleich, ob Sie ausgefallene Geschenke, Parfüm oder vielleicht eine Krawatte von Hermès suchen, hier sind Sie richtig. Die Crème de la Crème der Haute Couture finden Sie in der Rue St-Honoré, einer der exklusivsten Geschäftsstraßen überhaupt im 1. Arrondissement (im 8. wird sie zur Rue Faubourg St-Honoré). Westlich vom Palais Royal reiht sich in dieser Straße ein berühmter Name aus der Modewelt an den anderen.

Colette ist ein relativ neues Geschäft – Trendsetter in Mode und Einrichtungsfragen von Givenchys Alexander McQueen bis zu Tom Dixon und dem letzten Schrei von Sony. Die »Wasserbar« im Untergeschoss bietet neben mehr als 100 Sorten Mineralwasser auch leichte Snacks. Bei **Façonnable** kann sich der modebewusste Herr sein Outfit aus verschiedenen Einzelteilen zusammenstellen. **Hermès** ist die richtige Adresse für Handtaschen und Accessoires, **Lanvin** führt rein klassisches Design mit einem guten Café in der Herrenabteilung.

Carita ist einer der ersten Damenfriseure, Parfüms findet man im winzigen, aber exquisiten Laden **Annick Goutal** in der Rue de Castiglione. Um die Ecke, am Place Vendôme, liegt **Cartier,** wo Berühmtheiten wie einst Dodi al-Fayed und Prinzessin Diana sich mit Schmuck eindeckten.

Chanel liegt in der Rue Cambon, einer Querstraße der Rue St-Honoré. Es wird Sie kaum überraschen, dass hier keine Schnappchen zu erwarten sind; die Accessoires sind dennoch durchaus erschwinglich. Gehen Sie nun die Rue du Faubourg St-Honoré weiter nach Westen, und biegen Sie in die Avenue Matignon ab: Hier finden Sie viele Antiquitätengeschäfte. Hinter dem Rond point des Champs-Élysées verläuft die Avenue Montaigne mit den Nobeltempeln **Christian Dior, Dolce e Gabbana, Celine, Nina Ricci, Ungaro** und **Valentino. Givenchy** liegt ganz in der Nähe in der Avenue George V. **Guerlain**, einer der berühmtesten Parfümeure Frankreichs, hat direkt an den Champs-Élysées einen Schönheitssalon. Den Laden von Louis Vuitton erkennen Sie an den langen Schlangen davor.

Eine weitere Ansammlung großartiger Designer-Boutiquen finden Sie noch um den Place de la Victoire, der die Rue des Petits Champs und die Rue Étienne Marcel miteinander verbindet. Eine Filiale von Jean-Paul Gaultier (**Galerie Gaultier,** 30, rue de Faubourg St-Antoine, 75012, Metro: Bastille) ist hier in der Galerie Vivienne zu Hause. Gaultier ist einer der kreativsten Designer Frankreichs – er bietet für jüngere Leute maßgeschneiderte High Fashion sowie Ausgefallenes von der Stange.

In den **Salons du Palais Royal Shiseido** hält der Make-up-Virtuose Serge Lutens ein breites Sortiment erlesenster Parfüms und Make-ups bereit.

In der Buchhandlung und im Andenkenladen des **Musée des Arts Décoratifs** im Nordwestflügel des Louvre sollten Sie nach ausgefallenen und sehr feinen Mitbringseln Ausschau halten.

Nicht weit davon entfernt in der Rue de Rivoli liegt **Nature et Découvertes,** ein origineller New-age-Laden, eine Fundgrube für alles, was aus dem Rahmen fällt: von Campingausrüstungen bis zu dekorativen Gesellschaftsspielen und anderen Mitteln zum Zeitvertreib; schließlich gibt es hier astronomische Instrumente.

Kein gründlicher Einkaufsbummel jedoch wäre vollständig ohne den Besuch wenigstens eines der Kaufhäuser. Die Nachbarn **Galeries Lafayette** und **Le Printemps** sind großartige Häuser, wo Sie unter einem breiten Angebot an Parfüm, Schmuck und Mode von der Stange wählen können. **La Samaritaine** am Pont Neuf hat eine schöne Kinderabteilung, aber auch Qualitäts-Haushaltsleinen und andere nützliche Dinge.

In der Rue Coquillière, direkt nördlich der Bourse de Commerce, versorgt **E Dehillerin** seit 1820 die großen Köche von Paris mit allen erdenklichen Küchenutensilien. Französisch ist hier hilfreich.

Alléosse, in der Nähe der Avenue des Ternes, ist eines der feinsten Käsegeschäfte der Stadt. **Les Caves Augé** am Boulevard Haussmann ist die älteste Weinhandlung von Paris. Hervorragenden Käse bekommt man bei **La Ferme St-Hubert** und in den Feinkosttempeln **Fauchon** und **Hédiard**.

Alléosse
✉ 13, rue Poncelet, 75017
☎ 01 46 22 50 45
🕒 So abends und Mo geschl.
Ⓜ Ternes

Annick Goutal
✉ 14, rue de Castiglione, 75001
☎ 01 42 60 52 82 Ⓜ Tuileries/Concorde

Emporio Armani
✉ 25, place Vendôme, 75001
☎ 01 42 61 02 34; www.giorgioarmani.com
Ⓜ Tuileries/Opéra

Carita
✉ 11, rue du Faubourg St-Honoré, 75008
☎ 01 44 94 11 00 Ⓜ Concorde

Cartier
✉ 7 und 23, place Vendôme, 75001
☎ 01 44 55 32 50 und 01 44 55 32 20
🕒 So geschl. Ⓜ Opéra/Concorde

Les Caves Augé
✉ 116, boulevard Haussmann, 75008
☎ 01 45 22 16 97
Ⓜ St-Augustin

Le Cèdre Rouge (➤ 67)
✉ 25, rue Duphot, 75008
☎ 01 42 61 81 81 Ⓜ Madeleine

Céline
✉ 36, avenue Montaigne, 75008
☎ 01 56 89 07 91 Ⓜ Franklin D Roosevelt

Chanel
✉ 31, rue Cambon, 75001
☎ 01 42 86 28 00 Ⓜ Concorde/Madeleine

Christian Dior
✉ 30, avenue Montaigne, 75008
☎ 01 40 73 54 44 Ⓜ Franklin D Roosevelt

Christian Lacroix
✉ 26, avenue Montaigne, 75008
☎ 01 47 20 68 95 Ⓜ Franklin D Roosevelt

Colette
✉ 213, rue St-Honoré, 75001
☎ 01 55 35 33 90; www.chanel.com
Ⓜ Palais Royal/Tuileries/Pyramides

Dolce e Gabbana
✉ 2, avenue Montaigne, 75008
☎ 01 47 20 42 43 Ⓜ Alma-Marceau

E Dehillerin
✉ 18–20, rue Coquillière, 75001
☎ 01 42 36 53 13 🕒 So geschl.
Ⓜ Louvre/Les Halles

Façonnable
✉ 9, rue du Faubourg St-Honoré, 75008
☎ 01 47 42 72 60 Ⓜ Concorde

Fauchon
✉ 26-30, place de la Madeleine, 75008
☎ 01 47 42 60 11 (Feinkostladen) und 01 47 42 90 10 *(salon de thé)*
🕒 So geschl. Ⓜ Madeleine

La Ferme St-Hubert
✉ 21, rue Vignon, 75008
☎ 01 47 42 79 20 🕒 So geschl. Ⓜ Madeleine

Galeries Lafayette
✉ 40, boulevard Haussmann, 75009
☎ 01 42 82 34 56 Ⓜ Chaussée d'Antin/Opéra

Givenchy
✉ 3, avenue George V und 228, rue du Faubourg St-Honoré, 75008
☎ 01 44 31 50 23 und 01 42 65 54 54
Ⓜ Alma Marceau/Tuilleries/Opéra

Guerlain
✉ 68, avenue des Champs-Élysées, 75008
☎ 01 45 62 52 57
Ⓜ Franklin-D-Roosevelt

Hédiard
✉ 21, place de la Madeleine, 75008
☎ 01 43 12 88 88 ⓘ So geschl. Ⓜ Madeleine

Hermès
✉ 24, rue du Faubourg St-Honoré, 75008
☎ 01 40 17 47 17 ⓘ So geschl.
Ⓜ Concorde

Jean-Paul Gaultier
✉ 6, rue Vivienne, 75001 ☎ 01 42 86 05 05
Ⓜ Bourse/Palais Royal

Lanvin
✉ 22, rue du Faubourg St-Honoré, 75008
☎ 01 44 71 31 83 (Damenboutique),
01 44 71 31 33 (Herrenboutique)
Ⓜ Concorde

Louis Vuitton
✉ 101, avenue des Champs-Élysées, 75008
☎ 01 53 57 24 00 ⓘ So geschl.
Ⓜ George V

Musée des Arts Décoratifs
✉ 107, rue de Rivoli, 75001
☎ 01 44 55 57 50
ⓘ Mo geschl. Ⓜ Palais Royal

Nature et Découverte
✉ Carrousel du Louvre, 99, rue de Rivoli, 75001 ☎ 01 47 03 47 53 ⓘ Aug. geschl.
Ⓜ Palais Royal

Nina Ricci
✉ 39, avenue Montaigne, 75008
☎ 01 40 88 64 51 Ⓜ Alma Marceau

Au Printemps
✉ 64, boulevard Haussmann, 75009
☎ 01 42 82 50 00; www.printemps.fr
Ⓜ Havre-Cuamartin

Les Salons du Palais Royal Shiseido
✉ 142, Galerie de Valois, Jardin du Palais Royal; 25, rue de Valois, 75001
☎ 01 49 27 09 09 Ⓜ Palais Royal

Valentino
✉ 17–19, avenue Montaigne, 75008
☎ 01 47 23 64 61 Ⓜ Alma Marceau

Wohin zum … Ausgehen?

In diesem Teil der Stadt ist die Welt des Entertainment am schillerndsten. Am billigsten ist es immer noch, Leute zu beobachten; diesem Hobby frönen viele Einheimische. Sie sitzen auf den Caféterrassen oder bummeln an lauen Sommerabenden einfach die Champs-Élysées auf und ab.

Le Balzac und **Élysées Lincoln** sind zwei dem künstlerischen Film gewidmete Kinos in Seitenstraßen der Champs-Élysées. Das Balzac ist bekannt für amerikanische unabhängige Filme (im Original) und die daran anschließenden Diskussionen.

Im **Maison de Radio-France** nahe der Seine oder im **Théâtre des Champs-Élysées** gibt das beste Orchester von Paris, das Orchestre Nationale de France, oft kostenlose Konzerte oder Opern. Man kann auch an öffentlichen Radioshows teilnehmen. Im eleganten **Théâtre des Camps-Élysees** gibt es Oper, Ballett und Konzerte. Die **Opéra National de Paris–Palais Garnier** (► 108) hat eine perfekte Akustik, sodass sich ein Opern- oder Ballettbesuch auf jeden Fall lohnt.

Der **Salle Gaveau** ist in Paris die Heimat der Kammermusik, während im **Théâtre Mogador** das Orchestre de Paris zu Hause ist.

Die **Comédie Française** spielt im Wesentlichen die Klassiker Corneille, Racine und Molière.

Tanzrevuen bietet jeden Abend der **Crazy Horse Saloon,** im **Lido** gibt es nach einem Diner eine Show mit den berühmten Bluebell Girls und verblüffenden Special Effects.

Queen Club ist ein Schwulenclub, den Dragqueens besuchen, der aber allen offen steht. Internationale DJs sorgen für die Musik.

La Scala ist ein großer Club, der auf drei Ebenen Funk, Deep House und R& B bietet. Frauen haben freien Eintritt.

Die besten DJs (Carl Cox, Daft Punk) kommen in den **Rex Club**.

Sehr beliebt bei allen Besuchern sind die Seinefahrten auf den *bateaux-mouches*. Sie verkehren im Sommer von 10 bis 12 und 13.30 bis 23 Uhr alle halbe Stunde, abends noch etwas häufiger. Im Winter fahren die Boote fünfmal am Tag. Die Tour dauert eine Stunde und 15 Minuten, die Karten müssen 15 Minuten vor der Abfahrt gekauft werden.

Le Balzac
✉ 1, rue Balzac, 75008
☎ 01 45 61 10 60
Ⓜ George V/Charles de Gaulle

Bateaux–mouches
✉ Embarcadère pont de l'Alma, am rechten Seineufer
☎ 01 42 25 96 10 Ⓜ Alma Marceau

Crazy Horse Saloon
✉ 12, avenue George V, 75008
☎ 01 47 23 32 32
🕐 Shows: So–Fr 20.30, 23 Uhr, Sa 19.30, 21.45, 23.50 Uhr; Sept.-März Sa 20, 22.15, 0.50 Uhr
Ⓜ George V

Comédie Française
✉ 2, rue de Richelieu, 75001
☎ 01 44 58 15 15
🕐 Juli–Sept. geschl.
Ⓜ Palais Royal

Élysées Lincoln
✉ rue Lincoln, 75008 ☎ 01 43 59 36 14
Ⓜ George V/Franklin D Roosevelt

Lido de Paris
✉ 116, avenue des Champs-Élysées, 75008
☎ 01 40 76 56 10
🕐 tägl. Diners; Shows 20 und 22 Uhr

Maison de Radio-France
✉ 116, avenue du Président Kennedy, 75016
☎ 01 42 30 22 22
Ⓜ RER: Kennedy-Radio France

Opéra National de Paris – Palais Garnier
✉ place de l'Opéra, 75009
☎ 08 92 89 90 90
🕐 Aug. geschl. Ⓜ Opéra

Orchestre de Paris
✉ 25, rue de Mogador, 75009
☎ 01 56 35 12 12
Ⓜ Trinité

Queen Club
✉ 102, avenue des Champs-Élysées, 75008
☎ 01 53 89 08 90
🕐 tägl. 24 Uhr bis Sonnenaufgang
Ⓜ George V

Rex Club
✉ 5, boulevard Poissonnière 75002
☎ 01 42 36 10 96
🕐 23–6 Uhr, Aug. geschlossen
Ⓜ Bonne Nouvelle

Salle Gaveau
✉ 45, rue La Boétie, 75008
☎ 01 49 53 05 07
🕐 Juli/Aug. gesch.
Ⓜ Miromesnil

La Scala
✉ 188, rue de Rivoli, 75001
☎ 01 42 61 64 00
🕐 tägl. 22.30–6 Uhr
Ⓜ Palais Royal/Tuileries

Théâtre des Champs-Élysées
✉ 15, avenue Montaigne, 75008
☎ 01 49 52 50 50
🕐 Juli/Aug. geschl.
Ⓜ Alma Marceau/Franklin D Roosevelt

Le Marais und Bastille

Erste Orientierung

Das alte Maraisviertel mit seinem Gewirr alter Gassen ist benannt nach dem unbewohnbaren Sumpfgebiet (*marais*), auf dem es erbaut wurde. Einst war es in kleine Küchengärten aufgeteilt. Heute gilt dieser Stadtteil als besonders geschichtsträchtiges, begehrtes Wohngebiet wohlhabender Pariser. Dort befindet sich auch das jüdische Viertel.

Hier gehen die Uhren etwas langsamer, das Leben hat hier seinen eigenen, etwas nostalgischen Rhythmus – ganz anders als in anderen Teilen der Stadt. Sie können dieses Gewirr von gepflasterten Gässchen, die kleinen Plätze und Gärten, die vielen Modeboutiquen, Kunstgalerien, gemütlichen Restaurants, Bars und Cafés ohne jede Hetze erkunden. Außerdem warten hier großartige Museen auf Ihren Besuch – etwa das Musée Picasso und das Musée de Carnavalet, die in prachtvollen Adelspalästen aus der Renaissance untergebracht sind, wie sie hier die Umgebung prägen.

Im Westen liegt das lebhafte Beaubourg-Viertel mit dem ultramodernen Einkaufszentrum Les Halles – und natürlich dem Centre Pompidou, dem weltberühmten Museum für Moderne Kunst. Nach Osten grenzt das Marais an das Bastilleviertel, einst Standort der am 14. Juli 1789 erstürmten Festung.

Vorhergehende Seite: das futuristisch anmutende Centre Georges Pompidou

Fenster am Place des Vosges

★ Nicht verpassen!

4 **Centre Georges Pompidou** ➤ 124
5 **Musée Picasso** ➤ 128
7 **Place des Vosges** ➤ 130

Nach Lust und Laune!

Etwas außerhalb

Ein interessanter Tag erwartet Sie: Einkaufen und Besichtigen; für Kunstliebhaber jedoch ein Höhepunkt!

Marais und Bastille an einem Tag

9 Uhr

Genießen Sie Kaffee und Croissants im legendären Café Beaubourg bei einem Blick auf das **Centre Georges Pompidou** (➤ 124ff) mit seiner eigenwilligen Architektur. Machen Sie auf dem geräumigen Platz eine Pause, um den Straßenkünstlern und Gauklern zuzusehen, schreiben Sie vor dem beweglichen Pop-Art-Brunnen an der **Place Igor Stravinsky** (unten; ➤ 127) Ansichtskarten – oder vielleicht lassen Sie sich zur Erinnerung einmal von einem Zeichner porträtieren?

11.30 Uhr

Bewundern Sie einen Augenblick die bemerkenswerte transparente Architektur des Centre Georges Pompidou, bevor Sie hineingehen, um eines der beachtlichsten und kontroversesten Museen moderner Kunst zu besichtigen.

12 Uhr

Gehen Sie die Rue Rambuteau entlang in Richtung Osten ins Zentrum des **Maraisviertels** (➤ 130f). Sie können sich am vorgeschlagenen Weg auf den Seiten 175ff orientieren oder aufs Geratewohl durch die Gassen wandern, die alten Adelspaläste bewundern, in der Rue des Francs Bourgeois die Schaufenster inspizieren oder in der Rue des Rosiers und ihren Seitenstraßen jüdische Spezialitäten probieren.

15 Uhr

Zwei Stunden sollten Sie der größten Sammlung der Werke Picassos widmen, die die Welt kennt: Sie befindet sich mitten im Maraisviertel im Hôtel Salé, einem schönen Adelssitz in der Rue Thorigny. Das **Musée Picasso** (➤ 128f) enthält auch die Kunstsammlung des Malers mit Werken von Braque, Cézanne, Matisse und Degas.

17.30 Uhr

Durch die Rue Elzevir und Rue des Francs Bourgeois geht es nun zum **Place des Vosges** (rechts, ➤ 130), einem quadratischen Platz, umgeben von Renaissancehäusern mit steilen Schieferdächern und Arkaden. Hier haben sich Kunsthändler und Antiquitätengeschäfte angesiedelt. An einer Ecke liegt das Café Ma Bourgogne, wo die Kellner noch richtige schwarze Jacketts und lange weiße Schürzen tragen und der Aperitif besonders gut schmeckt.

19.30 Uhr

Vielleicht haben Sie ja Glück und erwischen noch eine nicht abgeholte Karte für die **Opéra de Paris Bastille** (➤ 135); wenn nicht, lohnt sich auch so ein genauerer Blick auf den modernen Glasbau, besonders wenn er abends angestrahlt wird. Beenden Sie den Tag mit einem guten Essen bei Bofinger (➤ 138).

4 Centre Georges Pompidou

Das unter Parisern als »le Beaubourg« bekannte Bauwerk mit avantgardistischem Flair ist eines der ungewöhnlichsten Museen der Welt und gehört heute zu den großen, das Stadtbild prägenden Sehenswürdigkeiten. Der durchsichtige Kubus aus Stahl und Glas mit knallbunten Röhren und Rolltreppen in gläsernen Schlangen sieht aus, als habe man das Innerste nach außen gekehrt. Hier finden Sie die weltweit größte Sammlung moderner Kunst.

1969 erklärte Präsident Georges Pompidou, er wünsche sich für Paris ein Kulturzentrum, das zugleich Museum und Stätte schöpferischer Arbeit sei. Als das Gebäude 1977 mitten im heruntergekommenen Beaubourgviertel eröffnet wurde, gab es einen Proteststurm, der sich nie ganz gelegt hat. Dennoch gibt man mittlerweile allgemein zu, dass damit ein origineller Wurf gelungen ist. Das Centre wird als ein Bauwerk von liebenswerter Skurrilität akzeptiert – und ist als Galerie weitaus beliebter, als bei seiner Eröffnung irgendjemand hätte voraussehen können. Die Spuren der Besuchermassen erforderten 1998 eine Renovierung, die sich bis Ende 1999 hinzog. Seit der Wiedereröffnung steht den Kunstfreunden eine doppelt so große Ausstellungsfläche mit Werken des 20. Jahrhunderts zur Verfügung.
Studieren Sie vor dem Eintreten die einzigartige Fassade aus Glas mit kreuz und quer verlaufenden, verknüpften Stahlbändern, die als äußeres Skelett Stabilität gewährleisten. Das Glas sollte die Barriere zwischen Straße und Innenraum überwinden, so der Wille der Architekten Richard Rogers und Renzo Piano. Drinnen kann man die Wände je nach Bedarf

Architektonische Avantgarde mit grellbuntem Stahl und Glas

Gegenüberliegende Seite: Der Blick vom Dach des Centre Pompidou

Unten: *Composition aux deux Perroquets* von Léger

Zur Orientierung

Es gibt sechs Hauptstockwerke:

- Im **ersten und zweiten** Stock gibt es eine Bibliothek und ein Kino.
- Das **vierte und fünfte Stockwerk** beherbergt das Musée National d'Art Moderne. Der fünfte Stock gehört der klassischen Moderne von 1905 bis etwa 1960, der vierte der Gegenwartskunst im engeren Sinne (etwa Installationen und Videokunst). (Um in den fünften Stock zu kommen, müssen Sie den Eingang des Museums im vierten benützen.)
- Das **erste und sechste** Stockwerk sind wechselnden Ausstellungen vorbehalten.
- Im **Untergeschoss** gibt es Vorführungen, Filme und Veranstaltungen aller Art.

19, place George Pompidou, 75004
01 44 78 12 33;
www.centrepompidou.fr
Mi–Mo 11–22 Uhr; Museum und Ausstellungen schließen um 21 Uhr; letzter Einlass 20 Uhr
Rambuteau **€€–€€€**

Große Räume erlauben den unverstellten Blick auf die Werke der Moderne

verschieben und so die Räume den jeweiligen Ausstellungen anpassen.

Musée National d'Art Moderne

Das Museum für Moderne Kunst ist das Herzstück des Centre Pompidou: Es enthält mehr als 45 000 zeitgenössische Werke (von denen allerdings nur jeweils etwa 2000 ausgestellt werden können). Es schließt zeitlich an das Ende der Kunstperiode an, mit der das Musée d'Orsay aufhört. Die älteren Kunstrichtungen sind hier die *fauves*, der Kubismus und der Surrealismus mit Werken von Matisse, Derain, Chagall, Braque und Picasso. Auch Futurismus und Minimalismus sind vertreten – sie alle hier zu nennen würde den Rahmen sprengen. Sie werden sie auf Ihrem Rundgang sehen – und froh sein, dass an manchen Stellen Sessel stehen für den Fall, dass Sie unter den vielen Eindrücken zusammenbrechen. Die Exponate wechseln jährlich, wenn Sie ein bestimmtes Stück unbedingt sehen wollen, erfahren Sie auf der Website, ob es gerade gezeigt wird.

Natürlich darf auch die amerikanische Pop-Art der Sechzigerjahre nicht fehlen, etwa Nam June Paiks schockierende Videoinstallationen (achten Sie besonders auf sein bemerkenswertes, unter Wasser aufgenommenes *Video Fish*). Schließlich gibt es die exzellentesten Arbeiten der neuen französischen Realisten Klein, César, Arman und Ben zu sehen – viele sollen durch bildliche Darstellung des Zerschlagens, Zerreißens, Verbrennens oder Verzerrens hochgeschätzter Objekte des Alltags die Verlogenheit der Gesellschaft, vor allem aber die der Welt der großen Kunst zeigen.

Die Umgebung des Centre Pompidou

Das leicht abfallende Gelände vor dem Centre Pompidou ist ein idealer Platz, sich für ein oder zwei Stunden hinzusetzen und sich unter die vielen Pantomimen, Straßenmusikanten,

Zauberkünstler, Feuerschlucker und Jongleure zu mischen, die hier, unmittelbar vor der Tür der Galerie, eine wahre Performance veranstalten. Sie können auch etwas weiter gehen und sich auf einem Stuhl am schönsten modernen Brunnen von Paris, dem **Strawinsky-Brunnen** (südlich des Place Igor Stravinsky) niederlassen. Er zeigt groteske Figuren, darunter einen Drachen, einen überdimensionierten Notenschlüssel, eine füllige Dame und ein Paar rubinroter Lippen (jede benannt nach einem Werk großer Komponisten), die um die Räder und Spiralen einer Plastik von Tinguely gruppiert sind und Wasser in alle Richtungen speien. Den Hintergrund bildet die wuchtige gotische Kirche St-Merri.

Le Défenseur du Temps, eine öffentliche Uhr

Direkt neben dem Brunnen liegt das Institut de Recherche et de la Coordination de l'Acoustique et de la Musique **(IRCAM)** – eines der weltweit führenden Zentren für experimentelle Musik. Im Norden des Centre Pompidou an der Rue Brantôme liegt das moderne Quartier de l'Horloge. Hier, unter einem Torbogen, finden Sie auch die neueste Uhr der Stadt, eine moderne, ein wenig grotesk wirkende Stahl- und Messingkonstruktion namens ***Le Défenseur du Temps***: eine französische Antwort auf das deutsche Glockenspiel. Der »Verteidiger« kämpft stündlich von 9 bis 22 Uhr gegen die Elemente Luft, Wasser und Erde, die in Form wilder Tiere auftreten. Um 12, 18 und 22 Uhr gibt es besonders heftige Kämpfe zu sehen: Dann werden alle drei erfolgreich geschlagen.

KLEINE PAUSE

im ersten Stock gibt es ein Café und im sechsten Stock das Restaurant **Georges**, mit traumhaften Blick über Beaubourg.

CENTRE GEORGES POMPIDOU: INSIDER-INFO

Eintrittskarten: Manche der wechselnden Ausstellungen sind gratis, die meisten kosten jedoch Eintritt. Sollten Sie länger bleiben wollen, hilft Ihnen ein Pauschalticket für alle Galerien. Auskunft am Informationsschalter.

Qual der Wahl: Fall Sie wenig Zeit haben, sollten Sie sich – je nach Ihren Neigungen – für den älteren (1905–1960) oder den skurrileren und lebendigeren neuen Teil des Museums entscheiden.

Geheimtipp: **Josephine Baker** von Alexander Calder (1898–1976) ist ein frühes, elegantes Beispiel eines Mobiles – einer von Calder erfundenen Form.

5 Musée Picasso

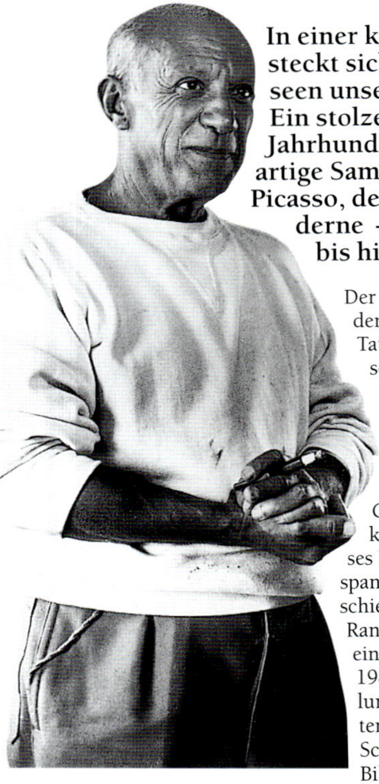

In einer kleinen schmalen Straße versteckt sich eines der ganz großen Museen unserer Zeit, das Musée Picasso. Ein stolzer Adelssitz aus dem 17. Jahrhundert beherbergt eine einzigartige Sammlung der Werke von Pablo Picasso, dem größten Künstler der Moderne – von frühen Kinderskizzen bis hin zum Spätwerk.

Der Maler bezeichnete sich oft selbst als den »eifrigsten Sammler von Picassos«. Tatsächlich behielt er den größten Teil seines Werks. Als nach seinem Tod 1973 die in Frankreich sehr hohen Erbschaftssteuern fällig wurden, überschrieben seine Nachkommen dem Staat mehr als 3500 Gemälde, Zeichnungen, Skizzenbücher, Stiche, Collagen, Keramik und viele Plastiken. Sie wurden zum Grundstock dieses Museums, das die gesamte Schaffensspanne des Künstlers umfasst – mit der schieren Anzahl und dem künstlerischen Rang seiner Exponate ist es auf der Welt einzigartig. Der Tod der Witwe Picassos 1986 erweiterte die Zahl der Ausstellungsstücke beträchtlich. Zu vielen weiteren Werken Picassos kamen nun noch Schätze aus seiner privaten Sammlung: Bilder von Cézanne, Matisse, Miró, Renoir, Degas und Braque.

Pablo Picasso

Der Betrachter bekommt durch die in chronologischer Reihenfolge ausgestellten Werke Einsicht in achtzig Jahre unermüdlicher Schaffenskraft. Picassos Weg geht von den frühen impressionistischen Versuchen über die blaue und rosa Periode, die kubistische und klassizistische Phase bis zu den grotesken Verzerrungen der letzten, fast nur in Schwarz gehaltenen Bilder.

Die Mischung aus Gemälden, Plastiken und vielen anderen Darstellungsformen illustriert Picassos erstaunliche Vielseitigkeit. Der vielleicht interessanteste Teil des Museums betrifft seine kubistische Periode. Zusammen mit Braque entwickelte er die Technik, viele verschiedene Ansichten eines Gegenstands

---

201 E1 Hôtel Salé, 5, rue de Thorigny, 75003 01 42 71 25 21
April–Sept. Mi–Mo 9.30–18, Okt.–März Mi–Mo 9.30–17.30 Uhr (letzter Einlass 45 Minuten vor Schließung) . Geschlossen 1. Jan., 25. Dez.
St-Paul/Chemin Vert/St-Sébastien-Froissart €€

Ein würdiger Rahmen

Auch für Besucher, die Picasso nicht mögen, lohnt sich das Interieur des Museums. Cherubine tragen und schmücken die Decken, die Treppen sind prachtvoll. Kandelaber, Stühle und Tische hat Diego Giacometti eigens für das Museum entworfen. Das Hôtel Salé ist der einzige Adelssitz im Marais, der nicht nach seinem Besitzer im 17. Jahrhundert benannt ist. Dieser – ein gewisser Pierre Aubert de Fontenay – trieb die Salzsteuer ein und wurde auf diese Weise reich, daher der Spitzname des Hauses »*salé*«: exorbitant teuer.

auf einem Bild zu vereinen. Ihre Pionierarbeit ist hier sehr plastisch mit Werken belegt. Man sieht viele Bilder von Jacqueline, die Picasso mehr als zwanzig Jahre lang Ehefrau und Muse war, und von verschiedenen anderen Freundinnen (Picasso stand im Ruf, gern die Frauen anderer Künstler zu verführen).

Ein Blick in den Garten zeigt uns den Künstler als kreativen Bildhauer: Dort stehen viele seiner kubistischen Plastiken.

MUSÉE PICASSO: INSIDER-INFO

Unbedingt ansehen:
Selbstbildnis (1901)
Bildnis Olgas in einem Sessel (1917)
Zwei Frauen laufend am Strand (1922)
Die Panflöte (1923)
Die Badenden (1928)
Die Kreuzigung (1930)
Porträt von Jacqueline mit verschränkten Händen (rechts, 1954)
Der Kuss (1969)

Top-Tipp: Im kleinen Café im Garten sitzt man idyllisch nach dem Besuch des Musée Picasso.

Geheimtipp: Verpassen Sie die ***Ziege*** und den ***Pavian*** (mit dem Spielzeug-Renault als Nase) nicht.

7 Le Marais und Place des Vosges

Die Geschichte des Maraisviertels beginnt im 14. Jahrhundert mit König Karl V., der seinen Hof von der Île de la Cité hierher verlegte. So richtig in Mode aber kam die Gegend erst im 17. Jahrhundert, denn Heinrich IV. hatte hier den Place des Vosges angelegt. Im Bestreben, dem Hof stets nahe zu sein, bauten sich reiche Bürger und Adlige jene prächtigen *hôtels*, die man dort heute in großer Zahl bewundern kann.

Lassen Sie den Tag auf dem Place des Vosges vorübergleiten …

Nach der Revolution verfiel das Viertel, den zurückgekehrten Adel zog es in die Tuilerien und den Faubourg St-Germain. Noch vor vierzig Jahren machte dieser Stadtteil einen verwahrlosten Eindruck. In den Sechzigern begann jedoch die Restaurierung – veranlasst vom Bau des **Centre Pompidou** (➤ 124ff). Seitdem ist das Viertel eines der schicksten *quartiers* im Zentrum mit eleganten Läden, Bars und Spitzenrestaurants.

Viele der inzwischen restaurierten Adelssitze beherbergen verschiedene Museen: so das **Musée Picasso** (➤ 128f), das **Musée Carnavalet** (➤ 134), das **Musée Cognacq-Jay** (➤ 176). Dazu gehören auch das **Musée de la Chasse et de la Nature** (Museum für Jagd und Architektur, 60, rue des Archives, 75003) in der ehemaligen Residenz des Staatsministers Ludwigs IV., das **Maison Européenne de la Photographie** mit ständigen sowie

196 A6/B5 · St-Paul, Bastille, Chemin Vert

temporären Ausstellungen zur Geschichte und Gegenwart der Fotografie (5–7, rue de Fourcy, 75004) und das **Musée Bricard** (1, rue de la Perle, 75003). Letzteres zeigt eine originelle Sammlung von Schlössern und Türklopfern.

Prunkstück des Maraisviertels jedoch ist der Place des Vosges, der älteste und – nach Ansicht vieler Kenner – auch liebenswerteste Platz von Paris. Im Haus Nr. 1 wurde 1626 die berühmte Briefautorin Madame de Sévigné geboren (ihrer Schreibfreude verdankt man den guten Einblick in das Leben am Hof Ludwigs XIV.). In Nr. 6 wohnte von 1832 bis 1848 Victor Hugo, bevor er ins Exil ging – ein kleines Museum erinnert hier heute an den Dichter. Unter den Arkaden findet man heutzutage viele Galerien, Antiquitätenläden und elegante *salons de thé*.

Einen guten Überblick verschafft Ihnen der Rundgang auf den Seiten 175–177.

... oder erfrischen Sie sich unter den Arkaden

KLEINE PAUSE

Als ein ideales und günstig gelegenes Restaurant für kleine Snacks wie volle Mahlzeiten bietet sich **La Guirlande de Julie** an (➤ 139). Bei gutem Wetter kann man auf der Terrasse speisen.

LE MARAIS: INSIDER-INFO

Geheimtipps: Das **Hôtel de Sens** ist eines der wenigen erhaltenen mittelalterlichen Gebäude von Paris. Hier führte Königin Margot, die Ex-Gemahlin Heinrichs IV., ihr ausschweifendes Leben. Ihre unreine Haut brachte sie auf die Idee des Make-up – heute eine bedeutende Industrie (1, rue du Figuier, 75004).

- Das **Hôtel de Sully** ist ein restaurierter Adelspalast aus dem 17. Jahrhundert (62, rue St-Antoine, 74004).

Noch weiter hinein: Seit sieben Jahrhunderten bewohnt eine sehr lebendige jüdische Gemeinde die Gegend um die **Rue des Rosiers** und die **Rue des Ecouffes**. Hier findet man viele koschere Läden und Restaurants. Bemerkenswert ist die Synagoge des Jugendstilarchitekten Hector Guimard, der viele Metroeingänge gestaltet hat (10, rue Pavée, 75004). Einen Besuch lohnt auch das Museum für Jüdische Kunst und Geschichte (Musée d'Art et d'Histoire du Judaïsme, 71, rue de Temple, 75004), das den Opfern des Holocaust gewidmet ist.

Schon gewusst? Der Place des Vosges hieß ursprünglich Place Royale. Seinen heutigen Namen erhielt er 1800 zu Ehren des Departement Vosges, das in der Revolutionszeit **als erstes seine Steuern bezahlt** hatte.

Nach Lust und Laune!

1 St-Germain l'Auxerrois

Vom 14. Jahrhundert bis zur Revolution war der gegenüberliegende Louvre noch im Besitz des Königshauses, und St-Germain l'Auxerrois war die dazugehörige Pfarrkirche. Noch heute gibt es dort die ehemals königliche Bankreihe. Erstaunlich an dieser Kirche ist das Stilgemisch aus Gotik und Renaissance – mit vielen weiteren Ergänzungen aus späteren Jahrhunderten. Unmittelbar nach der Revolution diente das Gotteshaus als Futterscheune.

Im viereckigen Turm südlich des Kirchenschiffs hängt noch heute die unheilvolle Glocke, die am 24. August 1572 die blutige Bartholomäusnacht einläutete, eines der dunkelsten Kapitel der französischen Geschichte: ein grausames Massaker, in dem Tausende von Hugenotten, die sich anlässlich der Hochzeit Heinrichs IV. mit Margarete von Valois in Paris aufhielten, niedergemetzelt wurden. Anstifter waren Katharina von Medici und die Familie der katholischen Guisen.

200 B1 **place du Louvre, 75001**
01 42 60 13 96
8.20–19 Uhr; keine Besichtigung während der Gottestdienste
Louvre-Rivoli, Pont Neuf

2 St-Eustache

Dieses imposante Gotteshaus ist nach Notre-Dame die zweitgrößte Kirche

Von den bunten Glasfenstern der St-Germain l'Auxerrois aus dem 16. Jahrhundert sind nur wenige erhalten geblieben

von Paris. Sie war für die Gemeinde von Les Halles (➤ gegenüber) gedacht, wo lange die zentrale Markthalle war, sich heute aber ein modernes Einkaufszentrum befindet. Nach dem Vorbild von Notre-Dame hat sie fünf Längsschiffe mit vielen Seitenkapellen. Die Bauzeit dieser teils gotischen, teils im Renaissancestil gehaltenen Kirche betrug 105 Jahre. Heute ist sie ein Kleinod der Renaissance.

Viele große Namen sind mit ihr verknüpft: Kardinal Richelieu emp-

Für Kinder

Das **Centre Pompidou** (➤ 124ff) bietet mittwochs und sonnabends von 14.30 bis 16 Uhr ein Kinderstudio zum Basteln und Spielen – mit Kasperletheater und Pantomime – an (Atelier des Enfants).

- Die Plätze um das Centre sind voller Straßenmusikanten, Pantomimen und Künstler aller Art. Hinzu kommt noch der bunte **Stravinsky-Brunnen** (➤ 127).
- **Les Halles** sind voll von Kinderboutiquen und Fastfood-Restaurants. Es gibt einen Abenteuerspielplatz für die 7–11-Jährigen.
- Im Winter kann man vor dem **Hôtel de Ville** (➤ 177) auf einer offenen Eisbahn Schlittschuh laufen.

fing hier die Taufe, Ludwig XIV. die Erstkommunion, der Komponist Lully den Ehering und Mozarts Mutter Anna Maria ihre Begräbnisfeier; Molières erste Grabstätte war in dieser Kirche, bevor sie später auf den Friedhof Père-Lachaise verlegt wurde.

Die einmalige Akustik von St-Eustache lockte viele Musiker: Berlioz führte hier sein *Tedeum* mit 950 Mitwirkenden auf, Liszt seine *Große Messe*. Mitte des 19. Jahrhunderts dirigierte Gounod den berühmten Chor mit einem begabten kleinen Sänger namens Auguste Renoir. 1989 wurde eine riesige Orgel eingebaut (die größte Orgel mit doppelter Transmission der Welt), die manchmal von 17.30 bis 18 Uhr, vor der Abendmesse, gespielt wird. An der Kirchentür hängen Listen mit allen Konzertterminen.

200 B2 **place du Jour, 75001**
01 42 36 31 05; www.st-eustache.org
Mo–Sa 9–19 (Sommer bis 20 Uhr), So 9–12.45, 14.30–19 (Sommer bis 20) Uhr
Les Halles
RER Châtelet-Les-Halles

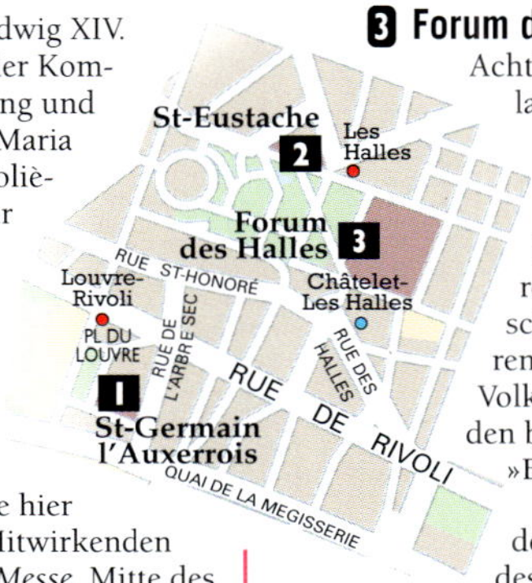

3 Forum des Halles

Achthundert Jahre lang herrschte hier pralles Alltagsleben. Die Märkte, später die Markthallen, waren eines der entscheidenden Zentren für das einfache Volk, und Zola prägte den berühmten Namen »Bauch von Paris«.

Das Zeitalter des Konsums und des Massentourismus haben diese Tradition weggefegt – im Zuge dessen, was man heute in Frankreich »MacDonaldisation« nennt. Der Markt wurde in Betongebäude nach Rungis nahe dem Flugplatz Orly verlegt, die eleganten alten ornamentgeschmückten Eisen- und Glashallen aus dem 19. Jahrhundert 1969 niedergewalzt. Zehn Jahre lang lag der Platz brach, bis das Shoppingcenter Forum des Halles, ein hässlicher Komplex aus Chrom und Glas mit mehreren Etagen, um

Ungewöhnliche Verbindung von Gotik und Renaissance: St-Eustache

Eine ungewöhnliche Skulptur in Les Halles

einen offenen Hof herum gebaut wurde. Hier wimmelt es von Fastfood-Restaurants und französischen Kettenläden. Nach Einbruch der Dunkelheit sollte man die Gegend meiden.

200 C2 Forum des Halles, 1–7, rue Pierre Lescot, 75001
Mo–Fr 10–18.30 Uhr Les Halles
RER: Chatelet-Les-Halles

6 Musée Carnavalet

Zwei große Adelspaläste waren nötig, um das Musée de l'Histoire de Paris (Museum für die Pariser Geschichte) unterzubringen: das Hotel le Peletier de St-Fargeau aus dem 17. und der Renaissancebau des Hotel Carnavalet aus dem 16. Jahrhundert (das ehemalige Haus der Madame de Sévigné, jener Briefautorin, deren Schreibfreudigkeit man den guten Einblick in das Hofleben unter Ludwig XIV. verdankt).

Solche Bauten wie diese beiden *hôtels particuliers* sind das ideale Ambiente für die Sammlung historischer Gemälde, Skulpturen, von Kunsthandwerk, Dokumenten, Karten und Kostümen, die einen Einblick in viele Jahrhunderte Pariser Geschichte vermitteln. Aber seien Sie gewarnt: Man kann sich leicht verlaufen. Das Carnavalet zeigt das Paris vom Mittelalter bis 1789, das Le Peletier führt die Ausstellung von der Revolution bis in die Gegenwart weiter. In der Orangerie befinden sich archäologische Funde.

Besonders interessant: der Schlüssel zur Bastille, die Totenmaske Napoleons I., ein Jugendstil-Juwelierladen, der als Ganzes aus der Rue Royale hierher verpflanzt wurde, Prousts korkverkleidetes Schlafzimmer aus seiner Wohnung am Boule-

Der antike Juwelierladen Fouquet im Musée Carnavalet

vard Haussmann; schließlich eine Fülle von Erinnerungsstücken aus der Französischen Revolution. Nehmen Sie sich für dieses Museum mindestens zwei Stunden Zeit: Mit diesem Einblick in die wechselvolle Pariser Geschichte werden Sie mit noch offeneren Augen durch die Stadt gehen.

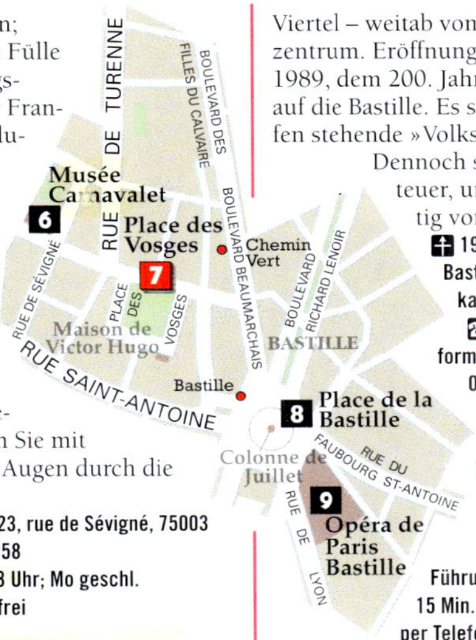

✚ 196 B5 ✉ 23, rue de Sévigné, 75003
☎ 01 44 59 58 58
⌚ Di–So 10–18 Uhr; Mo geschl.
Ⓜ St-Paul ✋ frei

8 Place de la Bastille

Die Bastille war im 14.Jahrhundert als Festung zur Verteidigung des östlichen Zugangs zur Stadt erbaut worden und wurde erst allmählich zum Staatsgefängnis für politische Gefangene. Das berühmte Bauwerk wurde am 14. Juli 1789, dem Startschuss der Revolution (► 6f), geschleift. Heute steht an seiner Stelle die Colonne de Juillet, eine fünfzig Meter hohe Bronzesäule, auf deren Spitze die Statue der Freiheit triumphiert, umgeben von brausendem Kreisverkehr.

Die Bastille ist für die Franzosen noch immer ein Symbol der Revolution. Zur Zweihundertjahrfeier 1989 wurde die Gegend in eines der schicksten und interessantesten *quartiers* verwandelt, voller Läden und Galerien, Bars und Cafés.

✚ 196 C5 ✉ place de la Bastille, 75004
Ⓜ Bastille

9 Opéra de Paris Bastille

Der Platz wird von der Glas- und Marmorfassade der neuen Bastille-Oper beherrscht – einer der umstrittensten, zweifellos aber auch eindrucksvollsten Bauten von Paris.

Auftraggeber war Präsident Mitterand, und gebaut wurde absichtlich in einem damals ziemlich schäbigen Viertel – weitab vom eleganten Stadtzentrum. Eröffnung war am 14. Juli 1989, dem 200. Jahrestag des Sturms auf die Bastille. Es sollte eine allen offen stehende »Volksoper« werden. Dennoch sind die Karten teuer, und man muss zeitig vorbestellen.

✚ 196 C4 ✉ place de la Bastille, 75012 (Vorverkauf: 120, rue de Lyon)
☎ 01 40 01 19 70 (Information), 08 92 89 90 90 (Vorbestellung innerhalb Frankreichs); www.opera-de-paris.fr
⌚ Vorverkauf: Mo–Sa 11–18.30 Uhr. An manchen Tagen Führungen von 1 Std. 15 Min. Dauer. Infos per Telefon

Die Colonne de Juillet mitten auf dem Place de la Bastille

Etwas außerhalb

Cimetière du Père-Lachaise

Auf diesem faszinierenden Friedhof (➤ 8) – einer stillen Siedlung mit Millionen Bewohnern in dicht beieinander stehenden Grabmonumenten – liegen Berühmtheiten wie die Maler Corot, Delacroix, Pissaro und Max Ernst, die Komponisten Bizet und Chopin, die Schriftsteller Apollinaire, Daudet, Balzac und Molière sowie die Sängerinnen Maria Callas und Edith Piaf; schließlich – nicht zu vergessen – die fast mythische Figur des Leadsängers der Doors, Jim Morrison. Und das sind nur einige der Berühmtheiten, die hier liegen. Am Eingang gibt es einen kostenlosen Plan zu den Gräbern.

Generell gilt: Je pompöser das Grabmal, desto unbedeutender ist die Person, für die es aufgestellt wurde. Die Großen liegen unter recht bescheidenen Grabsteinen,wie etwa Proust: Sein Grabmal besteht aus einem schlichten Stein aus schwarzem Marmor in einem Bereich bescheidener Gräber. Ausnahmen sind die Grabmale Oscar Wildes mit einer geflügelten ägyptischen Figur von Epstein: Der Dramatiker, könnte er es sehen, würde sich über solchen Kitsch wohl köstlich amüsieren – sein Grabmal aber gerade deswegen passend finden.

Halten Sie auch Ausschau nach dem Grab von Géricault (➤ 8), der mit Pinsel und Palette daliegt und auf sein *Floß der Medusa* blickt, und dem François Raspails, des Revolutionärs von 1830.

Die ältesten Toten sind Abaelard und Héloïse, das tragische Liebespaar aus dem 12. Jahrhundert; die bewegendsten Gräber hingegen sind vielleicht das des Dichters Georges Rodenbach mit seiner aus der Gruft ausgestreckten Hand, in der oft eine frische Rose liegt, und das von Alfred de Musset mit folgenden Zeilen auf seinem Grabstein:

Oh, Freunde, bin ich tot,
pflanzt mir die Weide auf mein Grab,
lieb' ich die weinend Blätter doch,
gedämpft und süß macht sie das Licht;
ihr Schatten macht die Erde leicht,
in der ich ewig ruh'.

201 außerhalb F2
boulevard de Ménilmontant, 75020
01 55 25 82 10
16. März –5. Nov. Mo–Fr 8–18, Sa 8.30–18, So 9–18 Uhr, 6. Nov.–15. März Mo–Fr 8–17.30, Sa 8.30–17.30, So 9–17.30 Uhr
Père-Lachaise, Philippe Auguste, Gambetta

Eine der malerischen Skulpturen auf dem Père-Lachaise: Chopins Grab

Musée Edith Piaf

Die beliebte Sängerin wurde 1915 im Bastille-Viertel als Edith Gassion geboren. Ihren Spitznamen »Kleiner Spatz« machte sie zum Künstlernamen. Schon mit 15 sang sie in Cafés, auf der Straße und in den Cabarets von Pigalle. Ihre Themen nahm sie von der Straße: Drogen, Tod und unglückliche Liebe – in Letzterem wohl auch inspiriert durch ihre eigenen glücklosen Liebesaffären.

Das kleine Museum – es bietet private Führungen nach Absprache

Der »kleine Spatz« Edith Piaf

an – zeigt in zwei Zimmern allerlei persönliche Gegenstände der Diva, die die Atmosphäre jener Zeit wieder aufleben lassen: von einem lebensgroßen Scherenschnitt der Sängerin aus Karton bis zu ihren fast abnorm kleinen Schuhen aus weichem Nappaleder. Nahezu jeder Zentimeter der roten Wände ist behängt mit originalen Postern und Fotos des *Ange Noir* aus den Vierziger- und Fünfzigerjahren, und im Hintergrund spielt man auf dem Grammofon ihre unsterblichen Evergreens wie *La Vie en Rose* und *Je ne regrette rien*.

201 außerhalb F2 5, rue Crespin du Gast, 75011 01 43 55 52 72 Besuche nur nach Vereinbarung Ménilmontant Spende

Eine kaum bekannte Sehenswürdigkeit im östlichen Paris: der Canal St-Martin

Wo sonst niemand hinkommt

Hat man etwas Zeit und gutes Wetter, lohnt ein Spaziergang am **Canal St-Martin** (Metro: République, Goncourt, Château Landon, Jaurès), der bei Malern, Romanciers und Filmregisseuren beliebten Wasserverbindung zwischen der Seine und anderen Kanälen, auf der die Kähne den Weg durch die Schleifen des Flusses abkürzen. Den Kanal säumen Baumreihen, man sieht betagte Schleusen und eiserne Fußgängerbrücken, alte Fabriken und Lagerhäuser, kann von Cafés aus den gemächlichen Schiffsverkehr beobachten – und fühlt sich ins 19. Jahrhundert zurückversetzt.

Wohin zum ...
Essen und Trinken?

Preise
Sie zahlen pro Person ohne Getränke
€ unter 25 Euro €€ 25–50 Euro €€€ 50–100 Euro €€€€ über 100 Euro

L'Ambassade d'Auvergne €€

Die rustikale, aber attraktive und komfortable Einrichtung passt zu den unverfälscht bäuerlichen Gerichten dieser französischen Bergregion. Viele Zutaten kommen direkt von dort und tragen zu den wirklich herzhaften und schmackhaften Gerichten bei. Spezialitäten: eine schmackhafte, mit einem Stück Roquefort servierte Kohlsuppe und das *boudin aux châtaignes*, eine köstliche Blutwurst mit Esskastanien, dazu Kastaniensauce. Auch das *menu gourmand* enthält Spezialitäten aus der Auvergne.

201 D2
22, rue du Grenier St-Lazare, 75003
01 42 72 31 22 12–14, 19.30–22 Uhr
Rambuteau

L'Ambroisie €€€€

Exklusives Restaurant in einem der prächtigen Stadthäuser aus dem 17. Jahrhundert am Place des Vosges. Der große Speiseraum ist mit schönen Gobelins an den Wänden ausgestattet, die mit dem Steinfußboden und viel dunklem Holz die Atmosphäre der Zeit, aus dem das Haus stammt, lebendig werden lassen. Die Küche bereitet durchgehend erstklassige Speisen, die je nach Saison variieren. Der Wein ist sehr gut.

196 B5 9, place des Vosges, 75004
01 42 78 51 45
12–13.30, 20–21.30 Uhr; So, Mo, 2 Wochen im Feb., Aug. geschl.
Bastille/St-Paul

Le Bar à Huitres €€

Der Name verrät es schon: das richtige Restaurant für Austernliebhaber! Stets frische Ware – genau wie die anderen Meeresfrüchte hier –, lange Öffnungszeiten und raffiniert zusammengestellte Menüs sorgen für ein immer gut gefülltes Haus. Die Tische sind etwas klein, aber die hervorragende Seezunge und die großzügig bemessenen Fischplatten gleichen diesen Mangel voll aus. Es gibt auch ein paar Gerichte für Gäste, die keinen Fisch mögen. Die *crème brûlée* zum Nachtisch ist unschlagbar.

196 C5
33, boulevard Beaumarchais, 75003
01 48 87 98 92 12–24 Uhr
Bastille (Filiale: 33, rue St-Jacques, 75005)
Cluny-La Sorbonne

Bofinger €€

Diese legendäre, wohl älteste Brasserie von Paris in der Nähe des Place de la Bastille hat eine sehenswerte Belle-Époque-Inneneinrichtung und ist ein Muss für jeden Besucher. Als klassische Gerichte werden hier vor allem Austern und etliche andere Muscheln serviert, *choucroute* (Sauerkraut), Entenleberpastete, Steak Tartar, Gegrilltes und leckere selbst gemachte Nachtische und Eissorten. Das Menü in drei Gängen mit Wein ist immer sein Geld wert.

196 C5
5 & 7, rue de la Bastille, 75004
01 42 72 87 82
Mo–Fr 12–15, 18.30–1, Sa, So 12–1 Uhr
Bastille

Café Beaubourg €€

Kellner ganz in Schwarz, die mit voll beladenen Tabletts die Treppen hinaufstürmen, und eine Einrichtung im Stil der 1980er-Jahre sind das Kennzeichen dieses Meisterwerks der Brüder Costes. Die Terrasse bietet einen hervorragenden Blick aufs Centre Pompidou. Essen und Getränke sind ausgezeichnet – Cappuccino und Espresso wie in Italien, üppiges Brunch, perfekt gemixte Cocktails, köstliche Snacks (wie Tarama mit Blinis) und vollständige Mahlzeiten wie das immer beliebte *steak tartare*. Auch sollte man die Desserts nicht vergessen.

201 D3 100 rue, St-Martin, 75004
01 48 87 63 96
Mo-Mi 8–1, Do–So 8–2 Uhr
Hôtel de Ville/Rambuteau

Chez Jenny €€

Das Lokal wurde nach dem Elsässer Robert Jenny benannt, der es 1930 eröffnete. Dem Elsass wird Tribut gezollt sowohl in der Einrichtung (mit Landschaftsdarstellungen an den Wänden) als auch bei den Gerichten (etwa *choucroute garnie* oder *gugelhupf*).

201 F2
39, boulevard du Temple, 75003
01 44 54 39 00
12 1 Uhr
République

Chez Marianne €

Wenn Sie sich nicht entschließen können, in welchen jüdischen Delikatessenladen der Gegend Sie gehen sollen, gehen Sie zu Chez Marianne. Der zweite Speisesaal ist ruhig und malerisch, im Sommer gibt es eine lebhafte Terrasse. Die Bedienung ist manchmal etwas ungeduldig, doch wählen Sie in Ruhe – Sie können vier oder mehr Vorspeisen zusammenstellen. Pastrami und Räucherlachs sind köstlich, sie werden auf erstklassigem Roggenbrot serviert. Als Abschluss ist der Käsekuchen herrlich.

201 E1
2, rue des Hospitalières, 75004
01 42 72 18 86 12–24 Uhr
St-Paul

Chez Nénesse €

Dieses gemütliche Bistro passt mit seinem kleinstädtischen Charme so recht in das Maraisviertel. Zum gemütlichen Interieur gehören ein – den Charakter des Lokals unterstreichender – alter Ofen und Ziegelfußboden. Die exzellente Küche des Inhabers und Chefkochs Alain le Meur ist dennoch sehr modern, die Preise sind mäßig und die Atmosphäre freundlich. Aus diesen Gründen ist dieses Bistro äußerst beliebt – zeitiges Vorbestellen ist sehr wichtig.

201 E2 17, rue de Saintonge, 75003
01 42 78 46 49
12–14.30, 20–22.30 Uhr. Geschl. Sa, So, Feiertage, Aug., 1 Woche um Weihnachten
Filles-du-Calvaire/République

Fellini €€

Es gibt noch eine Filiale im 15. Arrondissement (58, rue de la Croix-Nivert, Tel. 01 45 77 40 77). Dieses Restaurant mit Natursteinwänden und altem Kellergewölbe ist jedoch das attraktivere. Es serviert traditionelle italienische Küche in leicht modifizierter Form mit Gerichten wie Lachs- oder Steinbutt-Carpaccio, Artischocken in Pfefferminz und Basilikum, Tagliolini mit Langustinen oder Kalbsfilet mit Pistazien.

200 B1
47, rue de l'Arbre-Sec, 75001
01 42 60 90 66
12–15, 19–23.30 Uhr Louvre/Rivoli

404 €€

In diesem ultramodernen Etablissement mit seinem schicken Berber-Dekor fühlen Sie sich wie in der Altstadt von Algier. Hier werden exzellente nordafrikanische Gerichte serviert. Das Restaurant ist immer sehr voll und belebt, die vorzügliche Zubereitung der Speisen aber lässt das vergessen.

201 D2 69, rue des Gravilliers, 75003
01 42 74 57 81
12–15, 20–24, Sa 12–16 Uhr; So abends, Aug. geschl. Arts et Métiers

La Guirlande de Julie €

Dieses Restaurant gehört den Besitzern des Tour d'Argent, die Preise sind aber am unteren Ende der Skala. Es ist lange geöffnet; man kann sich mit Tee und Snacks begnügen, es gibt aber volle Mahlzeiten wie den im Winter gern gegessenen *pot au feu* (gekochtes Fleisch und Gemüse) als Spezialität des Hauses. Andere Gerichte: Pilzravioli, Kalbsleber in Balsamessig und hervorragendes Lammragout. Im Sommer kann man auf der Terrasse essen.

200 B5 25, place des Vosges, 75003
01 48 87 94 07
12–22.30 Uhr; Mo geschl. Bastille

L'Osteria €€

Hier bietet der Venezianer Toni Vianello sorgfältig zubereitete und immens delikate Gerichte seiner Heimat. Im Restaurant geht es lebhaft und etwas laut zu. Zur Kartoffel-Gnocchi mit Wermut, venezianischer Kalbsleber, *osso buco* und vielen anderen italienischen Spezialitäten reicht man vorzügliche offene Weine. Das Menü wechselt täglich.

196 B5 10, rue de Sévigné, 75004
01 42 71 37 08
12–14.30, 20–22.30 Uhr;
Sa, So und Mo Mittag geschl.
St-Paul

Pharamond €

Dies war eines der Lieblingsrestaurants von Präsident Mitterand. Das Viertel um Les Halles ist zwar etwas heruntergekommen, den Besuch lohnt das unter Denkmalschutz stehende Jugendstil-Interieur mit riesigen Spiegeln, Wandbildern aus Keramik und einer sehenswerten Wendeltreppe dennoch. Auch die traditionelle normannische Küche mit *andouillette* (Bregenwürstchen) und *tripe à la mode de Caen* (Kutteln mit Gemüse, Apfelwein und Apfelschnaps) wird Sie auf Ihre Kosten kommen lassen.

200 C2
24, rue de la Grande Truanderie, 75001
01 40 28 45 18; www.le-pharamond.com
12–14.30, 19.30–22.30 Uhr;
So geschl.
Les Halles

Au Pied de Cochon €€

Die Pariser nutzen diese gemütliche, durchgehend geöffnete Brasserie als bequemen Zwischenstopp, wenn sie lange Einkaufstouren machen, oder nach einer durchgemachten Nacht. Ursprünglich verkehrten hier die Beschäftigten der Markthallen; geblieben sind die typischen Gerichte wie Schweinshaxe (die dem Restaurant den Namen gab) und die Zwiebelsuppe mit Käse. Wer es so herzhaft nicht mag, für den gibt es durchaus auch Fisch oder Gegrilltes. Der Hauswein stammt aus eigener Herstellung.

200 B2 6, rue Coquillère, 75001
01 40 13 77 00
Rund um die Uhr Les Halles

Au Trou Gascon €€€

Wenn Alain Dutourniers renommiertes Restaurant im ersten Arrondissement (Carré des Feuillants ➤ 113) ausgebucht oder zu teuer ist, versuchen Sie dieses zugänglichere, aber genauso ausgezeichnete Lokal, das für Vegetarier allerdings nicht zu empfehlen ist. Es gibt zahlreiche regionale Spezialitäten wie *cassoulet* und Enten-Confit, aber auch schmackhafte Rindfleisch- und Hähnchengerichte. Krönen Sie das Ganze mit einem Käse aus der Gascogne, einem hinreißenden Dessert oder einem edlen Armagnac.

196, bei C1 40, rue Taine, 75012
01 43 44 34 26
12–14, 19.39–22 Uhr.
Geschl. Sa, So
Daumesnil

À Deux Pas du Dos

Wie sein nahe gelegenes Schwesterrestaurant Le Dos de la Baleine (10, rue des Blanc-Manteaux, Tel. 01 42 72 38 98), das in der gleichen Preis-Leistungs-Klasse angesiedelt ist, konzentriert sich dieses einladende Lokal auf Aroma und frische Produkte. Der traumhafte Blick aufs Hôtel Salé (➤ 129), das sanfte Kerzenlicht und der diskrete Service vervollständigen den Genuss. Die weitgehend schwulen Gäste genießen Köstlichkeiten wie Austernsuppe mit Safran oder Filet Mignon vom Schwein mit gewürzten Birnen. Das Menü ist empfehlenswert.

201 E1
101, rue Vielle du Temple, 75003
01 42 77 10 52
12–14.30, 20–23 Uhr. Geschl. Mo, Sa Mittag und So
St-Paul

Wohin zum ... Einkaufen?

In diesem Teil des 2. Arrondissements standen einst Les Halles, die berühmten Pariser Markthallen, die man 1969 nach Rungis, in einen der Vororte südlich der Porte d'Italie, verlegte. Teile des Textilhandels finden in diesen Bereichen statt.

Der Markt in der Rue Montorgueil (Metro: Châtelet-Les-Halles) ist ein kleiner Überrest der alten Halles. **La Samaritaine** ist ein Kaufhaus in einem Art-Deco-Gebäude mit einem wunderbaren Blick über Paris von der Terrasse des zehnten Stockwerks aus. Im elften Stock ist der einzige Platz, von dem aus Sie die Anordnung des Obelisken auf der Concorde, Arc de Triomphe und La Défense betrachten können.

BHV, der Basar de l'Hôtel-de-Ville gegenüber dem Hôtel de Ville (dem Rathaus), ist ein zentrales Kaufhaus.

Agnès B etwas nordwestlich des Forum des Halles gehört zu einer guten internationalen Kette für Mode. Angeboten werden Textilien von der Stange in hoher Qualität.

Azzedine Alaya im Maraisviertel führt eng geschnittene Kleidung für Damen, die die weiblichen Formen betont – wie sie beispielsweise von Tina Turner, Grace Jones und vielen Supermodels getragen wird. Gleich um die Ecke in der Rue de la Verrerie 18 kann man die Modelle des Vorjahres zu herabgesetzten Preisen kaufen.

Im Maraisviertel lohnt es sich auch, nach den vielen – oft in Seitengassen versteckten – Antiquitätenläden Ausschau zu halten. Der Straßenmarkt **Marché Biron** in der Rue des Rosiers handelt mit alten Möbeln und Kunstgegenständen.

Der **Carreau du Temple** (2–8, rue Perrée, Metro: Temple) im nördlichen 3. Arrondissement ist ein überdachter Markt für Kleidung, der die ganze Woche (außer Montag) bis mittags geöffnet ist.

Überall in Paris gibt es Filialen des **FNAC** (Féderation Nationale des Achats de Cadres) mit einem überwältigenden Angebot an Büchern, CDs, bespielten Videokassetten und DVDs. Diese sind in Frankreich nicht billig – es lohnt sich aber immer, hier herumzustöbern, denn das eine oder andere Schnäppchen werden Sie dennoch finden. Die Filiale Forum des Halles bietet auch eine Theater- und Konzertkasse.

Mélodies Graphiques hat ein phantastisch breites, festes Angebot an Schreibwaren: viele Sorten Briefpapier, Tinten in allen Farben, auch altmodische Dinge wie Siegelwachs und Stempel. Das Gleiche gilt für **Papier+**, wo es sich lohnt, nach allerlei ungewöhnlichem Schreibwerkzeug und Papier zu stöbern.

Agnès B

✉ 2–19, rue de Jour, 75001
☎ 01 45 08 56 56 und 01 42 33 04 13
Ⓜ Les Halles

Azzedine Alaya

✉ 7, rue de Moussy, 75004
☎ 01 40 27 85 58 Ⓜ Hôtel de Ville

BHV

✉ 52, rue de Rivoli, 75004
☎ 01 42 74 90 00 Ⓜ Hôtel de Ville

FNAC

Ebene 3, Forum des Halles, 1, rue Pierre Lescot, 75 001
☎ 01 40 41 40 00 🕐 So geschl.
Ⓜ Les Halles; RER: Châtelet-Les-Halles

Mélodies Graphiques

✉ 10, rue du Pont-Louis-Philippe, 75004
☎ 01 42 74 57 68 🕐 So geschl.
Ⓜ Pont Marie/St-Paul

Papier+

✉ 9, rue du Pont-Louis-Philippe, 75004
☎ 01 42 77 70 49 🕐 So geschl.
Ⓜ Pont Marie/St-Paul

La Samaritaine

✉ 19, rue de la Monnaic, 75001
☎ 01 40 41 20 20 🕐 So geschl.
Ⓜ Pont Neuf

Wohin zum … Ausgehen?

Durch das Centre Beaubourg und andere kühne Projekte neu belebt, bietet Châtelet-Les Halles eine abwechslungsreiche Palette an Abendunterhaltungen von klassischer bis zu Avantgarde-Musik und zu lauten Nachtclubs. Im Osten ist das Marais das Zentrum der Pariser Schwulenszene; Regenbogenfahnen flattern über Läden, Restaurants und Bars, vor allem an der Rue Ste-Croix-de-la-Bretonnerie, der lebhaften Hauptstraße. Noch weiter im Osten, durch das neue Opernhaus gefördert, vibriert um die Bastille das Nachtleben wie nirgends sonst. Winzige Theater, Jazzclubs und Salsalokale platzen am Wochenende aus allen Nähten.

KINO

Das Kino **Le Latina** zeigt Filme aus Südamerika, Spanien und Italien; das **Forum des Images** besitzt einen Schatz von etwa 5000 Filmen.

MUSIK

IRCAM (► 127, direkt neben dem Centre Pompidou) ist ein Treffpunkt der Freunde avantgardistischer Musik. Die **Opéra National de Paris Bastille** sorgt für eine hohe Qualität der Inszenierungen. Das **Théâtre du Châtelet – Théâtre Musical de Paris** ist ein großer neoklassizistischer Bau auf den Fundamenten einer römischen Arena. In diesem Haus sind die Eintrittspreise für das Repertoire aus Ballett, klassischer Musik und Oper oft niedriger. Nach einer Renovierung sind seine Pforten seit Ende 1999 wieder geöffnet. Das **Théâtre de la Ville** ist die Heimat zeitgenössischer Musik und des modernen Tanzes.

NACHTCLUBS

Junge europäische Talente treffen sich häufig im **Sunset** zu unvergesslichen Jamsessions für Jazz-Liebhaber. **Le Dépôt** ist ein großer Tanzclub und ein Kulttreffpunkt für Schwule im Herzen des Schwulenbezirks. Es gibt Techno-, House-, Disco- und Cabaret-Themenabende. Fanatisches Tanzen und eine schweißtreibende Atmosphäre sind garantiert.

Le Latina

✉ 20, rue du Temple, 75004
☎ 01 42 78 47 86 Ⓜ Hôtel de Ville

Forum des Images

✉ 2, Grande Galerie, Porte St-Eustache, Forum des Halles, 75001
☎ 01 44 76 62 00
Ⓜ Les Halles

IRCAM

✉ 1, place Igor Stravinsky, 75004
☎ 01 44 78 12 33 ◷ Juli–Aug. geschl.
Ⓜ Rambuteau/Hôtel de Ville

Théâtre du Châtelet-Théâtre Musicale de Paris

✉ 2, rue Édouard Colonne, 75001
☎ 01 40 28 28 40 ◷ Juli, Aug. geschl.
Ⓜ Châtelet-Les-Halles

Théâtre de la Ville

✉ 2, place du Châtelet, 75004
☎ 01 42 74 22 77 ◷ Juli, Aug. geschl.

Opéra National de Paris Bastille

✉ place de la Bastille, 75012
☎ 08 9289 90 90 ◷ Aug. geschl.
Ⓜ Bastille

Sunset

✉ 60, rue des Lombards, 75001
☎ 01 40 26 46 60 ◷ Konzerte Mo–Sa 21, 22 Uhr Ⓜ Châtelet

Le Dépôt

✉ 10, rue aux Ours, 75003 ☎ 01 44 54 96 96 ◷ 24–8 Uhr Ⓜ Étienne Marcel

Montmartre

Erste Orientierung

Dieser Stadtteil hat noch heute dörflichen Charakter. Er liegt auf einer sanften Erhebung (La Butte) über der geschäftigen Metropole, hat aber eine ganz andere, mehr beschauliche Atmosphäre. Hier war das Paris der Maler und Schriftsteller, das Viertel Toulouse-Lautrecs, der Cabarets und Cancan-Tänzerinnen, der Windmühlen und Weinberge, hier waren Renoir, Utrillo, van Gogh und viele andere große Künstler zu Hause.

Vorhergehende Seite: Montmartre – Geburtsstätte des Cabaret und des Cancan

Auf den Treppen der Basilika Sacré-Cœur hat man einen schönen Blick

Verglichen mit den breiten Boulevards der Innenstadt wirken die Straßen hier anheimelnd und kleinstädtisch. Einige Bereiche – vor allem die Gegend um den Place du Tertre und die Kirche Sacré-Cœur – quellen vor Besuchern über, andere hingegen sind so ruhig, dass herumstreunende Katzen das einzige Lebenszeichen sind. Mögen auch Künstler und Dichter den Hügel verlassen und das Nachtleben seinen Bohème-Charme verloren haben, trotzdem: Kleine weiße Häuser, Kopfsteinpflaster, winzige Gärten im romantischen Licht altmodischer Laternen und versteckte Plätze, wo man das Alltagstreiben hier beobachten oder Malern zusehen kann – all das bleibt unverwechselbar und einmalig.

★ Nicht verpassen!

Nach Lust und Laune!

Etwas außerhalb

Lassen Sie sich auf diesem Rundgang von der auch heute noch ländlich-beschaulichen Atmosphäre dieses Viertels verzaubern – auf den Spuren Toulouse-Lautrecs und van Goghs.

Montmartre an einem Tag

9 Uhr

Ausgangspunkt des Rundgangs ist der **Cimetière de Montmartre** (➤ 152), ein Friedhof mit den Gräbern zahlloser Komponisten, Maler und Dichter, die auf dem Butte gelebt und gearbeitet haben.

10 Uhr

Vom Friedhof geht es steil hinauf ins **Herz von Montmartre** (➤ 148f). Vielleicht sollten Sie auf halber Höhe auf der Terrasse eines Cafés pausieren.

11 Uhr

Lassen Sie sich in den Gassen einfach treiben, und genießen Sie so den **ländlichen Charme von Montmartre,** die Windmühlen, die steilen Treppen, den berühmten Weinberg (➤ 148, rechts), die kleinen Plätze und Gärten, die auf den Bildern von van Gogh, Renoir und Utrillo so lebendig sind.

12.30 Uhr

Besuchen Sie den **Place du Tertre** (➤ 154), den einst schönsten Platz im Viertel – der jetzt allerdings zur Touristenfalle geworden ist. Dennoch könnten Sie sich von einem der vielen Zeichner in etwa 30 Minuten porträtieren lassen oder ein kleines Gemälde als Erinnerung kaufen.

13.30 Uhr

Auf dem Place du Tertre sollten Sie nicht essen; die Restaurants sind teuer und auch nicht besonders gut. In den Straßen ringsum gibt es genug andere Restaurants, etwa **La Galerie** (➤ 159) in der Rue Tholozé.

15 Uhr

Besuchen Sie das **Musée du Vieux Montmartre** (➤ 155, links). Hier erleben Sie die Geschichte des Viertels anhand von Gemälden, Dokumenten, Fotos und vielen Gegenständen des Alltags.

17 Uhr

Ihr Rundgang wäre ohne den Besuch der **Basilique du Sacré-Cœur** (➤ 150f, Innenansicht rechts) nicht vollständig. Als Wahrzeichen des ganzen Viertels erhebt sich ihre große weiße Kuppel mit einem Turm, der eine der schwersten Glocken der Welt trägt, über das Häusermeer.

19 Uhr

Bei Ihrem Rundgang sollten Sie schon einmal am Straßenrand Speisekarten inspizieren, um etwas Geeignetes fürs Abendessen zu finden. Gute Tipps sind: **Beauvilliers** (➤ 158) oder **Au Poulbot Gourmet** (➤ 159). Zum Abschluss des Tages könnten Sie eine Bar mit Live-Musik oder – hier mit glitzernder Las-Vegas-Atmosphäre – den **Bal du Moulin Rouge** (➤ 152, links) besuchen.

7 Montmartre

Im 19. Jahrhundert wurde der Montmartre zum Mekka für Maler, Schriftsteller, Dichter und Musiker, die sich von der Atmosphäre der Cabarets, Tanzlokale und Bordelle angezogen fühlten, vom morbiden Charme einer etwas dekadenten Bohème – hier suchten und fanden sie die Motive für ihre Arbeiten. Die Maler von heute allerdings leben hauptsächlich vom Geschäft mit den vielen Touristen, die in Scharen in das pittoreske Viertel kommen. Dennoch hat sich vom Charme des alten Montmartre einiges erhalten.

Ursprünglich war La Butte eine Pilgerstätte. 1133 gründete Ludwig VI. die Benediktinerabtei Montmartre, von der nur St-Pierre, eine im Schatten der Sacré-Cœur fast vergessene Kirche – sie wurde im Jahr 1147 erbaut, damit ist sie eine der ältesten der Stadt –, erhalten blieb. Wie in fast allen mittelalterlichen Klöstern in Frankreich wurde auch in der Abtei Montmartre die Weinerzeugung aufgenommen, und schon bald legten die Mönche auch hier ihre Weingärten an, die bald den ganzen Berg bedeckten.

Im 16. Jahrhundert arbeiteten hier dreißig Windmühlen, die Trauben pressten und das von den Bauern der umliegenden Dörfer erzeugte Korn mahlten. Heute sind ganze zwei davon erhalten (► 152). Der Place Blanche (Weißer Platz) am Fuß des Berges hat seinen Namen von den Wolken weißen Roggen- und Weizenmehls, den die von den Mühlen kommenden, mit Säcken frisch gemahlenen Mehls beladenen Pferdewagen verstreuten.

Gegen Ende des 17. Jahrhunderts war Montmartre zum wohlhabenden Dorf geworden; es belieferte Paris mit Wein, Weizen und so viel Gips (dem »Verputz von Paris«), dass ein beliebtes und häufig gebrauchtes Sprichwort besagte: »Paris besteht mehr aus Montmartre als Montmartre aus Paris.« Die Gipsgruben schlossen im 18. Jahrhundert; zur gleichen Zeit wurde Montmartre von Paris eingemeindet. Auch die Weinproduktion kam zum Erliegen – die Konkurrenz der vielen Weingüter aus Südfrankreich machte der bescheidenen Produktionsstätte auf La Butte zu schaffen.

Oben: Selbst das Nachtleben wirkt auf dem Montmartre beschaulich

Links: Die heutigen Künstler leben hauptsächlich vom Tourismus

Ⓜ Abbesses, Anvers, Blanche, Lamarck-Caulaincourt

Ein kleiner Weinberg jedoch, der **Clos de Montmartre** (➤ 10), ist, mehr zur Pflege der Nostalgie als zu Produktionszwecken, übrig geblieben.

KLEINE PAUSE
Wenn Sie etwas Abstand vom Trubel brauchen, gehen Sie in das kleine, gemütliche Restaurant **La Galerie** (➤ 158).

MONTMARTRE: INSIDER-INFO

Top-Tipp: Gehen Sie gleich am Anfang zum Touristenbüro (Syndicat d'Initiative, 21, place du Tertre, 75018, Tel. 01 42 62 21 21, tägl. geöffnet: 10–19 Uhr), um die **neuesten Informationen zu Veranstaltungen** einzuholen.

Geheimtipp: Ein wahres Idyll ist Villa Léandre, eine winzige Sackgasse an der Avenue Junot mit **berankten Häusern und hübschen Gärtchen.**

Muss nicht sein! Den zweifelhaften Rotlichtbezirk um die Place Pigalle am Fuß von La Butte mit Neonlichtern, Peepshows, Prostituierten und Erotikläden sollte man **in der Dunkelheit meiden**.
Interessant: Der Film *Die fabelhafte Welt der Amélie* von Regisseur Jean-Pierre Jeunet spielt am Montmartre. Fans des französischen Films sollten ihn nicht versäumen.

10 Basilique du Sacré-Cœur

Diese weiß leuchtende Kirche mit ihren neo-byzantinischen Kuppeln und Türmchen beherrscht die Spitze des Bergs Montmartre und das ganze Viertel. Ihr orientalisches Erscheinungsbild kommt vor allem in der Morgen- oder Abenddämmerung zur Geltung – dann wirkt sie fast wie eine Moschee.

Im Deutsch-Französischen Krieg von 1870/71, der mit der demütigenden Niederlage des Kaiserreichs endete, gelobten Alexandre Legentil und Hubert Rohault de Fleury den Bau einer dem Herzen Jesu geweihten Kirche als Zeichen der Unsterblichkeit Frankreichs und seines katholischen Glaubens, aber auch der Buße nach dem blutigen Krieg und dem Commune-Aufstand. Der Bau dauerte vierzig Jahre und wurde hauptsächlich von katholischen Gläubigen finanziert. Seit dem 1. August 1885 (selbst als 1944 Bomben die Fenster zerschmetterten) hat hier Tag und Nacht jemand ununterbrochen Wache gehalten, um die Sünden des Krieges von 1870 zu sühnen.

Gegenüberliegende Seite: Die wuchtige Basilika Sacré-Cœur wirkt wie aus dem Orient hierher verpflanzt

Über dem Portal vor dem dunklen Inneren sehen Sie eine Christusstatue, flankiert von der heiligen Johanna und dem heiligen Ludwig, beide hoch zu Ross. Innen fällt vor allem das riesige Goldmosaik über dem Altar auf: Es zeigt Christus mit der Heiligen Jungfrau, den Papst, französische Heilige und sogar die beiden Väter des Baues.

Höhepunkt im wahrsten Sinne des Wortes ist jedoch der Blick von der Kuppel, dem (nach dem Eiffelturm) zweithöchsten Aussichtspunkt von Paris.

KLEINE PAUSE

Ein gutes Restaurant fürs Mittagessen ist **Au Poulbot Gourmet** (➤ 159).

Kultstätte mit Tradition

Auch die Römer hatten hier bereits ihren Göttern gehuldigt: in einem dem Götterboten Merkur geweihten Tempel. Damals hieß der Berg *Mons Mercurii*; erst die frühen Christen nannten ihn »Berg der Märtyrer«, nach dem Martyrium des heiligen Dionysos (St-Denis). Dyonisos war der erste Bischofs von Paris. Als die Römer ihn im 3. Jahrhundert auf dem Berg enthauptet hatten, nahm er – der Legende nach – seinen Kopf, trug ihn zu einer Quelle, wusch ihn dort und ging noch eine ganze Strecke, bis er starb, bis zu der Stelle, an der heute zu seinem Gedenken die Basilika St-Denis steht.

202 D3 ✉ 22, rue du Chevalier-de-la-Barre, 75018 ☎ 01 53 41 89 00; www.sacre.coeur-montmartre.com Basilika: tägl. 6–23, Krypta: tägl. 9–18 (April– Sept. bis 19) Uhr Anvers, dann zu Fuß zur Bahn € (Kuppel), € (Krypta)

SACRÉ-CŒUR: INSIDER-INFO

Top-Tipps: Besuchen Sie eine **Messe** (Mo–Sa 11.15, 15 (nur Fr), 18.30 und 22 Uhr, So 11, 18 und 22 Uhr).

- Wenn Ihnen die steile Treppe zu beschwerlich ist, nehmen Sie die **Bahn,** die vom Square Willette hinaufführt (letzte Bahn tägl. um 0.30 Uhr; ein Metro-Ticket).
- **Fotografieren** lässt sich die Basilika am besten von den darunterliegenden Gärten aus.

Muss nicht sein! Nicht sehr lohnend ist der Besuch der **düsteren Krypta** mit angestaubten Reliquien und einer Diavorführung zum Bau der Basilika.

Nach Lust und Laune!

1 Cimetière de Montmartre

Der 1789 angelegte Friedhof ist die nach dem Cimetière de Père-Lachaise bekannteste letzte Ruhestätte der Stadt. Hier ruhen die Komponisten Berlioz, Delibes und Offenbach, die Dichter Heine, Zola, Stendhal und Dumas (der Jüngere), die Maler Degas und Fragonard, der Filmregisseur Truffaut, der Tänzer Nijinsky und viele andere, die im Lauf der Jahrhunderte mit Montmartre zu tun hatten.

202 B3 · 20, avenue Rachel, 75018
01 53 42 36 30
Mitte März–Anf. Nov. Mo–Fr 8–18, Sa 8.30–18, So 9–18, letzter Einlass 15 Minuten vor Schließung, Nov.–Mitte März Mo–Fr 8–17.30, Sa 8.30–17.30, So 9–17.30 Uhr
Place de Clichy/Blanche

2 Moulin Rouge

Die im Jahr 1885 errichtete »Rote Mühle« wurde 1902 zu einem Tanzlokal umgebaut. Damals waren die etwas anzüglichen Revuen groß in Mode, so wie sie auf Toulouse-Lautrecs Plakaten und Gemälden verewigt sind. Bald galten die Revuen des Moulin Rouge als heißester Tipp des Pariser Nachtlebens; sie fanden auf der ganzen Welt viele Nachahmer, auch heute noch, wo ein fader Abklatsch davon mit Cancan tanzenden Girls den Touristen verkauft wird.

202 B2
82, boulevard de Clichy, 75018
01 53 09 82 82
Vorstellungen jeden Abend 21 und 23, Abendessen mit Show um 19 Uhr
Blanche · €€€

3 Musée de l'Érotisme

Das Museum liegt passenderweise in der Nähe des Pigalle, eines Rotlichtbezirks mit langer Tradition. Das neueste Museum der Stadt ist das einzige, das bis in die späte Nacht besichtigt werden kann. Ausstellungen von über 2000 Objekten erotischer Kunst aus verschiedenen Kulturkreisen, vom 2. Jahrhundert bis in die Gegenwart versuchen, dem schmuddeligen Charakter dieses Viertels etwas Seriosität zu verleihen.

202 B2
72, boulevard de Clichy, 75018
08 36 69 19 18 und 01 42 58 28 73; www.erotic-museum.com
tägl. 10–2 Uhr · Blanche · €€

Place des Abbesses, einer von zwei noch erhaltenen Metroeingängen im Jugendstil

4 Place des Abbesses

Dieser ruhige, dreieckige Platz beherbergt einen der beiden übrigen Jugendstil-Metroeingänge – eine vom Architekten Hector Guimard stammende, um die Jahrhundertwende übliche Konstruktion aus Eisen und Glas. Auf einer Wendeltreppe mit Fresken zeitgenössischer Künstler steigt man zur mit vierzig Metern tiefsten Station hinunter (es gibt auch einen Lift).

Vor Jahrhunderten lag hier der Eingang zum Nonnenkloster von Montmartre. Der Legende nach verführte Henri de Navarre, der spätere König Heinrich IV., der schon damals ein Frauenheld war, 1590 die Äbtissin des Klosters, Claude de Beauvilliers, während der Belagerung von Paris, die er von seiner Garnison auf dem Montmartre aus leitete. Die Offiziere folgten seinem schlechten Beispiel – was zur Folge hatte, dass man noch lange Zeit vom »Bordell der Armee auf dem Hügel« sprach. Claude, in Liebe zu ihm entbrannt, folgte Heinrich nach Senlis, wo sie ihn – rein aus Naivität – mit ihrem hübschen Cousin bekannt machte. Mit eben diesem durchgebrannt zu sein, wurde Heinrich bald darauf vorgeworfen; als Wiedergutmachung versprach er Claude einen Posten in einer anderen Abtei.

Beherrscht wird der Platz von der Kirche St-l'Évangéliste, die 1904 als erstes Gotteshaus mit Streben aus Eisen gebaut wurde, ein graziles Bauwerk mit schmalen Pfeilern und Jugendstil-Blumenornamenten. Die Erbauer verkleideten das Gebäude mit roten Ziegeln, was der Kirche den Spitznamen St-Jean des Briques einbrachte.

202 C2 ✉ place des Abbesses, 75018 Ⓜ Abbesses

5 Bateau-Lavoir

In dieser alten Klavierfabrik hauste – unter recht primitiven Umständen – einst eine Malerkolonie, unter ihnen Picasso, Modigliani, Van Dongen und Juan Gris. Der Heimatdichter Max Jacob prägte den Namen Bateaux-Lavoir, Boots-Waschhaus – die Ateliers erinnerten ihn an ein altes Boot mit abblätternden Farben, das einer gründlichen Überholung bedürfe. Um die Jahrhundertwende machten hier Picasso und Braque ihre ersten Versuche in Richtung Kubismus. Das ursprüngliche Bateau-Lavoir brannte 1970 ab und wurde dann durch ein kleines, hässliches Metallgebäude ersetzt (für den Publikumsverkehr geschlossen), in dem sich noch heute Kunsthandwerk-Studios befinden.

202 C2 ✉ 13, place Emile-Goudeau, 75018 Ⓜ Abbesses

So kommen Sie herum

Statt die hügeligen Straßen von Montmartre mühsam zu Fuß zu bewältigen – warum nicht den **Montmartrain** nehmen? Diese Minibahn passiert auf einer geführten Rundfahrt von 40 Minuten Dauer die meisten Sehenswürdigkeiten. Es ist ein Spaß für die ganze Familie (und eine gute Alternative, wenn Sie wenig Zeit haben). Abfahrt vom Place Pigalle, Endstation nahe dem Place du Parvis du Sacré-Cœur (Tel. 01 48 00 90 80, April–Okt. 10–19 Uhr im 30-Minuten-Takt, Nov.–März 10–17 Uhr stündlich, €€, auch einfache Fahrt von der Place Pigalle zu Sacré-Cœur). Oder Sie nehmen den **Montmartrebus** von RATP, der größten Pariser Busgesellschaft, der alle 15 Min. (7.50–19.50 Uhr) eine Rundstrecke um La Butte abfährt – Karten mit den Stationen sind erhältlich. Für ihn gilt das Metro-Ticket (ein Ticket pro Fahrt).

6 Moulin de la Galette
Die eine der beiden erhaltenen Windmühlen vom Montmartre stammt aus dem Jahr 1622 und war zur Zeit der Bohème Cabaret und Tanzgarten. Hier verkehrten van Gogh, Utrillo, Toulouse-Lautrec – und nicht zuletzt Renoir: Von ihm stammt das berühmte Gemälde *Bal du Moulin de la Galette* (jetzt im Musée d'Orsay, ➤ 54ff). Die Kosaken sollen 1814 einen der Inhaber der Mühle, der den Montmartre mit der Waffe verteidigt hatte, an die Windmühlenflügel gefesselt und grausam ermordet haben; seiner Witwe blieb nur, die sterblichen Überreste in einem Sack zu sammeln und sie zum Friedhof zu bringen. Der Sohn machte um 1860 aus der Mühle den berühmten Tanzgarten und nannte ihn nach den hier gebackenen Kuchen Moulin de la Galette. Ganz in der Nähe, an der Ecke Rue Lépic und Rue Girardon, krönt die andere Windmühle, die Moulin Radet, ein Lokal, das nach der Moulin de la Galette benannt ist.

202 C3 rue Tholozé, 75018
in Privatbesitz Abbesses

8 Espace Montmartre Salvador Dalí
Hier sind über 300 teils recht unbekannte Gemälde, Lithografien und

Auf dem kleinen Place du Tertre drängeln sich Straßenkünstler und Touristen

Plastiken des extravaganten Katalanen und weltberühmten Surrealisten Salvador Dalí ausgestellt. In dem kleinen Museum mit seinen schwarzen Wänden fühlt der Besucher sich in eine wirklich surrealistische Welt versetzt. Nach Paris zog Dalí in den späten Zwanzigerjahren.

202 C3 9–11, rue Poulbot, 75018
01 42 64 40 10
tägl. 10–18.30 (Juli, Aug. 21.30) Uhr
Abbesses
€€

9 Place du Tertre
Wenn Sie auf einen quadratischen Platz treffen, auf dem sich unter Bäumen Zeichner und Maler sowie Scharen von Touristen drängeln und eifrig mit Angeboten für Ihr Porträt überbieten, wobei das Aroma frisch zubereiteten Kaffees in der Luft liegt, dann sind Sie auf dem von Cafés überquellenden Place du Tertre, wo das Herz des Montmartre am lautesten schlägt. Leider sind die Cafés aber alle teuer und mittelmäßig. Im Winter wirkt dieser Platz auf einem kleinen Hügel (das bedeutet *tertre*) aus dem 18. Jahrhundert noch ruhig und dörflich; zu jeder anderen Zeit jedoch ist er ein hektischer Sam-

melpunkt von Touristenmassen, ein Ort, wo Sie, umgeben von Porträtisten, die Sie gegen klingende Münze abbilden wollen, überteuert essen und trinken. Wenn Sie kein Porträt wollen, bleiben Sie hart – selbstverständlich müssen Sie ein nicht gewünschtes Bild auch nicht bezahlen!

An einer Ecke des Platzes (Nr. 6) liegt das Bistro La Mère Catherine (Tel. 01 46 06 32 69) aus der Zeit Napoleons, – eine Lieblingskneipe russischer Besatzungssoldaten, die hier 1814 ungeduldig auf die Tische hauten, um die Bedienung zur Eile anzutreiben. Dazu riefen sie *bistro* (schnell). So entstand diese Bezeichnung für einfache Esslokale. Heute ist dies eines der wenigen Lokale, wo Sie den Wein des Montmartre probieren können.

202 C3 place du Tertre, 75018
Abbesses

11 Musée de Vieux Montmartre

Dieses historische Museum, auf pittoreskem Grund mit Blick auf den Weinberg Clos de Montmartre (➤ 148) gelegen, ist im ältesten Gebäude vom La Butte (errichtet 1650) untergebracht. Um die Jahrhundertwende war dies die Adresse einer Gruppe berühmter Kabarettisten, Schriftsteller und Maler, darunter Dufy, Utrillo und Renoir. Der Besucher kann sich anhand von Modellen, Drucken, Plakaten und Gemälden eine Vorstellung vom Leben in dieser Zeit der Bohème machen. Beachten Sie auch die Rekonstruktion des Café de l'Abreuvoir und des Arbeitszimmers des Komponisten Gustave Charpentier.

202 C3 12, rue Cortot, 75018
01 46 06 61 11 Di–So 10–12.30, 13.30–18 Uhr
Lamarck-Caulaincourt/Abesses €

12 Au Lapin Agile

Dieses alte Cabaret liegt idyllisch, in direkter Nachbarschaft zum Weinberg von Montmartre. Es öffnete 1860 als Cabaret des Assassins, weil irgendwann einmal eine Mörderbande den Sohn des Inhabers ermordet haben sollte. 1880 malte der Künstler André Gill als Firmenschild einen Hasen mit Querschleife, der dem Kochtopf entflieht; durch ein Wortspiel entstand so der Name des Cabaret: aus *lapin à Gill* wurde *lapin agile*.

1903 kaufte es der bekannte Sänger Aristide Bruant und machte es zu einem der beliebtesten Orte des Cabarets von Paris.

202 C3 22, rue des Saules, 75018
01 46 06 85 87
Di–So. 21.15–2 Uhr
Lamarck-Caulaincourt
€€€

Das Lapin Agile ist eines der bekanntesten Cabarets von Paris

Die spiegelartige Kugel der La Géode ist 36 Meter hoch und enthält eine 180°-Leinwand

Etwas außerhalb

La Villette

La Villette war viele Jahre lang ein großer Schlachthof und Viehmarkt, der ganz Paris belieferte. Mit der Verbreitung neuer Kühltechniken in den Sechzigerjahren wurden beide überflüssig. 1984 baute man auf dem 55 Hektar großen Gelände eine städtische Grünanlage mit einem spektakulären Technologiepark. Highlights dieses ganz außergewöhnlichen Ensembles sind die Cité des Sciences, ein großes, dynamisches Museum der Naturwissenschaften; Le Zénith, eine Halle für Popkonzerte; La Géode, ein stereoskopisches Rundkino; schließlich La Cité de la Musique, die das ehemalige Konservatorium, eine Konzerthalle sowie ein Museum für Musikinstrumente neben einer Reihe anderer Attraktionen umfasst.

Hauptattraktion aber ist zweifellos die Cité des Sciences et de l'Industrie, ein Technologiemuseum mit den Ausmaßen einer Kathedrale, das im größten der alten Schlachthäuser von La Villette untergebracht ist. In der Hauptabteilung des Museums (erste und zweite Etage), der so genannten Explora, kann der Besucher aktiv an wissenschaftlichen Experimenten teilnehmen. So kann er mit optischen Täuschungen arbeiten, mit einem Roboter plaudern, durch eine spezielle Mattscheibe einem 15 Meter entfernten Freund etwas zuflüstern, einen Flugsimulator bedienen, im Odorama bestimmte Gerüche erraten und die Entstehung von Special Effects in Filmen erleben. Im Erdgeschoss befindet sich die Cité des Enfants. In zwei Abteilungen (Drei- bis Fünf- sowie

Die Cité des Enfants: Technik zum Anfassen

Sechs- bis Zwölfjährige) werden hier Kinder spielerisch und mit von Hand zu bedienenden Displays mit Grundprinzipien der Naturwissenschaften vertraut gemacht. Auch im Park selbst warten viele Überraschungen: Irrgärten, ein Kanal und ein Dutzend rote, würfelförmige Gebäude mit Servicestationen für Kinder, Cafés und Informationsschalter. Man kann sogar in einem U-Boot umherklettern.

Höhepunkt für viele aber ist La Géode, eine gigantische spiegelnde Stahlmurmel, innen mit einer 180°-Film-Rundleinwand, deren atemberaubenden Spezialeffekten Sie sich nicht entziehen können.

201 außerhalb F5
Parc de la Villette
Musique: 01 44 84 44 84; www.cite-musique.fr; Sciences: 01 40 05 12 12; www.cite-sciences.fr Musique: Di–So 12–18 Uhr; Sciences: Di–So 10–18 Uhr
verschiedene Cafés (€–€€)
Porte de la Villette €€

Einer der dreizehn Einzelmärkte am Marché aux Puces von St-Ouen

Marché aux Puces de St-Ouen

Wenn Händler sich hier ansiedelten, sparten sie einst die Steuern der Stadt. Die Nähe der Tanzlokale von Montmartre wirkte sich auf den Altkleiderhandel günstig aus.

Der heutige Flohmarkt bedeckt eine Fläche von sieben Hektar und ist der wohl größte in Europa. Die etwa 2000 Stände sind in dreizehn Einzelmärkte aufgeteilt, wo es einfach alles gibt. Nur ein paar Beispiele: Altkleider, Trödel aller Art, teure Antiquitäten, gefälschte Chanel-Handtaschen und und und können Sie hier erstehen. Achten Sie auf Ihre persönlichen Sachen – und feilschen Sie um den Preis.

202 außerhalb D3
Straßen um die rue des Rosiers, 75018
Sa–Mo 9.30–18 Uhr
Porte de Clignancourt

Eine Open-Air-Galerie

In der Reisesaison ist ganz Montmartre eine einzige Kunstgalerie, **überall hängen oder stehen Gemälde**, überall können Sie Künstlern über die Schulter schauen. Wenn Sie sich selber einmal ans Malen heranwagen wollen, gehen Sie zum Musée d'Art Naif (Museum für Naive Kunst) nahe der Abfahrtsstelle der Zahnradbahn. Hier gibt es Malworkshops (auch für Kinder).

Wohin zum …
Essen und Trinken?

Preise
Sie zahlen pro Person ohne Getränke
€ unter 25 Euro €€ 25–50 Euro €€€ 50–100 Euro €€€€ über 100 Euro

Au Pied du Sacré-Cœur €€

Der Name dieses Restaurants, das traditionelle französische Küche serviert, ist absolut zutreffend: Es liegt zu Füßen des Wahrzeichens von Montmartre, der Sacré-Cœur. Wählen Sie z. B. Gerichte wie Kaninchenterrine mit Rosinen und Cognac oder die Spezialität des Hauses, *foie gras* mit Aceto Balsamico. Das Ambiente ist elegant; im Sommer können Sie Ihr Essen im Freien auf der Terrasse einnehmen.

202 D3
85, rue Lamarck, 75018
01 46 06 15 26; www.aupieddu-sacrecoeur.free.fr
Di–So 12–15, 19–24 Uhr
Lamarck-Caulaincourt

Beauvilliers €€€

Dieses blumengeschmückte Restaurant ist eine Institution auf dem Montmartre – mit seinem Mobiliar aus dem 19. Jahrhundert, Spiegeln in Goldrahmen, Ölgemälden und Kristallleuchtern hat es eine romantische Atmosphäre. Der Inhaber und Chefkoch bietet traditionelle Küche. Im Sommer kann man auf der Terrasse speisen.

202 C3 52, rue Lamarck, 75018
01 42 54 54 42
12.30–14, 19.30–22.30 Uhr; So, Mo Mittag geschl.
Lamarck-Caulaincourt

Brasserie Wepler €€

Hier kombiniert Wepler Tradition und Ambiente des späten 19. Jahrhunderts mit solidem, klassischem französischem Essen – darunter eine fantastische Merresfrüchte-Platte. Besonders zu empfehlen sind die Austern, die aber nicht die einzige Spezialität sind: Es gibt auch eine leckere französische Zwiebelsuppe, eine gute *bouillabaisse*, Entenleberpastete, *choucroute* (Sauerkraut), Steak Tartare und Filet vom Grill. Auch die Köstlichkeiten zum Nachtisch sind nicht zu verachten: gefrorenes Nougat, Schokoladengebäck.

202 A2
14, place de Clichy, 75018
01 45 22 53 24 tägl. 12–1 Uhr
Place de Clichy

Chez Toinette €

Es gibt nur einen Wermutstropfen: dass mittags nicht geöffnet ist. Doch die exzellenten Abendessen bei Kerzenlicht lohnen das Warten. Carpaccio mit Muskatnuss gewürzt ist die Spezialität unter den Vorspeisen, während die meisten Hauptgerichte südlich angehaucht sind, egal ob Fisch, Fleisch oder Wild. Die Hausweine sind ansprechend und preiswert, doch der Höhepunkt ist wohl das Dessert mit Obstkuchen. Keine Kreditkarten; vor allem freitags und samstags sollten Sie reservieren.

202 C2
20, rue Germain Pilon, 75018
01 42 54 44 36
Di–Sa 20–23 Uhr. geschl. Aug.
Abesses

La Galerie €

Abseits der Touristenströme auf dem Montmartre liegt dieses kleine gemütliche Restaurant mit farbenprächtigem Dekor an einer steilen, ruhigen Straße. Der Mittagstisch ist besonders preiswert und bietet guten Gegenwert, obwohl es abends noch ruhiger ist und Sie bei Kerzenschein gemütlich dinieren und etwa Meeresfrüchte genießen können, die generell leicht zubereitet und delikat sind. Als Vorspeise können Sie sich Carpaccio mit Muscheln in Ingwer und Limonen schmecken lassen, als Hauptgericht Fisch mit Pistaziencurry.

203 C3 16, rue Tholozé, 75018
01 42 59 25 76
19.30–23.30 Uhr; Aug. geschl.
Abbesses/Blanche

Aux Négociants €

Dies ist ein sehr einfach möbliertes Weinbistro mit halbrundem Tresen und nur etwa einem Dutzend Tischen, wo der Inhaber noch die alte Tradition fortsetzt, Ihnen nach Wunsch nur ein Glas Wein vorzusetzen. Die Küche besteht aus einfacher, aber vorzüglicher Hausmannskost mit Gerichten wie saftiges Brathähnchen.

202 D3
27, rue Lambert, 75018
01 46 06 15 11
Di–Fr 12–14.30, 20–22.30 Uhr; Mo Mittag, Sa, So, Aug., feiertags geschl.
Château Rouge

Au Poulbot Gourmet €€

Wandmalereien mit Landschaften vom alten Montmartre finden sich in diesem charmanten kleinen Restaurant – die reizende Einrichtung und eine Stuckdecke verstärken das stimmungsvolle Ambiente noch. Das ist der Ort für die ausgezeichnete Küche des Inhabers und Kochs Jean-Paul Langevin. Die raffiniert zusammengestellten Menüs – auch die nette Art ihrer Präsentation – lassen einem das Wasser im Munde zusammenlaufen. Die Karte wechselt zwei oder drei Mal im Jahr. Typische Gerichte sind Wildpastete, gebratene Ente mit jungen Rübchen, Lamm mit Haselnüssen in Thymiansauce und gefrorene Esskastanie als Nachtisch.

202 C3 39, rue Lamarck, 75018
01 46 06 86 00
12.30–14, 19.30–22 Uhr; So geschl. (außer Okt.–Mai mittags)
Lamarck-Caulaincourt

Au Rendezvous des Chauffeurs €

Dieses kleine Restaurant liegt an einer kleinen Straße gleich nördlich der Metro und parallel zur Rue Ordener. Einfaches, aber gut zubereitetes Essen zu sehr mäßigen Preisen und schlichte, unprätentiöse Einrichtung. Hausmannskost wie saftige Steaks mit fetten Frites, Nierenbraten, Bregenwurst und Steak Tartar sind sehr beliebt.

nicht auf dem Plan
11, rue des Portes-Blanches, 75018
01 42 64 04 17
12–14.30, 19.30–22.30 Uhr; Mi, Aug. und Do im Sommer geschl.
Marcadet-Poissonniers

Le Restaurant €

Hier hat sich Yves Peladeau mit seiner modernen und zeitgemäßen Küche eine treue Kundschaft erworben. Seine kreative Phantasie stellt ungewohnte Zutaten geschickt zusammen, er nutzt Kräuter und Gewürze, dazu die Erfahrungen der regionalen, der nordafrikanischen und der mediterranen Küche. Unbedingt probieren: die heiße Schokoladentorte.

202 C2
32, rue Véron, 75018
01 42 23 06 22
12–14.30, 19.30–22.30 Uhr
Blanche/Abbesses

Le Virage Lépic €

Dieses gemütliche Bistro in einer der typischsten Straßen des unteren Montmartre hat einige Tische im Freien, die ideal für Sommerabende sind. Das Essen ist immer ausgezeichnet. Die Weinkarte führt eine hervorragende Champagner-Hausmarke und sehr gute Clarets. Als Dessert empfehlen sich überbackene Birnen und andere Variationen bekannter Themen. Diese kulinarischen Attraktionen zusammen mit der legeren Atmosphäre und dem freundlichen Service führen dazu, dass man reservieren muss.

202 B3
61, rue Lépic, 75018
01 42 54 46 79
Mi–Mo 19–23.30 Uhr
Blanche/Abesses

Wohin zum ... Einkaufen?

Was das Einkaufen anbelangt, so ist Montmartre zuweilen eine Touristenfalle. Die besten Möglichkeiten bieten Discountläden wie Tandem und Tati.

Im Norden finden Sie den Flohmarkt **Marché aux Puces de St-Ouen** (➤ 157), wo man mit etwas Glück beim Feilschen ein Schnäppchen machen kann.

Tandem
- 20, rue Houdon, 75018
- 01 44 92 97 60
- So, Mo geschl.

Tati
- 4, boulevard de Rochechouart, 75018
- 01 55 29 50 00
- So geschl.
- Barbès-Rochechouart

Wohin zum ... Ausgehen?

Für Besucher mit nicht allzu schlechten Französisch-Kenntnissen ist ein Abend mit den *Chansonniers* (singende Kabarettisten) eine gute Wahl mit ihrem Mix aus populärer Musik und scharfzüngigem Cabaret. Hier wäre **Au Lapin Agile** (➤ 155) zu empfehlen.

Die bekannteste Adresse ist natürlich das **Moulin Rouge** (➤ 152), das es an Popularität sogar mit dem Eiffelturm aufnehmen kann. Das 1889 eröffnete Etablissement erlebt seit dem gleichnamigen Film mit Nicole Kidman eine Renaissance. Heutzutage richten sich die verschwenderisch ausgestatteten Produktionen in erster Linie nach dem Touristengeschmack.

Das **Cabaret Michou** mit seiner Kombination Cabaret/Abendessen und Vorführungen des draufgängerischen Michou ist sehr bekannt und allgemein beliebt.

Folies Pigalle ist ein Nachtclub, der typisch ist für den Pariser Rotlichtbezirk. Die Mittzwanziger sammeln sich hier bei House in einer stark aufgeheizten Atmosphäre.

Eine tolle Atmosphäre und Drinks zu vernünftigen Preisen kennzeichnen **Le Divan du Monde**. Dieser kleine Musikclub bietet Themennächte mit dem Schwerpunkt World Music. Am Freitag (23–6 Uhr) gibt es Live-Auftritte in einer lebhaften Zirkusatmosphäre.

Au Lapin Agile
- 22, rue des Saules, 75018
- 01 46 06 85 87 · 21–2 Uhr; Mo geschl.
- Lamarck-Caulaincourt

Le Bal du Moulin Rouge
- 82, boulevard de Clichy, 75018
- 01 53 09 82 82
- tägl. Show 21 und 23 Uhr · Blanche

Chez Michou
- 11, place Pigalle, 75009
- 01 48 78 65 25
- Di–Fr 0–6, Sa, So 0–12 Uhr
- Pigalle

Folies Pigalle
- 11, place Pigalle, 75009
- 01 48 78 65 25
- Di–Fr 0–6, Sa, So 0–12 Uhr
- Pigalle

Le Divan du Monde
- 75, rue des Martyrs
- 01 44 92 77 66 · 19–6 Uhr
- Pigalle

Ausflüge

Mitunter können einem selbst im schönen Paris der Lärm und die Hetze des Stadtlebens zu viel werden. Dann bietet die ruhige Umgebung der Île de France eine willkommene Abwechslung. Sie haben die Wahl zwischen vielen lohnenden und interessanten Zielen, die alle bequem zu erreichen sind.

Der Wechsel von französischer Hochkultur zum Kosmos des Disneyland Paris ist zwar extrem, aber – zumindest für Kinder – sehr spannend. Wenn Sie etwas weniger Zeit haben, bietet sich ein halber Tag in Versailles (im Südwesten von Paris) an. Kaum zu glauben, dass dieser riesige Palast, als er endlich fertig war, für die 20 000 Adligen und Bediensteten im Gefolge des Königs zu klein gewesen sein soll.

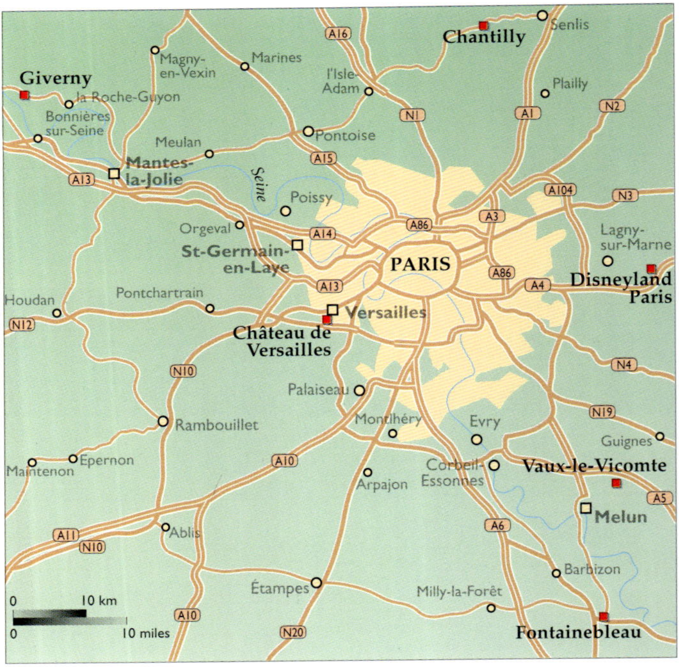

Wenn Ihre Zeit das zulässt, können Sie das märchenhafte Schloss von Chantilly oder – im früheren Jagdgebiet der Bourbonen – das Schloss Fontainebleau besuchen. In der Nähe liegt auch das Schloss, das als Vorbild für Versailles diente: Vaux-le-Vicomte. Garten- und Kunstliebhaber pilgern gern zum westlich von Paris an der Seine gelegenen Giverny, um die berühmten Gärten zu sehen, wo der Maler Claude Monet wohnte.

Vorhergehende Seite: der Pomp des Absolutismus – das Schlafzimmer der Königin in Versailles

Giverny

Achtzig Kilometer nordwestlich von Paris liegt dieses malerische Dorf an der Seine. Im am meisten besuchten Ort der Normandie sieht man das Haus von Claude Monet, vor allem aber den berühmtesten Seerosenteich der Welt – das Modell für den bekannten Gemäldezyklus des Impressionismus.

Monet zog 1883 von dem nahen Argenteuil, einem Vorort von Paris, in dieses kleine rosa Haus mit grünen Fensterläden, nachdem er das Dorf eines Tages von den Fenstern des örtlichen Zuges aus gesehen hatte. Es war Liebe auf den ersten Blick – dort wollte er wohnen! Zunächst mietete er das Haus, als er aber bekannter und mit dem Verkauf seiner Gemälde auch wohlhabender wurde, war er in der Lage, es für 22 000 Francs zu kaufen. Dann legte er die berühmten Gärten an, die viele seiner Zeitgenossen für sein größtes Meisterwerk hielten.

Rechts: Claude Monet in Giverny

Unten: Diese Gärten waren für Monet in seinen letzten Jahren Hauptquelle künstlerischer Inspiration

✉ 24, rue Claude Monet, 27620 Giverny ☎ 02 32 51 28 21; www.fondation-monet.com ⌚ April–Okt. Di–So 9.30–18 Uhr (auch Oster- und Pfingstmontag); Mo geschl. Haus und Gärten: €€; nur Gärten:

Monets japanischer Garten

Später kaufte Monet noch ein Grundstück unterhalb des größten Gartens am Ufer des Flüsschens Epte. Dort schuf er den bekannten **Wassergarten** mit den Seerosenteichen und einer von Glyzinien umrankten japanischen Brücke. Auch wenn die vielen Besucher sich gegenseitig fast auf die Füße treten – der Garten verliert nie seine Magie; man meint, die Präsenz des großen alten Meisters des Impressionismus bei der Arbeit an seinen großen Leinwänden voller Blumenmotiven zu spüren. Eine seiner stehenden Redensarten war: »Ich tauge nur zum Malen und zur Gärtnerei«.

Um den Hauptgarten, den **Clos Normand,** kümmern sich heute zwölf Gärtner. Er sieht noch aus wie zu Monets Zeiten: eine hinreißende, je nach Jahreszeit wechselnde Farbpalette – in jedem Monat dominiert eine andere Farbe wie auch im makellos gepflegten Haus in den verschiedenen Zimmern. Das Esszimmer ist in strahlendem Gelb gehalten, die Küche in kühlem Blau, an den Wänden hängen japanische Drucke. Nur einen Steinwurf entfernt, liegt Monets **Atelier**, wo der Künstler trotz schwindender Sehkraft seinen Seerosen-Zyklus *Décoration des Nymphéas* gemalt hat. Das Studio wurde restauriert; an den Wänden hängen Reproduktionen der bekanntesten Gemälde des Künstlers.

GIVERNY: INSIDER-INFO

Top-Tipps: Kommen Sie wenigstens eine **halbe Stunde vor Öffnung der Gärten,** um vor den Besuchermassen dort zu sein, die alle nur ein Ziel haben: mit der Kamera ihre persönliche Impression der Seerosen vor die Linse zu bekommen.
• Im **Mai und Juni** sind die Gärten auf dem Höhepunkt der Perfektion. Dann blühen Rhododendren und Glyzinien.

Geheimtipp: Wenn Sie Zeit haben, besuchen Sie das moderne **Musée Americain,** das den großen Einfluss des französischen Impressionismus auf die amerikanische Malerei zeigt. Künstler wie Cassat, Whistler, Robinson und Sargent suchten hier bis zum Ausbruch des Ersten Weltkriegs Inspiration (99, rue Claude Monet, Tel. 02 32 51 94 65, geöffnet März–Nov. Di–So 10–18 Uhr, €€).

Wie man hinkommt: Züge fahren vom **Gare St-Lazare** in 50 Minuten bis Vernon (Bahnauskunft 08 92 35 35 35). Dort nehmen Sie einen Bus oder ein Taxi nach Giverny oder leihen ein Fahrrad am Bahnhof für die sechs Kilometer bis Giverny.

Versailles

Der Besuch des Schlosses von Versailles – 23 Kilometer südwestlich der Stadt – gehört einfach zu einer Parisreise. Die Pracht dieser Anlage geht auf den Willen eines einzigen Mannes zurück: Der Sonnenkönig Ludwig XIV. wollte seine absolute Macht über die Grenzen Frankreichs hinaus aller Welt zeigen und sich selbst ein Denkmal setzen. Auf dem Höhepunkt seines Ruhms schuf er diesen gigantischen Palast, einen der größten Schätze Frankreichs.

Schon im zweiten Jahrzehnt seiner 72 Jahre währenden Herrschaft entschloss er sich, das bescheidene Jagdschlösschen seines Vaters in einen Palast für 20 000 Höflinge und Bedienstete zu verwandeln. Die Aufträge gingen an die größten Künstler und Architekten seiner Epoche: Louis Le Vau und Jules Hardouin-Mansart entwarfen die Gebäude, Charles Le Brun das Interieur und André Le Nôtre die Gärten. Ganze Hügel wurden abgetragen, Sümpfe ausgetrocknet und Wälder verlegt – alles mit dem Ziel, den prächtigsten Garten der Welt zu schaffen. Über 30 000 Arbeiter schufteten 50 Jahre lang an diesem Werk. Es wurden keine Kosten gescheut.

Schloss Versailles, der größte Palast Europas

Das Schloss wurde zum Zentrum der politischen Macht in Frankreich. Die Könige residierten hier von 1682 bis 1789, als

---

✉ 78000 Versailles ☎ 01 30 93 78 00; www.chateauversailles.fr
Grands Appartements: Di–So 9–17.30 (April–Okt. bis 18.30) Uhr, Grand Trianon und Petit Trianon: April–Okt. tägl. 12–18.30, Nov.–März Di–Fr 12–17.30 Uhr (letzter Einlass 30 Min. vor Schließung), Gärten: tägl. 9 Uhr bis Sonnenuntergang
Palast €€€, Grand und Petit Trianon €€ (von Okt.–März in Versailles am ersten Sonntag im Monat frei); Gärten: € März–Okt., Nov.–Feb. frei

Gewaltige Brunnen

Das Riesengelände von hundert Hektar ist genauso prachtvoll und überlegt geplant wie das Innere des Schlosses. Überall stößt man auf Marmorhöfe, Kolonnaden, Urnen, Skulpturen, eine Orangerie, künstliche Seen und Teiche in allen Größen zwischen samtenem Rasen und bunten Blumenbeeten. Den spektakulärsten Eindruck machen die Brunnenanlagen, die an Sonntagnachmittagen (im Sommer auch an Samstagen, zu besonderen Anlässen mit Musik und Feuerwerk) zum Leben erweckt werden. Beachten Sie vor allem den Neptunbrunnen mit seinen Drachen und Cherubinen und den Apollobrunnen, aus dessen Wasserfluten der Sonnengott, umringt von Seeungeheuern, in seinem Wagen emporsteigt.

Oben: der Bacchusbrunnen

Ein Liebhaber französischer Kultur: Friedrich der Große

revolutionäre Massen den Palast stürmten, die Wachen niedermachten, sich des verhassten Königspaars bemächtigten und es nach Paris – und schließlich unter die Guillotine – schleppten.

Die riesige Palastanlage hat **vier Hauptteile:** das Schloss selbst mit seinen unzähligen Flügeln, großen Sälen und Schlafgemächern, die ausgedehnten Gärten und die zwei kleineren Schlösser – das Grand Trianon und das Petit Trianon.

Obwohl ein Großteil des Mobiliars in der Revolution verschwand, ist am eigentlichen Inneren des Schlosses seit dem Bau erstaunlich wenig verändert worden. Die am häufigsten besuchten Teile sind die **Grands Appartements** im Erdgeschoss. Hier befinden sich die königlichen Schlafgemächer und der Spiegelsaal (Galerie des Glaces). Diese Galerie mit 17 riesigen Spiegeln auf der einen und hohen Bogenfenstern auf der anderen Seite war oft Schauplatz von Staatsakten: Am 18. Januar 1871 wurde hier das Deutsche Kaiserreich ausgeru-

Treffpunkt der Mächtigen der Welt: der Spiegelsaal

fen, 1919 fand in diesem Saal die Unterzeichnung des Vertrags statt, der den Ersten Weltkrieg offiziell beendete. Im Nordflügel liegt Mansarts prächtige **Chapelle Royale** und die **Oper**, die erst 1770 zur Hochzeit Ludwigs XVI. mit Marie-Antoinette von Habsburg fertig wurde. Aus finanziellen Gründen ist das, was wie Marmor aussieht, in Wirklichkeit bemaltes Holz!

VERSAILLES: INSIDER-INFO

Top-Tipps: Zur Vermeidung der Warteschlangen kommen Sie ganz früh oder gegen 15.30 bis 16 Uhr. Mit einer **Carte Musées et Monuments** (➤ 36) können Sie gleich zum Eingang B 2 gehen.

- Am Eingang gibt es einen **Übersichtsplan der Gesamtanlage.**
- Da Sie nicht alles an einem Tag sehen können, sollten Sie sich – falls Sie zum ersten Mal hier sind – ruhig auf die **Grands Appartements** konzentrieren. Es gibt auch hier Führungen in mehreren Sprachen.
- Allein die Gärten sind schon ein **großartiges Erlebnis**. Machen Sie ein schönes Picknick zwischen Statuen, Wasserspielen und alten Bäumen.
- Bringen Sie sich Ihren Imbiss mit.

Muss nicht sein! Nach dem Besuch des großen Schlosses müssen Sie – wenn die Zeit knapp wird – die beiden **Trianons** nicht unbedingt auch noch sehen.

Geheimtipp: Das romantische **Hameau de la Reine,** ein künstliches Bauernhaus, in dem Marie-Antoinette gern Landleben spielte, steht in reizvollem Kontrast zur Staatsarchitektur von Versailles. Von der Nordseite des Schlosses fährt dorthin eine Straßenbahn.

Wie man hinkommt: RER (Linie C) nach Versailles-Rive Gauche (Fahrzeit etwa 35 Minuten, Fahrkarte Zone 1–5) oder mit der **Bahn** vom Gare Montparnasse zum Gare des Chantiers (etwa alle 15 Minuten), oder Sie nehmen den Zug vom Gare St-Lazare über La Défense zum Gare Rive Droite (Fahrzeit etwa 35 Minuten). Von allen drei Bahnhöfen ist die Schlossanlage leicht zu Fuß zu erreichen.

Chantilly

Echte Gourmets denken bei dem Namen Chantilly – es liegt 48 Kilometer nördlich von Paris – an frische Schlagsahne, die es in guten Restaurants überall in der Welt gibt: die *crème chantilly*. Hier hat sich sogar einmal ein berühmter Koch namens Vatel das Leben genommen, weil der für Ludwig XIV. bestimmte Fisch zu spät eintraf.

Heutige Besucher wollen das (allerdings etwas überzogen restaurierte) Renaissanceschloss sehen – vor allem die umfangreiche Kunstsammlung (mit Werken von Corot, Delacroix, Ingres und Raffael) und die prächtigen Pferdeställe aus dem 17. Jahrhundert. Hier befindet sich das Musée Vivant du Cheval mit eindrucksvollen Dressurvorführungen. Sehr bekannt ist auch die Pferdezucht von Chantilly.

Im Pferdemuseum

☎ Château: 03 44 62 62 62, Musée Vivant du Cheval: 03 44 57 40 40 🕓 Château: März–Okt. Mi–Mo 10–18, Nov.–Feb. Mi–Mo 10.30–12.45, 14–17 Uhr, Pferdemuseum: April–Okt. Mi–Mo 10.30–17.30 (und manche Di), Nov.–März Mi–Fr, Mo 14–17, Sa, So 10.30–17.30 Uhr ✋ Château: €€, Pferdemuseum: €€€ 🚆 zahlreiche Züge vom Gare du Nord nach Chantilly-Gouvieux; die Reise dauert 30–45 Minuten, und vom Bahnhof müssen Sie noch drei Kilometer zu Fuß bis zum Schloss gehen oder ein Taxi oder den (seltenen) Bus nehmen

Disneyland Paris

Nach einem finanziellen Fehlstart im Jahr 1992 mauserte sich dieser Freizeitpark zum Publikumsschlager erster Ordnung. Er ist zwar nicht ganz billig, aber für Kinder ein absoluter Hit. Big Thunder Railroad, die Indiana-Jones-Tempel und der Weltraumberg begeistern die größeren, Peter Pan und die Fahrt in der Teetasse die kleineren Kinder. Überall gibt es amerikanische Restaurants, Läden und Paraden – ein Non-Stop-Vergnügen.

Meiden Sie Wochenenden und den frühen Vormittag: Dann ist der Ansturm am größten.

✉ 77777 Marne-la-Vallée
☎ 01 60 30 60 30 🕓 Die Zeiten ändern sich je nach Jahreszeit; erfragen Sie per Telefon die gültigen Zeiten ✋ €€€ (günstig ist die 2- oder 3-Tageskarte) 🚆 RER (Linie A) 50 Minuten bis Marne-la-Vallée/Chessy; der Eingang zu Dineyland liegt 100 m vom Bahnhof

Fontainebleau

Wenn Sie die Menschenmenge in Versailles fürchten, nehmen Sie lieber mit Fontainebleau vorlieb. Es ist auch beeindruckend und erstaunlicherweise weit weniger besucht.

Das Schloss liegt 65 Kilometer südöstlich von Paris und war einst eine mitten im tiefen Wald liegende königliche Jagdhütte mit einem geschmückten Brunnen (daher der Name). Der Wald von Fontainebleau war das Jagdgebiet einer langen Reihe französischer Könige. Erst Franz I. machte aus der Jagdhütte das heute bekannte Renaissanceschloss, eine der größten ehe-

Gegenüberliegende Seite: Chantilly – berühmt für Schloss und Sahne

Ehemalige königliche Residenz: Schloss Fontainebleau

maligen königlichen Residenzen mit 1900 Räumen, die alle auf das Feinste ausgestattet sind. Auch der makellos gepflegte Garten ist sehenswert.

☎ 01 60 71 50 70
Château: Juni–Sept. tägl. 9.30–18, Okt.–April 9.30–17 Uhr, Gärten Mai–Sept. 9–19 Uhr; März, April, Okt. 9–18 Uhr; Nov.–Feb. 9–17 Uhr; 1. Jan., 1. Mai, 25. Dez. geschl. €€€
Züge (Fahrtzeit rund 60 Min.) etwa im Stundentakt vom Gare de Lyon in Richtung Fontainebleau-Avon; dann Bus A vom Bahnhof zum Schloss

Vaux-le-Vicomte

Das Vorbild für Versailles liegt fünfzig Kilometer südöstlich von Paris und wurde 1656 vom rücksichtslosen und ehrgeizigen Finanzminister Ludwigs XIV., Nicolas Fouquet, erbaut. Es war bereits nach fünf Jahren fertig; die Meister der Künste und des Handwerks, darunter Le Brun, Le Vau und Le Nôtre, hatten ihr Bestes gegeben. Dieser Aufwand erwies sich leider als Grund für den tiefen Fall des Ministers: Nach der festlichen Einweihung fühlte sich der König von Fouquet in puncto Prachtentfaltung übertroffen, schäumte vor Wut und ließ ihn wegen angeblicher Unterschlagungen bis zu dessen Tod 1680 im Gefängnis schmachten.

Wenn möglich, sollten Sie an einer der gelegentlich stattfindenden Besichtigungen des sorgfältig restaurierten Inneren bei Kerzenschimmer teilnehmen. Die Gärten mit ihren geschmückten Terrassen, Rasenflächen, Springbrunnen und Statuen sind eine Augenweide. Zur Besichtigung der Anlagen können Sie sich elektrische Miniautos leihen.

☎ 01 64 14 41 90; www.vaux-le-vicomte.com
Interieur und Gärten: April–Anfang Nov. 10–18 Uhr (Wasserspiele der Brunnen 15–18 Uhr am 2. und letzten So im Monat); im Sommer: Besichtigung bei Kerzenlicht Sa abends
€€€
Zug vom Gare de Lyon bis Melun, dann Taxi (manchmal Shuttle-Bus)

Spaziergänge & Touren

1 AUF DER SEINE

Bootsfahrt

DAUER: 1 Stunde
BEGINN UND ENDE: Square du Vert-Galant, Pont Neuf ✚ 195 D5

Paris ist eine der wenigen Weltstädte, die man recht gut vom Fluss aus besichtigen kann. Tag und Nacht können Sie auf einer einstündigen Bootstour an vielen Sehenswürdigkeiten vorübergleiten und viele der berühmten Bauwerke und Brücken in neuem, zauberhaftem Licht erleben. Unser Weg folgt der Tour der Vedettes du Pont Neuf.

1–2

Sie fahren vom Square du Vert-Galant (unterhalb der Brücke Pont Neuf auf der Île de la Cité) in Richtung Westen unter dem Pont des Arts hindurch. Dies war die erste Eisenbrücke von Paris; sie wurde 1804 erbaut und 1986 neu errichtet. Manchmal stellen hier Bildhauer ihre Werke aus. Sie passieren auf der rechten Seite den **Louvre** (➤ 96ff), das größte Museum von Paris und jahrhundertelang die Residenz der Könige, unterqueren den Pont du Carrousel.

2–3

Hinter dem Pont Royal (den Ludwig XIV. dem Volk von Paris schenkte) sehen Sie auf der linken Seite das **Musée d'Orsay** (➤ 54ff), die bedeutendste Sammlung von Kunst aus der zweiten Hälfte des 19. Jahrhunderts.

3–4

Zwei Brücken weiter sehen wir den Pont de la Concorde aus dem Revolutionsjahr 1789 mit dem weiträumigen Place de la Concorde (auf dem einst die Guillotine stand), ein herausragendes Beispiel für ausgefeilte Stadtplanung im Paris des 18. Jahrhunderts. Der 3200 Jahre alte Obelisk aus Ägypten in der Mitte ist das älteste Bauwerk der Stadt. Auf der linken Seite sehen wir das aus dem 18. Jahrhundert stammende klassizistische Palais Bourbon, seit 1830 Sitz der französischen Nationalversammlung.

Paris bietet reizvolle Fotoperspektiven: Der Eiffelturm wirkt von der Seine aus am eindrucksvollsten

4–5

Jetzt kommt das Schmuckstück unter allen Brücken: der Pont Alexandre III. Er wurde zur Erinnerung an das französisch-russische Bündnis von 1893 nach Zar Alexander III. benannt; die prächtigen Kandelaber sind Kopien von Laternen der Trinitätsbrücke in St. Petersburg. Rechts und links am nördlichen Ufer stehen das Grand und das Petit Palais (➤ 110), beide im opulenten Stil der Belle Époque gebaut. Der Gegensatz zur klassischen Architektur der **Invaliden** (➤ 60f) am linken Ufer gegenüber ist deutlich sichtbar.

5–6

Zwei Brücken weiter steht ein steinerner Soldat am Mittelpfeiler des Pont d'Alma. An ihm misst man traditionellerweise den Wasserstand der Seine bei Sturmflut.

6–7

In der nächsten Biegung des Flusses wendet das Boot, von hier aus wirkt der **Eiffelturm** (➤ 50ff) recht gewaltig und bietet eine atemberaubende Perspektive zum Fotografieren. Erstaunlich, wie ausgewogen dieses überdimensionierte Bauwerk mit der Symmetrie des **Champ-de-Mars** (➤ 61) und den Terrassen des Trocadéro mit ihren vielen Bäumen am rechten Ufer harmoniert: Auch dies ist ein Beispiel für die genialen Planungen der Franzosen in dieser Stadt.

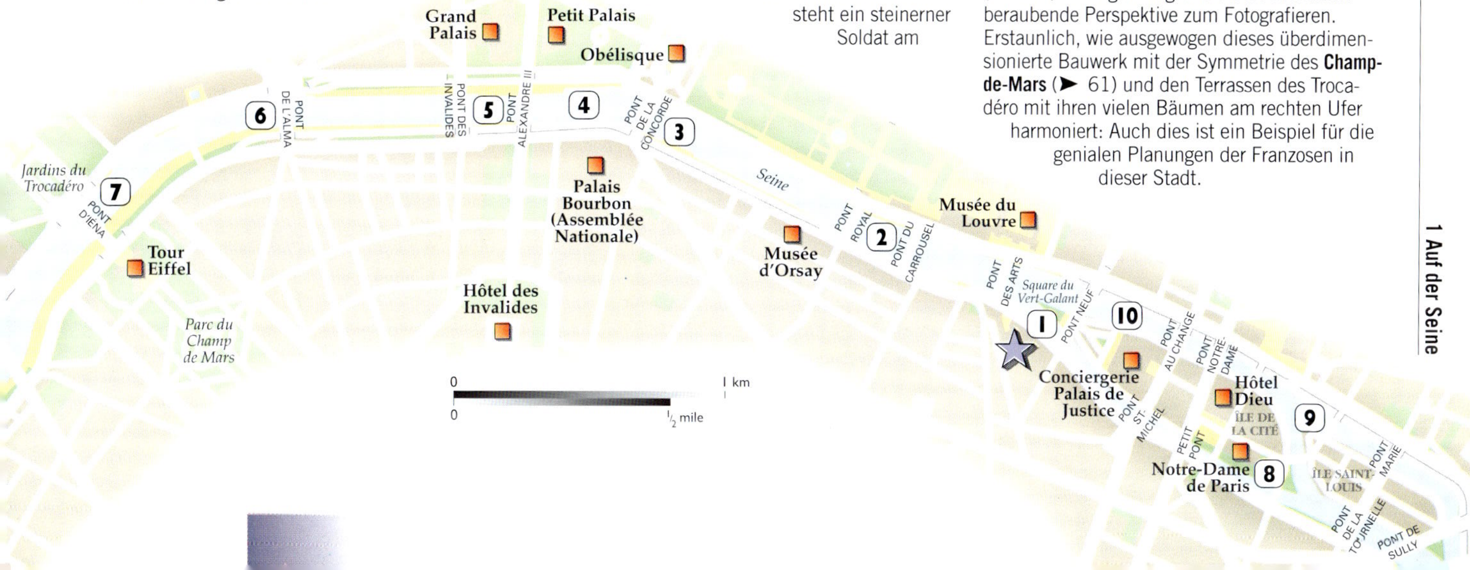

7–8
Hier wendet das Boot und fährt zur Île de la Cité zurück. Beachten Sie die vielen Boote und Kähne, die an den Kais vertäut sind. Manche dienen heute als Bars und Restaurants, andere sind Hausboote. Ihr Boot passiert die Île de la Cité rechts, fährt unter einigen Brücken hindurch – auch unter der kleinsten von Paris, dem Petit Pont mit nur 33 Metern Länge – und gleitet dann an der Kathedrale **Notre-Dame** (➤ 80ff) vorbei, einem der Höhepunkte der Fahrt.

8–9
Weiter östlich umfährt das Boot die ruhige **Île St-Louis** (➤ 84), von der sich alte Weidenzweige bis ins Wasser senken. Es fällt schwer, sich vorzustellen, dass diese Insel mit ihren eleganten Häuserfassaden einst sumpfige Einöde gewesen sein soll. Dazu der Dichter Pierre Corneille: »Die ganze Stadt, gebaut mit Pomp, wie wundersam wuchs sie aus schmutz'gen Wassergräben.« (*Le Menteur,* 1643)

9–10
Jetzt passiert das Boot die Nordseite der Île de la Cité, entlang an den imposanten Fassaden des Hôtel Dieu, des ältesten Krankenhauses von Paris und 1944 Schauplatz blutiger Kämpfe zwischen französischer Polizei und deutschen Truppen. Dann kommt das **Palais de Justice** (➤ 76) mit der ersten öffentlichen Uhr der Stadt, die noch nach sechs Jahrhunderten genau geht, und die mittelalterliche **Conciergerie** (➤ 76), der alte Königspalast, der später zum Gefängnis wurde.

10 bis zum Ausgangspunkt
Die letzte Brücke der Fahrt ist der majestätische **Pont Neuf**. Ausgerechnet die »Neue Brücke« ist jedoch die älteste der Stadt. Sie stammt aus dem 17. Jahrhundert und war die erste Brücke ohne Häuser. Die vielen Köpfe, die sie zieren, stellen Minister und Freunde des Bauherrn Heinrichs IV. dar – gleichsam seine Visitenkarte. Die Fahrt endet gleich hinter der Brücke am Ausgangspunkt, dem schönen **Square du Vert-Galant** (➤ 28).

Irreführender Name: Der Pont Neuf ist die älteste Brücke

Kleine Pause
An Bord gibt es eine kleine Snackbar und einen Geschenkeladen.

Wann?
Vedettes du Pont Neuf: Boote März –Okt. 10–18.30 und 21–22.30 Uhr alle halbe Stunde, Nov.–Feb. Mo–Do 10.30, 11.15, 12, 14, 14.45, 15.30, 16.15, 17, 17.45, 18.30, 20, 22 Uhr, Fr–So 10.30, 11.15, 12 Uhr, dann halbstündlich von 14–18.30 und 21–22.30 Uhr. Auskünfte unter Tel. 01 53 00 98 98.
Falls Sie romantische Abende mögen: Wie wär's mit einer abendlichen Fahrt? Alle Boote haben starke Scheinwerfer, so dass die Bauten im hellen Licht strahlen.

2 LE MARAIS

Spaziergang

LÄNGE: 3,5 Kilometer **DAUER:** 3 Stunden
BEGINN: Place de l'Hôtel de Ville 195 F5 **ENDE:** Place St-Gervais

Nach der Revolution verfiel dieses Adelsquartier mit seiner höfischen Vergangenheit immer mehr und war bis in die Fünfzigerjahre ein heruntergekommenes Armeleuteviertel. Dann wurde es neu entdeckt, und man restaurierte die Adelssitze; heute ist hier viel mehr vorrevolutionäre Architektur erhalten als in anderen Stadtteilen. Ein Spaziergang durch diese Straßen ist fast wie der Besuch eines großen Freilichtmuseums.

1–2

Ausgangspunkt ist der Platz vor dem Hôtel de Ville. Gehen Sie von der Nordostecke des Rathauses am BHV-Kaufhaus die Rue de Rivoli entlang in östlicher Richtung und biegen Sie an der nächsten Ecke links in die Rue des Archives ein. Auf der rechten Seite (Nr. 24) sehen Sie das kleine hellbraune, spätgotische **Cloître des Billettes** von 1427, das einzige erhaltene mittelalterliche Kloster der Stadt. Das **Maison Cœur** (Nr. 40) ist eines der ältesten Häuser von Paris. Gebaut hat es die Enkelin von Jaques Cœur, dem berühmten Finanzminister unter Karl VII., im 15. Jahrhundert.

Statuen aus dem 17. Jahrhundert auf dem Dach des Hôtel de Ville

2–3

Weiter auf der Rue des Archives bis zur Ecke der Rue des Francs-Bourgeois. Hier steht das kürzlich restaurierte **Hôtel de Soubise** aus dem frühen 18. Jahrhundert. Es beherbergt das Nationalarchiv und – in Rokoko-Räumen – das **Musée de l'Histoire de la France**, eine gute Einführung in die Geschichte des Landes (Tel. 01 40 27 60 96, geöffnet Mo, Mi–Fr 10–18.45, Sa, So 13.45–17.45 Uhr).

3–4

Biegen Sie rechts in die Rue des Francs-Bourgeois ein, deren Name sich von den im 14. Jahrhundert hier stehenden Armenhäusern für die von der Steuer befreite unterste Schicht der Gesellschaft ableitet. Gleich auf der rechten Seite (Nr.12) sehen Sie die Kirche **Notre-Dame-des-Blancs-Manteaux**, benannt nach den weißen Mänteln der hier seit 1258 wirkenden Augustiner. An der Kreuzung mit der Rue Vieille du Temple steht das **Hôtel Hérouet** mit seiner schmuckreichen spätgotischen Fassade. Die Rekonstruktion stammt aus dem 19. Jahrhundert.

4–5

Hier müssen Sie nach rechts in die Rue Vieille-du-Temple und danach links in die Rue des Rosiers einbiegen. Sie sind jetzt mitten im lebendigen jüdischen Viertel, dem so genannten **Pletzl,** wo eine Menge koschere Delikatessenläden und Restaurants auf Sie warten.

5–6

Kurz vor dem Ende der Rue des Rosiers biegen Sie links in die Rue Pavée ein. Der Name bedeutet »Pflasterstraße« – es war die erste der Stadt. An der Ecke zur Rue des Francs-Bourgeois steht das für die illegitime Tochter Heinrichs II., Diane de France, im Jahr 1585 erbaute **Hôtel de Lamoignon,** heute Sitz der **Bibliothèque Historique de la Ville de Paris.** Erst vom Hof aus gesehen, entfaltet dieses Palais seine ganze Pracht.

6–7

Wenden Sie sich nach links in die Rue des Francs-Bourgeois, in der Sie an vielen verlockenden Modeboutiquen und Designerläden vorbeikommen. Dennoch sollten Sie sich nicht von der Schönheit der Häuserfassaden ablenken lassen. Die erste Straße rechts, die Rue Elzévir, führt Sie zum kaum bekannten **Musée Cognacq-Jay** (Tel. 01 40 27 07 21, Di–So 10–17.40 Uhr) in dem das Ehepaar Ernest und Louise Cognacq – die Gründer des Kaufhauses La Samaritaine – in liebevoller Kleinarbeit Kunstgegenstände aus dem 18. Jahrhundert gesammelt haben.

Im Musée Carnavalet: Rekonstruktion eines Jugendstilhauses

7–8

Biegen Sie rechts in die von prächtigen, pastellfarbenen Palästen eingefasste Rue du Parc Royal ein, gehen Sie am kleinen Park Square L'Achille und wieder rechts in der Rue de Sévigné am Eingang des **Musée Carnavalet** (► 134) vorbei, einer Hommage an die Pariser Geschichte. Am Ende der Straße liegt die Kirche **St-Paul-St-Louis** (► 177).

8–9

Links geht es in die Rue des Francs-Bourgeois zum **Place des Vosges** (► 131), einem großartigen Platz mit Stadthäusern aus roten Ziegeln und mit gepflegten Rasenflächen und eleganten Springbrunnen (► 131). Verlassen Sie den Platz an der südwestlichen Ecke, und gehen Sie über den efeubehangenen Hof des **Hôtel de Sully,** eines stattlichen Palais, das sich der berüchtigte Glücksspieler Petit Thomas 1624 bauen ließ. Leider verlor dieser sein gesamtes Vermögen in einer einzigen Nacht. Heute residiert hier die **Centre des Monuments Nationaux (Monum)**, die für Erhalt und Pflege vieler historischer Denkmäler in Frankreich verantwortlich ist.

9–10

Biegen Sie rechts in die Rue St-Antoine ein. Sie war im Mittelalter der beliebteste Turnierplatz und diente als Eingangstor für offizielle Staatsbesuche. Heinrich II. wurde hier bei einem Festturnier tödlich verwundet. Heute verbindet diese Straße die Rue de Rivoli mit dem Bastilleplatz. Überqueren Sie die Rue St-Antoine und gehen Sie dann in westlicher Richtung an der imposanten Fassade von **St-Paul-St-Louis** vorbei. In dieser Jesuitenkirche aus dem 17. Jahrhundert befinden sich viele Kunstschätze, so etwa *Christus am Ölberg* von Delacroix.

10–11

Gehen Sie nun schräg links in die Rue François-Miron, eine der ersten Straßen, die man durch den Sumpf baute. Sie passieren einfache Läden und Fachwerkhäuser, bevor Sie zur Place St-Gervais mit ihrer **St-Gervais-St-Protais** kommen. Diese gotische Kirche mit der ältesten klassischen Fassade von Paris enthält immer noch die Orgel, auf der François Couperin seine zwei großen Messen komponiert hat.

An der Place St-Gervais an der Rückseite des **Hôtel de Ville**, des Rathauses, endet unser Spazierweg.

Kleine Pause

Hier herrscht ein Überangebot an Cafés, Bars und Restaurants, vor allem in der Rue des Francs-Bourgeois, der Rue des Rosiers und am Place des Vosges.

Wann?

Meiden Sie den Samstag (Sabbat), denn das jüdische Viertel wirkt dann ausgestorben.

3 ST-GERMAIN UND MONTPARNASSE

Spaziergang

LÄNGE: 3 Kilometer **DAUER:** 3 Stunden
BEGINN/ENDE: St-Germain-des-Prés 194 B5

Dieser erholsame Spaziergang führt Sie durch das Künstlerviertel der Rive Gauche, in die Gegend des Odéon und zum Jardin du Luxembourg. Sie erleben so die verschiedenen faszinierenden Gesichter des St-Germain-des-Prés.

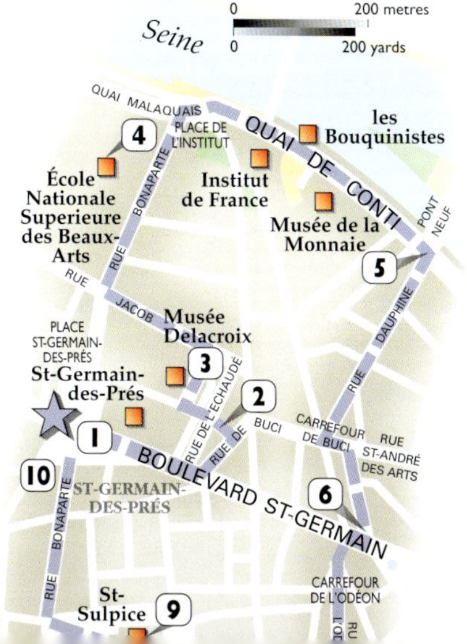

1–2

Starten Sie an der Kirche **St-Germain-des-Prés** (➤ 58f), und gehen Sie in östlicher Richtung auf dem Boulevard St-Germain entlang, bis Sie links in die **Rue de Buci** einbiegen. Hier wird der lebhafteste Lebensmittelmarkt der Stadt unter freiem Himmel abgehalten. Biegen Sie noch einmal links ab: in die Rue de Bourbon-le-Château.

2–3

Nachdem Sie die Rue de l'Échaudé und die Rue Cardinale mit ihren hübschen kleinen Boutiquen überquert haben und dann die Rue de l'Abbaye ein Stück hinuntergegangen sind, kommen Sie rechts in die Rue de Furstemberg. Namenspatron ist ein Abt des Klosters St-Germain aus dem 17. Jahrhundert, der spätere Kardinal Furstemberg. Die Straße führt direkt auf den puppenstubenhaften **Place Furstemberg** mit einem Baum, einer Laterne und einer Parkbank. In der linken Ecke liegt das Haus und Atelier des romantischen Malers Delacroix. Dort ist heute ein **Museum** (➤ 62).

3–4

Gehen Sie nun weiter bis zum Ende der Rue Furstemberg, biegen Sie links in die Rue Jacob und dann rechts in die Rue Bonaparte ein, so passieren Sie die berühmte **École des Beaux-Arts**. Hier haben Degas, Matisse, Monet und Renoir studiert.

4–5

Die Rue Bonaparte führt Sie jetzt hinunter zur Seine. Wenden Sie sich nach rechts und stöbern Sie am Seineufer ein wenig bei den ***bouquinistes*** (➤ 24). Schon vor dreihundert Jahren stapelten Buchhändler hier ihre Ware, die sie in Schubkarren herbeigeschafft hatten. Rechts sehen Sie zwei auffällige Gebäude: das **Institut de France**,

Sitz des illustren Kreises der Académie Française, die seit 1635 über die Reinheit der französischen Sprache wacht, und das **Musée de la Monnaie**, früher Münzprägeanstalt, heute ein Museum (Tel. 01 40 46 55 35, geöffnet Di–Fr 11–17.30, Sa, So 12–17.30 Uhr).

5–6
Am Pont Neuf wenden Sie sich nach rechts und gehen durch die Rue Dauphine zum Carrefour du Buci, von dort links in die Rue St-André-des-Arts und sofort wieder nach rechts in den **Cour du Commerce-St.André**. Hier legte man einst die Saat der Revolution: Aktivisten wie Marat (Nr. 8) und Danton (Nr. 20) wohnten hier. Sie trafen sich oft im **Le Procope** (➤ 15) mit dem Anatomieprofessor Dr. Guillotin, der die »humane« Hinrichtungsmaschine erfand; er wohnte in Nr. 9.

6–7
Die Passage mündet in den Boulevard St-Germain. Überqueren Sie ihn, gehen Sie über den Carrefour de l'Odéon und die Rue de l'Odéon hinauf auf das klassizistische **Nationaltheater Odéon** zu und links an ihm vorbei.

7–8
Wenn Sie nun die Rue de Médicis überqueren, kommen Sie in den idyllischen **Jardin du Luxembourg** (rechts, ➤ 63) – der Lieblingspark der Studenten und ein idealer Ort, um nach dem Stress der Großstadt etwas aufzutanken.

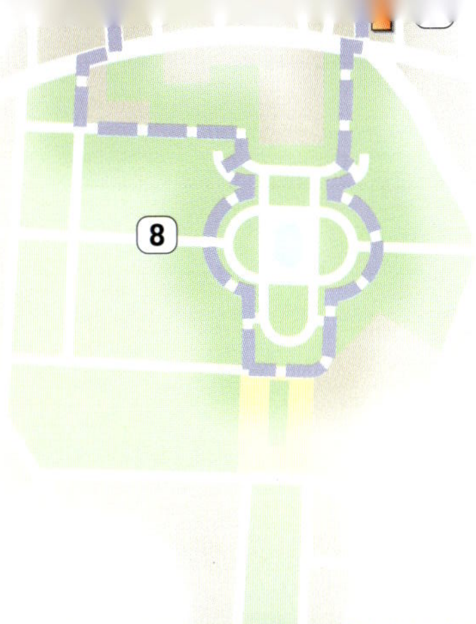

8–9
Verlassen Sie den Park durch den Ausgang an der Rue de Vaugirard. Gehen Sie zuerst nach rechts, dann aber sofort nach links in die Rue Férou zur Place St-Sulpice. Die schlichte klassizistische Kirche **St-Sulpice** kann sich rühmen, die größte Orgel Frankreichs und eindrucksvolle Fresken von Delacroix zu besitzen.

9–10
Vom Hauptportal der Kirche aus überqueren Sie den Platz und gehen rechts die Rue Bonaparte hinauf bis zur **Kirche St-Germain-des-Prés**, dem

Kleine Pause
Direkt an der Kirche liegt eines der bekanntesten Cafés von Paris, **Les Deux Magots** (➤ 15) – das sollte man jetzt ausnutzen.

Wann?
Am besten früh am Morgen, bevor der Markt an der Rue de Buci schließt.

4 MONTMARTRE
Rundgang

LÄNGE: 3 Kilometer **DAUER:** 2 1/2 – 3 Stunden
BEGINN: Place Blanche 202 B2
ENDE: Place des Abbesses 202 C2

Erleben Sie fast dörfliche Straßen mit Kopfsteinpflaster auf La Butte, dem historischen Hügel mitten in Paris. Ihnen begegnen alte Eisenlaternen an steilen Treppen, weiß gestrichene Häuschen mit kleinen Gärten, Cafés an verschwiegenen Plätzen – und nicht zuletzt die Basilika Sacré-Cœur. Kein Wunder, dass Generationen von Künstlern, Schriftstellern und Dichtern dieses Fleckchen Erde so geliebt haben.

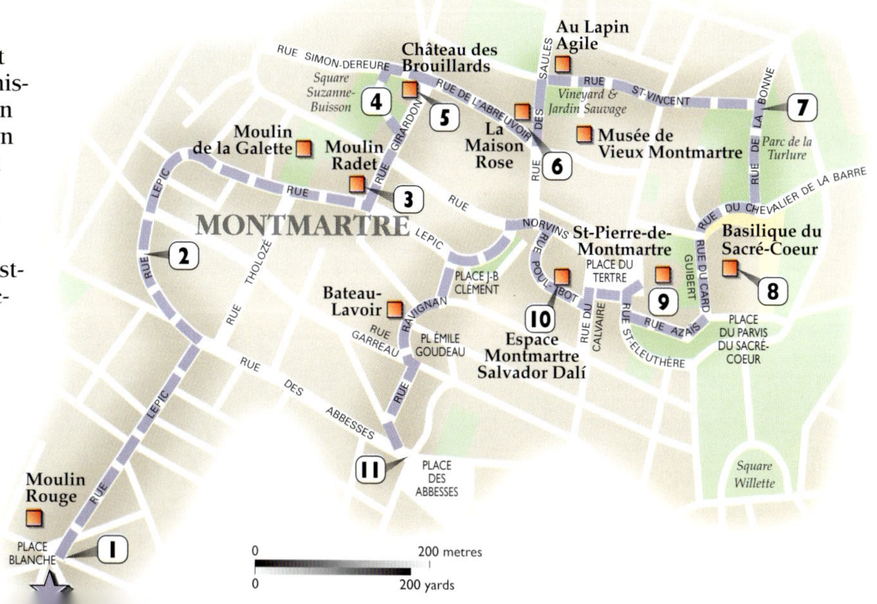

1–2

Vom Place Blanche führt der Weg auf der Rue Lepic an Cafés und Delikatessenläden vorbei auf die Anhöhe; dort macht die Straße eine Linkskurve und geht dann wieder geradeaus. In Nr. 54 wohnte von 1886 bis 1888 van Gogh, der seine Motive damals in den Mühlen und Gärten des Montmartre fand.

2–3
Bleiben Sie auf der Rue Lepic. Zu ihrer Linken führen steile Treppen zu hinter Grün versteckten Privatvillen. An der Kreuzung mit der Rue Tholozé liegt über Ihnen die **Moulin de la Galette** (➤ 154). Nur ein paar Schritte weiter sehen Sie an der Ecke Rue Girardon die zweite erhaltene Mühle auf dem Montmartre: die **Moulin Radet** als Teil eines Restaurants.

3–4
Biegen Sie hier links ab und queren Sie die Avenue Junot, wo Utrillo (Nr.11) und Poulbot (Nr.13) einst zu Hause waren. Kurz vor diesen Häusern geht die Impasse Girardon schräg nach rechts und führt Sie zum **Square Suzanne-Buisson**, einem kleinen abgeschiedenen Park. Hier soll der Legende nach der heilige Dionysos (St-Denis) sein abgeschlagenes Haupt an einem Brunnen gewaschen haben (➤ 150). Heute steht dort seine Statue.

4–5
Halten Sie sich bei der Statue rechts, gehen zur Place Casdesus und in die rue Simon-Dereue, dann steigen Sie rechts einige Stufen zur Allée des Brouillards hinauf. Zu Ihrer Rechten liegt das **Château des Brouillards** aus dem 18. Jahrhundert. Hier war früher ein Heim für obdachlose Künstler. Auf der linken Straßenseite wohnte Renoir von 1890 bis 1897.

Links: die malerische Rue de l'Abreuvoir
Rechts: La Maison Rose – für ein gutes Mittagessen

5–6
Am Ende der Allée des Brouillards gehen Sie geradeaus weiter auf der kopfsteingepflasterten Rue de l'Abreuvoir. Dies war einst der Weg zur Pferde- und Rindertränke *(abreuvoir)* an der Stelle des Hauses Nr. 15. In Nr. 14 befand sich das Café de l'Abreuvoir, Maler und Schriftsteller gingen hier ein und aus. Weiter oben in Nr. 12 wohnte von 1888 bis 1892 der Impressionist Camille Pissarro. Am Haus Nr. 4 sehen Sie eine originelle Sonnenuhr, auf der ein Hahn verspricht: *Quant IV sonnera, je chanterai* (Wenn es vier schlägt, krähe ich). Das Restaurant **La Maison Rose** (Das rosa Haus) in Nr. 2 ist durch ein frühes Gemälde Utrillos bekannt geworden. Hier kann man angenehm zu Mittag speisen.

Auf dem Place du Tertre drängeln sich die Touristen

6–7
Direkt hinter dem Maison Rose gehen Sie nach links – steil die Rue des Saules hinunter, vorbei am Weinberg **Clos de Montmartre** (➤ 148) zum legendären Cabaret **Au Lapin Agile** (➤ 155). Biegen Sie nach rechts in die Rue St-Vincent ein, am Weinberg und einem kleinen naturbelassenen Garten vorbei (Jardin Sauvage, geöffnet April–Sept. Sa 14–18 Uhr), und überqueren Sie die Rue Mont Cenis, wo Héctor Berlioz in Nr. 22 gewohnt hat. Jetzt geht es bergauf in die Rue de la Bonne zum kaum bekannten idyllischen **Parc de la Turlure** mit großartigem Ausblick auf das Häusermeer der Hauptstadt.

7–8
Spazieren Sie durch den Park, und verlassen Sie ihn durch die Rue du Chevalier de la Barre an der Rückseite von **Sacré-Cœur** (➤ 150f). Die Rue du Cardinal Guibert führt Sie zum Eingang der Basilika auf dem Place du Parvis du Sacré-Cœur. Der Zugang zur Krypta und zur Kuppel befindet sich schon in der Rue du Cardinal Guibert.

8–9
Beim Verlassen der Basilika wenden Sie sich nach rechts und gönnen sich von der Rue Azais einen Blick auf die im Dunst entfernt wirkende Stadt Paris. Rechts führt die Rue St-Eleuthere zu einer der ältesten Pariser Kirchen, der 1147 geweihten **St-Pierre-de-Montmartre** (➤ 149).

9–10
Nach Verlassen der Kirche gehen Sie geradeaus auf den Place du Tertre zu (➤ 154), einst ein idyllischer Dorfplatz des 18. Jahrhunderts, heute eine wahre Touristenfalle. Verlassen Sie den Platz über die Rue de Calvaire. Kurz bevor eine Treppe nach unten führt, biegen Sie nach rechts ab und gehen über den gepflasterten Place du Calvaire in die Rue Poulbot zum **Espace Montmartre Salvador Dalí** (➤ 154), wo Sie eine prächtige Ausstellung von mehr als dreihundert Werken des spanischen Surrealisten sehen können.

10–11
Nun geht es die Rue Poulbot entlang bis zur Rue Norvins, dann links und sofort wieder links – den Berg hinunter, vorbei am Place Jean-Baptiste Clément. Bei der T-förmigen Kreuzung müssen Sie nach rechts in die Rue Ravignan, die Sie zum Place Émile Goudeau führt, am **Bateau-Lavoir** (➤ 153) zu Ihrer Rechten vorbei. Sie gehen eine kleine Treppe hinunter, überqueren die Rue Garreau und halten sich weiter bergab auf der Rue Ravignan. Wenn Sie an der nächsten Kreuzung links gehen, kommen Sie auf den Jugendstil-Eingang der Metrostation **Place des Abbesses** (➤ 153) zu. Hier endet der Spaziergang.

Kleine Pause
Vermeiden Sie den teuren Place du Tertre. Das **Maison Rose** (Tel. 01 42 57 66 75, geschl. Di und Mi Mittag) in der Rue de l'Abreuvoir ist der bessere Tipp. Sie können ein Picknick im Parc de la Turlure machen.

Wann?
Bei klarem Wetter, sonst haben Sie nichts von der Aussicht. Nicht sonntags, sonst sehen Sie auch vom Montmartre wenig!

Praktisches

INFORMATION VORAB

Websites

- Office de Tourisme: www.paris-touristoffice.com
- Paris Tourisme: www.paris-tourism.com
- Paris Île de France Pour Tous (CNFLRH): whanditel.jouve.fr (Informationen für Behinderte)

In Deutschland:
Französisches Fremdenverkehrsamt
Westendstraße 47
60325 Frankfurt/Main
☎ 0 69/97 59 04 94
Fax 0 69/97 59 04 95

REISEVORBEREITUNG

WICHTIGE PAPIERE

● Erforderlich
○ Empfohlen
▲ Nicht erforderlich

	Deutschland	Österreich	Schweiz
Pass/Personalausweis	●	●	●
Visum	▲	▲	▲
Unterlagen zur Krankenversicherung (➤ 188, Gesundheit)	●	●	●
Führerschein (national)	●	●	●
Führerschein (international)	○	○	○
Fahrzeugpapiere	●	●	●
Grüne Versicherungskarte	○	○	○
Impfungen	▲	▲	▲
Rückflug/-fahrticket	▲	▲	▲

REISEZEIT

Hauptsaison   Nebensaison

	JAN	FEB	MÄRZ	APR	MAI	JUNI	JULI	AUG	SEPT	OKT	NOV	DEZ
Saison	Nebensaison	Nebensaison	Nebensaison	Hauptsaison	Hauptsaison	Hauptsaison	Hauptsaison	Nebensaison	Hauptsaison	Hauptsaison	Nebensaison	Nebensaison
Temperatur	7 °C	7 °C	10 °C	16 °C	17 °C	23 °C	25 °C	26 °C	21 °C	16 °C	12 °C	8 °C
Wetter	Regnerisch	Bedeckt	Bedeckt	Sonne & Regen	Sonne & Regen	Sonnig	Sonnig	Sonnig	Sonnig	Sonne & Regen	Regnerisch	Regnerisch

Regnerisch   Bedeckt   Sonnig   Sonne & Regen

Die angegebenen Temperaturen sind das **mittlere Tagesmaximum**. Der beste Reisemonat ist der Juni. Er hat die längsten Tage, den meisten Sonnenschein und ein mittleres Tagesmaximum von angenehmen 23 °C. Der Hauptstrom der Touristen kommt im ziemlich heißen, sonnigen Juli, im August sind viele Einwohner in den Urlaub geflohen, es ist meist feucht und zu heiß, es kann auch einmal plötzlich stürmisch werden. Der September und Oktober sind bei klarem Himmel oft angenehm kühl; allerdings ist auch dann Hauptsaison – für Touristen, aber auch für die Handelsmessen; auch dann kann es schwierig werden, ein Zimmer zu finden.
Im Winter fällt das Thermometer selten unter 0 °C; im Januar und März regnet und hagelt es dafür häufig.

In Österreich:
Französisches
Fremdenverkehrsamt
Argentinier Straße 41a
1040 Wien
☎ 01/5 03 28 90
Fax 01/5 03 28 71

In der Schweiz:
Maison de la France
Löwenstrasse 59
8023 Zürich
☎ 01/2 11 30 85
Fax 01/2 12 16 44

ANREISE

Flugzeug: Paris hat zwei internationale **Flughäfen** – Roissy Charles de Gaulle und Orly (➤ 34). Die meisten deutschen, österreichischen und Schweizer Linien fliegen Charles de Gaulle an. Ein Großteil des Luftverkehrs von Deutschland aus wird von Lufthansa, Air France und Eurowings abgewickelt. Die **Flugzeiten** von Schweizer und deutschen Flughäfen nach Paris betragen 60 bis 90 Minuten, von Österreich aus sind sie etwas länger. Die **Flugpreise** sind allgemein im Frühling und Sommer (meist von Ostern bis September) am höchsten. Ein verbilligtes Wochenendticket schließt oft die Übernachtung am Samstag und ein Besichtigungsprogramm zu Sonderpreisen ein. Über Pauschalreiseangebote informieren Sie sich am besten in Reisebüros, bei den Fluglinien oder über das Internet.

Eisenbahn: Es gibt sechs große Bahnhöfe in Paris, von denen jeder den Verkehr mit anderen Teilen Frankreichs und Europas abwickelt. Die französische Bahn setzt für den Verkehr von allen größeren Städten Frankreichs nach Paris den Hochgeschwindigkeitszug **TGV** ein. Die Fahrtzeit von Deutschland liegt zwischen sechs und vierzehn Stunden.

Auto: Nehmen Sie nationalen Führerschein und Fahrzeugschein mit. Besser aber, Sie lassen Ihren Wagen zu Hause: Es herrscht Parkplatzmangel in Paris, überall lauern Einbahnstraßen, Tankstellen sind schwer zu finden. Beachten Sie bei der Anreise die Mautpflicht auf den französischen Autobahnen (die Sie umgehen können, indem Sie die sehr gut ausgebauten Nationalstraßen fahren). Aus Nord- oder Westdeutschland fahren Sie am besten über Aachen und Belgien, von Süddeutschland aus über das Elsass nach Paris. Die Fahrtzeiten variieren je nach Entfernung und Verkehrsaufkommen.

ZEIT

In Frankreich gilt die Mitteleuropäische Zeit. Von Ende März bis Ende Oktober werden die Uhren auf die Sommerzeit umgestellt, was einer Stunde vor der natürlichen (Sonnen-) Zeit entspricht. Die Sonne hat dann um 13 Uhr, nicht um 12 Uhr ihren höchsten Stand.

WÄHRUNG

Währung: Auch in Frankreich hat der Euro den Franc als Landeswährung abgelöst; Besucher aus Deutschland oder Österreich brauchen also kein Geld umzutauschen.

Geldwechsel: Die als Zahlungsmittel jetzt bereits auslaufenden Euroschecks werden nicht mehr überall angenommen. Bargeld mit **Euroscheckkarte** (mit PIN-Code) gibt es an sehr vielen Geldautomaten. Die konventionelle Art, Geld am Bankschalter zu tauschen, existiert zwar noch, wird aber mit Einführung des Euro endgültig verschwinden. An den Champs-Élysées – in der Point-Show-Galerie – gibt es einen 24-Stunden-Geldwechselautomaten. Wer auf Nummer Sicher gehen will, deckt sich bei seiner Hausbank mit Reiseschecks ein, die in allen größeren Währungen (DM, US-$, auch FF) erhältlich sind.
Kreditkarten (American Express, Eurocard, Visa u. a.) genießen breite Akzeptanz in Geschäften, Restaurants und Hotels. Mit ihrem vierstelligen PIN-Code können diese auch an Geldautomaten eingesetzt werden (beachten Sie aber die teils sehr hohen Gebühren).

ZEITUNTERSCHIED

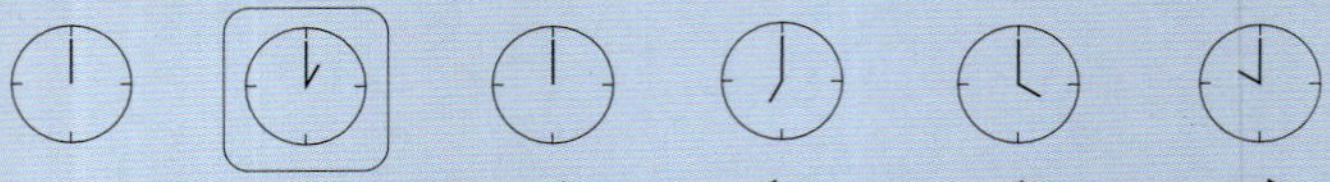

London	Paris	Barcelona	New York	San Francisco	Sydney
12 Uhr	→ 13 Uhr	→ 12 Uhr	← 7 Uhr	← 4 Uhr	→ 22 Uhr

DAS WICHTIGSTE VOR ORT

KONFEKTIONSGRÖSSEN

Deutschland	Frankreich		
46	46	HERRENKLEIDUNG	Anzüge
48	48		
50	50		
52	52		
54	54		
56	56		
41	41	HERRENKLEIDUNG	Schuhe
42	42		
43	43		
44	44		
45	45		
46	46		
37	37	HERRENKLEIDUNG	Hemden
38	38		
39	39		
41	41		
42	42		
43	43		
34	36	DAMENKLEIDUNG	Kleider
36	38		
38	40		
40	42		
42	44		
44	46		
36	36	DAMENKLEIDUNG	Schuhe
37	37		
38	38		
39	39		
40	40		
41	41		

FEIERTAGE

1. Januar: Neujahr
März/April: Ostersonntag/Ostermontag
1. Mai: Maifeiertag
8. Mai: Ende des Zweiten Weltkriegs
6. Donnerstag nach Ostern: Himmelfahrt
Mai/Juni: Pfingstsonntag/Pfingstmontag
14. Juli: Nationalfeiertag
15. August: Mariä Himmelfahrt
1. November: Allerheiligen
11. November: Waffenstillstand 1918
25. Dezember: Weihnachten

An diesen Tagen sind alle Banken, Firmen, Museen und die meisten Läden (außer Bäckereien) geschlossen.

ÖFFNUNGSZEITEN

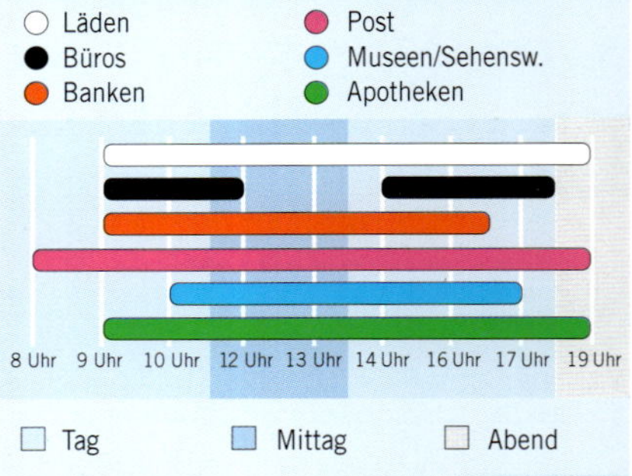

Läden: Manche Geschäfte schließen mittags von 12 bis 14 Uhr und den ganzen Sonntag und Montag. Kaufhäuser öffnen einmal pro Woche bis 21 oder 22 Uhr. Lebensmittelläden sind von 7 bis 13.30 und 16.30 bis 20 Uhr geöffnet, manchmal auch am Sonntag bis 12 Uhr.
Banken: Manche Banken öffnen länger, teils auch Samstag Vormittag.
Museen: Städtische Museen bleiben meist montags geschlossen, staatliche Museen am Dienstag. Ausnahme: Versailles und Musée d'Orsay, Montag geschl.

POLIZEI 17

FEUERWEHR 16

KRANKENWAGEN 15

NOTARZT (24 Stunden) 01 43 77 77 77

SICHERHEIT

Straßenkriminalität, vor allem Brieftaschen- und Handtaschenraub, ist in Paris leider nicht selten. Seien Sie in der Metro und bei Kontaktversuchen leicht verwahrlost aussehender Kinder vorsichtig (sie könnten zu einer Bande gehören). Verluste und Diebstähle meldet man bei der Police Municipale (blaue Uniformen).

- Passen Sie in der Metro, in stark besuchten Touristengegenden wie etwa Beaubourg und Champs-Élysées und allgemein beim Schlange stehen besonders gut auf.
- Sichern Sie Ihr Auto gut – mindestens mit einem Lenkradschloss.
- Tragen Sie Wertsachen dicht am Körper; wenn möglich, im Hotelsafe deponieren.
- Gehen Sie abends nicht allein in unsichere Gegenden.

Polizeiruf:
☎ 17

ELEKTRIZITÄT

Alle Steckdosen in Paris bieten 220 Volt Wechselstrom wie in der ganzen Europäischen Union und anderen europäischen Ländern.
Touristen aus den USA, Kanada und anderen Überseeländern brauchen einen Adapter; dieser ist im Handel erhältlich.

TELEFONIEREN

Öffentliche Telefonzellen, die mit Münzen gefüttert werden können, sind selten. Die meisten arbeiten mit der *télécarte*, die Sie für 5 bzw. 10 Euro in Tabakläden, Postämtern, Bahnhöfen oder France-Telecom-Läden kaufen können. Telefone in Cafés nehmen häufig Münzen an.
Verbilligte Zeiten sind meist Mo–Fr 19–8 Uhr, Sa–So den ganzen Tag.
Alle Telefonnummern haben zehn Ziffern. Die Nummern in Paris und der Île de France beginnen mit 01. Es gibt keine Ortsvorwahlen.

Auslands-Rufnummern Ländervorwahlen:

Deutschland	**00 49**
Österreich	**00 43**
Schweiz	**00 41**

POST

Postämter sind zu erkennen am gelben oder braunen Schild *La Poste* oder *PTT*. Die Hauptpost in der Rue du Louvre 52 ist rund um die Uhr geöffnet. Die Zweigstelle an der Avenue des Champs-Élysées 71: Mo–Fr 9–19.30, So 10–19 Uhr.

TRINKGELD

Alle Restaurant-, Café- und Hotelrechnungen enthalten den gesetzlichen Anteil an Trinkgeld.
Dennoch hat niemand etwas gegen eine kleine zusätzliche Summe.

Taxis	0,75–1,5 €
Fremdenführer	0,75–1,5 €
Gepäckträger	0,75–1,5 €
Platzanweiserinnen	0,30 €
Friseure	0,75–1,5 €
Toilettenpersonal	0,15–0,30 €

BOTSCHAFTEN UND KONSULATE

Deutschland	Österreich	Schweiz
01 53 83 45 00	01 40 63 30 68	01 49 55 67 00

GESUNDHEIT

Krankenversicherung
Reisende aus EU-Ländern müssen eine ärztliche Behandlung zunächst bezahlen; ein Teil kann rückvergütet werden. Deshalb wird der Abschluss einer privaten Zusatzversicherung empfohlen. Für Reisende aus Nicht-EU-Ländern ist diese obligatorisch.

Zahnarzt
Hier gilt das Gleiche wie bei allgemeinärztlicher Behandlung: Eine nachträgliche Erstattung von rund 70 Prozent der Kosten ist möglich, doch dies dauert lange, daher ist eine Zusatzversicherung anzuraten.

Wetter
Juli und August sind oft sonnig und heiß. Dann sollte man auf schützende Bekleidung, Sonnencreme und eine gute Sonnenbrille achten.

Medikamente
Apotheken (*pharmacie*) erkennen Sie an einem grünen Kreuz. Das Personal ist gut ausgebildet und bietet medizinische Ratschläge, erste Hilfe und Medikamente an. Manche Arzneimittel gibt es nur auf Rezept (*ordonnance*).

Wasserqualität
Leitungswasser können Sie bedenkenlos trinken, nicht bei der Aufschrift *eau non potable* (kein Trinkwasser).

ERMÄSSIGUNGEN

Studenten und Schüler: Mit einem Internationalen Studentenausweis (ISIC) bekommen Sie in vielen Einrichtungen ermäßigten Eintritt bei Flugtickets und in manchen Studentenrestaurants. Jugendliche sollten sich die *International Youth Travel Card* besorgen, für die ähnliche Vergünstigungen gelten.

Senioren: Frauen über 60 und Männer über 65 können bis zu 50 Prozent Ermäßigung in Museen, bei öffentlichen Verkehrsmitteln und Veranstaltungen erhalten. Dafür benötigen Sie eine *carte vermeil*, die Sie im *Abonnement*-Büro jedes großen Bahnhofs beantragen müssen (oft genügt der Ausweis oder Reisepass).

EINRICHTUNGEN FÜR BEHINDERTE

Viele ältere Gebäude haben keine behindertengerechten Einrichtungen. Hotels mit zwei oder mehr Sternen haben fast immer Aufzüge. Metrostationen mit Lifts sind dagegen selten, aber RATP und SNCF bieten einen Hilfs-Service für gehbehinderte Menschen an (Tel. 01 45 19 15 00). Der Service ist allerdings nicht kostenlos, und Sie müssen ihn bereits vor der Reise buchen.

KINDER

Die meisten Hotels und Restaurants sind durchaus kinderfreundlich. Viele Sehenswürdigkeiten bieten Ermäßigungen für Kinder. Für Jugendliche unter 18 ist der Eintritt in Museen gratis. In neueren Museen gibt es gute Wickelräume.

TOILETTEN

Die Hocksitze gibt es nur noch in sehr alten Einrichtungen und Restaurants. Überall in der Stadt finden Sie moderne Münztoiletten.

VERBOTENE SOUVENIRS

In manchen Ländern ist die Einfuhr von Souvenirs, deren Material von seltenen oder bedrohten Arten stammt, verboten. Informieren Sie sich vor dem Kauf.

IMMER ZU GEBRAUCHEN

Ja/Nein **Oui/Non**
Guten Tag **Bonjour**
Auf Wiedersehen **Au revoir**
Wie geht es Ihnen? **Comment allez-vous?**
Bitte **S'il vous plaît**
Danke **Merci**
Entschuldigung **Excusez-moi**
Tut mir leid **Pardon**
Bitte (nach »danke«) **De rien/Avec plaisir**
Haben Sie …? **Avez–vous …?**
Was kostet das? **C'est combien?**
Ich hätte gern … **Je voudrais …**

NACH DEM WEG FRAGEN

Gibt es in der Nähe eine Telefonzelle? **Y a-t-il une cabine téléphonique dans le coin?**
Wo ist …? **Où se trouve …?**
– die nächste Metro **le métro le plus proche**
– das Telefon **le téléphone**
– die Bank **la banque**
– die Toilette **les toilettes**
nach links/rechts gehen **tourner à gauche/à droite**
geradeaus **tout droit**
die erste/zweite (rechts) **le premier/le deuxième (à droite)**
an der Kreuzung **au carrefour**

IM NOTFALL

Könnten Sie mir bitte helfen? **Pouvez-vous m'aider?**
Sprechen Sie Deutsch/Englisch? **Parlez-vous allemand/anglais?**
Ich verstehe nicht. **Je ne comprends pas.**
Könnten Sie schnell einen Arzt rufen? **Voulez-vous vite appeler un médecin, s'il vous plaît?**

IM RESTAURANT

Ich würde gerne einen Tisch bestellen. **Puis-je réserver une table?**
Einen Tisch für zwei Personen, bitte. **Une table pour deux personnes, s'il vous plaît.**
Haben Sie ein Menü zu festen Preisen? **Vous avez un menu prix fixe?**
Könnten wir die Speisekarte haben? **Pouvons-nous avoir la carte?**
Kann ich bitte zahlen? **L'addition, s'il vous plaît.**
Eine Flasche/ein Glas … **Une bouteille/un verre de …**

SPEISEKARTE

Apéritifs Aperitif
boissons alcoolisées alkoholische Getränke
boissons chaudes heiße Getränke
carte des vins Weinkarte
coquillages Muscheln
fromage Käse
gibier Wild
hors d'œuvres Vorspeisen
légumes Gemüse
plats chauds warmes Essen
plats froids kalte Platten
plat du jour Tagesgericht
pâtisserie Kuchen
plat principal Hauptgang
potages Suppen
service compris Bedienungsgeld eingeschlossen
spécialités régionales regionale Spezialitäten
viandes Fleischgerichte
volaille Geflügel

ZAHLEN

0	**zéro**	12	**douze**	30	**trente**	110	**cent dix**
1	**un**	13	**treize**	31	**trente et un**	120	**cent vingt**
2	**deux**	14	**quatorze**	32	**trente-deux**	200	**deux cents**
3	**trois**	15	**quinze**			300	**trois cents**
4	**quatre**	16	**seize**	40	**quarante**	400	**quatre cents**
5	**cinq**	17	**dix-sept**	50	**cinquante**	500	**cinq cents**
6	**six**	18	**dix-huit**	60	**soixante**	600	**six cents**
7	**sept**	19	**dix-neuf**	70	**soixante-dix**	700	**sept cents**
8	**huit**	20	**vingt**	80	**quatre-vingts**	800	**huit cents**
9	**neuf**			90	**quatre-vingt-dix**	900	**neuf cents**
10	**dix**	21	**vingt et un**	100	**cent**		
11	**onze**	22	**vingt-deux**	101	**cent un**	1000	**mille**

SPEISEKARTE

agneau Lamm
ail Knoblauch
anguille Aal
beurre Butter
bifteck Steak
bière Bier
bière pression Bier vom Fass
bœuf Rindfleisch
boudin noir/blanc Blutwurst
brochet Hecht
cabillaud Kabeljau
calmar Tintenfisch
canard Ente
chou Kohl
choucroute Sauerkraut
chou-fleur Blumenkohl
choux de Bruxelles Rosenkohl
civet de lièvre Hasenpfeffer
concombre Gurke
coquilles Saint Jacques Jakobsmuscheln
cornichon Essiggurke
côte/côtelette Kotelett
côtelettes dans l'échine Rippchen
couvert Besteck
crevettes grises Garnelen
crevettes roses Krabben
croque monsieur getoastetes Schinken- und Käsesandwich
cru roh
crustacés Schalentiere
cuisses de grenouilles Froschschenkel
cuit gekocht
eau minerale Mineralwasser
gazeuse/non gazeuse mit/ohne Kohlensäure
ecrevisse Krebs
entrecôte Filetsteak
entrées erster Gang
éspices Gewürze
épinards Spinat
épis de mais Maiskolben
escargots Schnecken
farine Mehl
fenouil Fenchel
fèves Pferdebohnen
figues Feigen
filet de bœuf Rinderfilet
filet mignon Filetsteak
filet de porc Schweinefilet
fines herbes Kräuter
foie gras Gänseleberpastete
fraises Erdbeeren
framboise Himbeeren
fruits de la saison Früchte der Jahreszeit
gaufres Waffeln
gigot d'agneau Lammkeule
glace Eis
glaçons Eiswürfel
grillé gegrillt
groseilles Johannisbeeren
hareng Hering
haricots blancs/verts weiße/grüne Bohnen
homard Hummer
huîtres Austern
jambon blanc gekochter Schinken
jambon cru luftgetrockneter Schinken
jambon fumé Räucherschinken
jus de citron Zitronensaft
jus de fruits Fruchtsaft
jus d'orange Orangensaft
lait demi-écrémé fettarme Milch
lait entier Vollmilch
langoustine Scampi
langue Zunge
lapin Kaninchen
lentilles Linsen
lotte Seeteufel
loup de mer Barsch
macaron Makkaroni
marron Esskastanie
menu du jour Tagesmenü
morilles Morcheln
moules Miesmuscheln
moutarde Senf
myrtilles Heidelbeeren
noisette Haselnuss
noix Walnuss
noix de veau Kalbsfilet
œuf à la coque weiches Ei
œuf dur hartes Ei
œuf au plat Spiegelei
oignon Zwiebel
origan Oregano
pain au chocolat Schokoladenbrötchen
part Portion
pâtisserie Konditorei
pêche Pfirsich
petite friture Bratfische
petits (biscuits) salés Knabberkekse
petit pain Brötchen
petits pois grüne Erbsen
pintade Perlhuhn
poire Birne
pois chiches Kichererbsen
poisson Fisch
poivre Pfeffer
poivron roter/grüner Pfeffer
pomme Apfel
pommes de terre Kartoffeln
poulet Hähnchen/Hühnchen
poulet blanc Hühnchenbrust
prune Pflaume
pruneaux Backpflaumen
queue de bœuf Ochsenschwanz
ris de veau Kalbsbries
riz Reis
rôti de bœuf (rosbif) Roastbeef
rouget Knurrhahn
saignant englisch gebraten
salade verte grüner Salat
salé/sucré gesalzen, gesüßt
saumon Lachs
saucisses Würstchen
sel Salz
soupe à l'oignon Zwiebelsuppe
sucre Zucker
thon Thunfisch
thym Thymian
tripes Kutteln
truffes Trüffeln
truite Forelle
truite saumonée Lachsforelle
vapeur (à la) gedämpft
venaison Wildfleisch
viande hachée Gehacktes
vin blanc Weißwein
vin rouge Rotwein
vin rosé Roséwein
vinaigre Essig
xérès Sherry

Cityplan

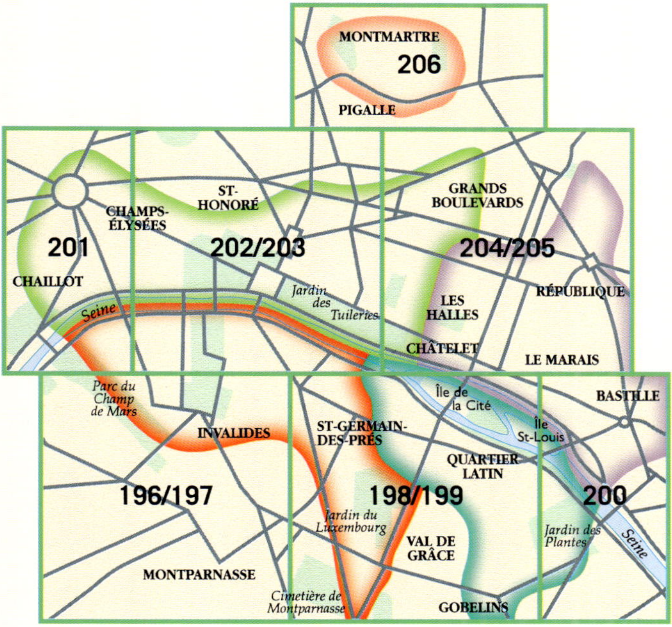

Legende

Hauptstraße	Bedeutendes Bauwerk
Nebenstraße	Sehenswürdigkeit (im Text)
Fußgängerzone	Metro-Station
Bahnlinie	RER-Station

0 100 200 300 400 500 metres

0 100 200 300 400 500 yards

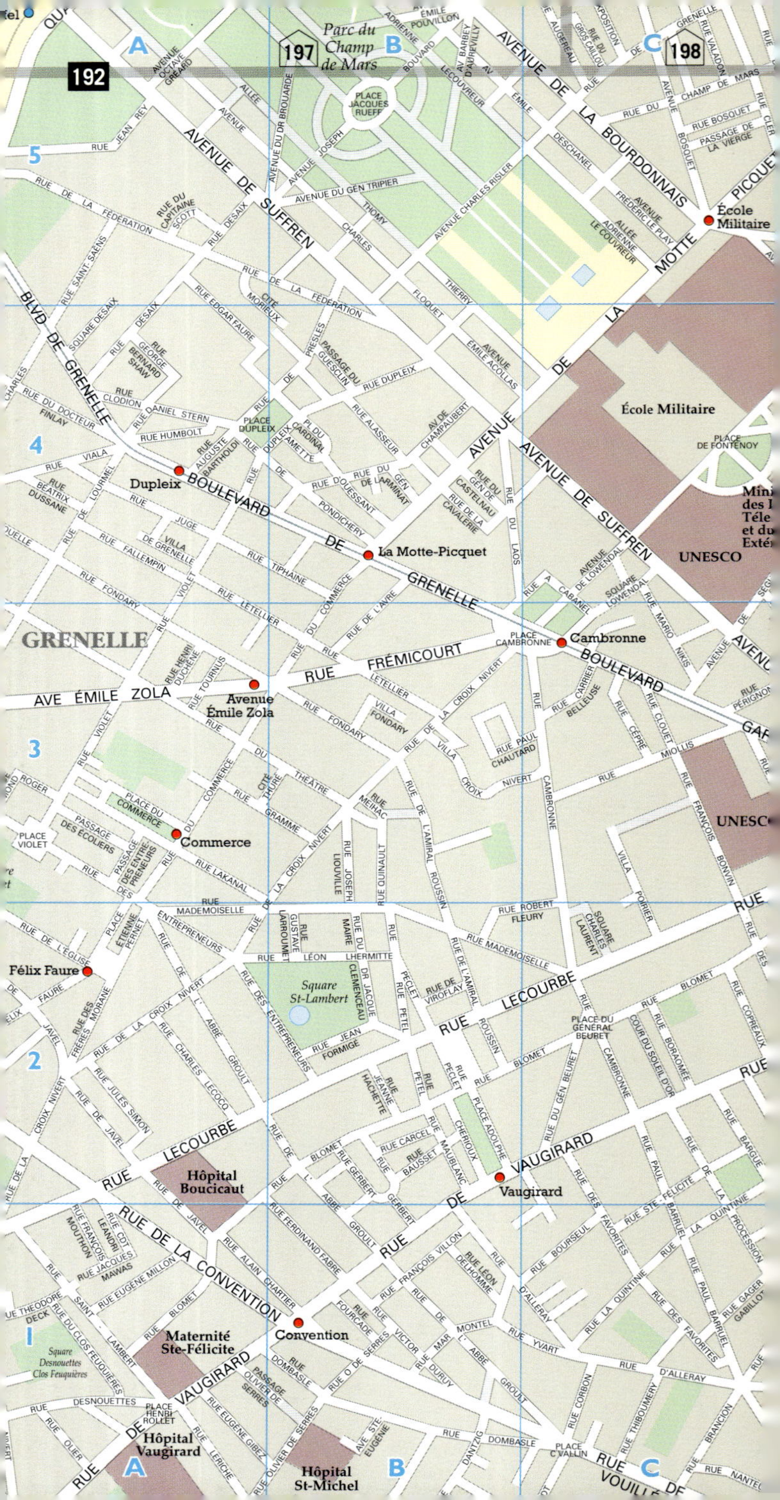
192
197
198
A
B
C
A
B
C
5
4
3
2
1
Parc du Champ de Mars
Place Jacques Rueff
Avenue de la Bourdonnais
Avenue de Suffren
Avenue de la Motte Picquet
École Militaire
Place de Fontenoy
UNESCO
Rue de la Fédération
Blvd de Grenelle
Boulevard de Grenelle
Dupleix
Place Dupleix
La Motte-Picquet
Cambronne
Place Cambronne
GRENELLE
Ave Émile Zola
Avenue Émile Zola
Rue Frémicourt
Rue du Commerce
Place du Commerce
Commerce
Place Violet
Rue Lecourbe
Félix Faure
Square St-Lambert
Rue de Vaugirard
Vaugirard
Hôpital Boucicaut
Rue de la Convention
Convention
Maternité Ste-Félicite
Square Desnouettes Clos Feuquières
Hôpital Vaugirard
Hôpital St-Michel
Rue Cambronne
Rue de la Croix Nivert
Rue Blomet
Rue Mademoiselle
Rue de l'Abbé Groult
Rue des Entrepreneurs
Rue de Javel
Rue Saint-Lambert
Rue d'Alleray
Rue Dombasle
Place C. Vallin
Rue Saint Saens
Rue du Théâtre
Rue Violet
Rue Fondary
Rue Letellier
Rue Tiphaine
Rue de Lourmel
Rue Miollis
Rue François Bonvin
Rue de la Procession
Rue des Favorites
Rue Mathurin Régnier
Place Adolphe Chérioux
Rue Péclet
Rue Desaix

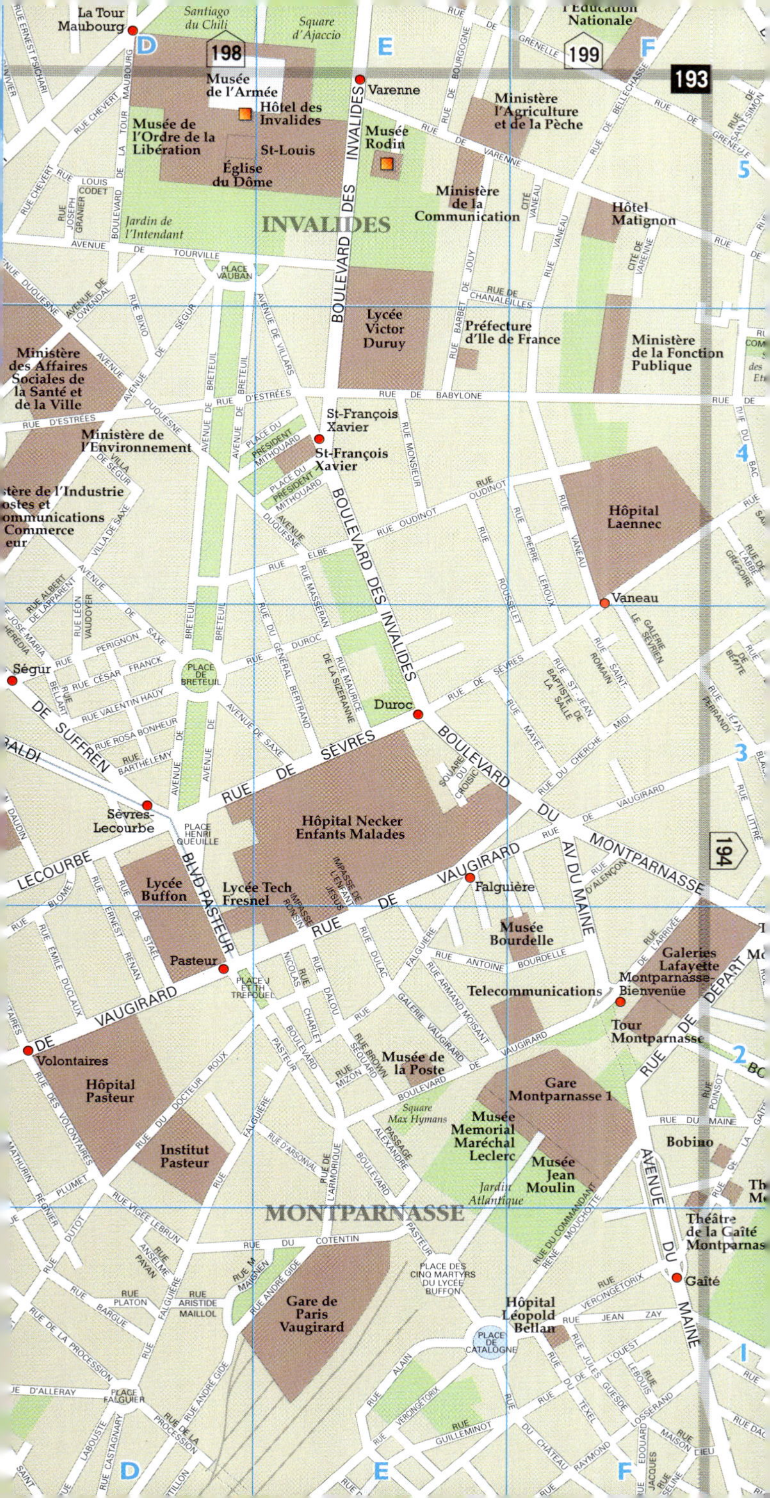

D
E
F
198
199
193
194
5
4
3
2
1
La Tour Maubourg
Santiago du Chili
Square d'Ajaccio
l'Education Nationale
Musée de l'Armée
Hôtel des Invalides
Musée de l'Ordre de la Libération
St-Louis
Église du Dôme
Varenne
Musée Rodin
Ministère l'Agriculture et de la Pêche
Ministère de la Communication
Hôtel Matignon
Jardin de l'Intendant
INVALIDES
Place Vauban
Lycée Victor Duruy
Préfecture d'Ile de France
Ministère de la Fonction Publique
Ministère des Affaires Sociales de la Santé et de la Ville
Ministère de l'Environnement
St-François Xavier
St-François Xavier
stère de l'Industrie
ostes et
ommunications
Commerce
eur
Hôpital Laennec
Vaneau
Ségur
Place de Breteuil
Duroc
Sèvres-Lecourbe
Place Henri Queuille
Hôpital Necker Enfants Malades
Lycée Buffon
Lycée Tech Fresnel
Falguière
Musée Bourdelle
Galeries Lafayette
Montparnasse-Bienvenüe
Telecommunications
Tour Montparnasse
Pasteur
Place J et Th Trépouel
Volontaires
Hôpital Pasteur
Musée de la Poste
Gare Montparnasse 1
Square Max Hymans
Musée Memorial Maréchal Leclerc
Musée Jean Moulin
Jardin Atlantique
Bobino
Institut Pasteur
MONTPARNASSE
Théâtre de la Gaîté Montparnasse
Gaîté
Place des Cinq Martyrs du Lycée Buffon
Gare de Paris Vaugirard
Hôpital Léopold Bellan
Place de Catalogne
Place Falguière
Boulevard des Invalides
Rue de Grenelle
Rue de Varenne
Rue de Babylone
Rue Oudinot
Rue de Sèvres
Boulevard du Montparnasse
Avenue du Maine
Rue de Vaugirard
Rue Lecourbe
Boulevard Pasteur
Avenue de Suffren
Avenue de Tourville
Avenue de Ségur
Avenue de Breteuil
Avenue de Saxe
Avenue Duquesne
Rue d'Estrées
Rue du Départ
Boulevard de Vaugirard
Rue du Cotentin
Rue Vercingétorix
Rue du Docteur Roux
Rue des Volontaires
Rue de la Procession
Rue d'Alleray
Rue du Château
Rue Raymond Losserand
Rue Jean Zay
Rue Falguière
Rue Dutot
Rue Plumet

194
199
200
193
A
B
C
5
4
3
2
1
Relations avec le Parlement
Rue du Bac
ENA
École Nationale Superieure des Beaux-Arts
France
les Bouquinistes
QUAI DE CONTI
Musée de la Monnaie
BOULEVARD SAINT GERMAIN
Université Paris V
Musée National Eugène-Delacroix
Musée Maillol
St-Vladimir le Grand
Les Deux Magots
St-Germain-des-Prés
Alcazar
Lycée Fenelon
Mabillon
ST-GERMAIN-DES-PRÉS
Odéon
Statue de Danton
Square Chaise Récamier
Square des Missions Étrangères
Sèvres-Babylone
Square Boucicaut
St-Sulpice
Université Paris VII
St-Ignace
Institut Catholique de Paris
St-Joseph des Carmes
Théâtre National de l'Odéon
Palais du Luxembourg
Petit Luxembourg
Rennes
St-Placide
Jardin du Luxembourg
Luxembourg
Notre-Dame-des Champs
École St-Sulpice
Collège Stanislas
Place André Honnorat
Théâtre de Poche Montparnasse
ND des Champs
Université de Droit
Vavin
Edgar Quinet
Jardin Marco Polo
Place Ernest Denis
Place Camille Jullian
BOULEVARD EDGAR QUINET
BOULEVARD DU MONTPARNASSE
Lycée Paul Bert
Lycée Tech d'État
Port Royal
Théâtre Montparnasse
Raspail
Cimetière du Montparnasse
Maternité Port Royal Clinique Baudelocque
Hôpital St-Vincent de Paul
École Speciale d'Architecture
Hôpital Cochin
Fondation Cartier
Observatoire de Paris
BOULEVARD RASPAIL
AVENUE DENFERT-ROCHEREAU
AVENUE DE L'OBSERVATOIRE
RUE DE RENNES
RUE DE VAUGIRARD
RUE DE SÈVRES
RUE DE FLEURUS
RUE D'ASSAS
RUE AUGUSTE COMTE
RUE MICHELET
RUE DE BABYLONE
RUE DU CHERCHE MIDI

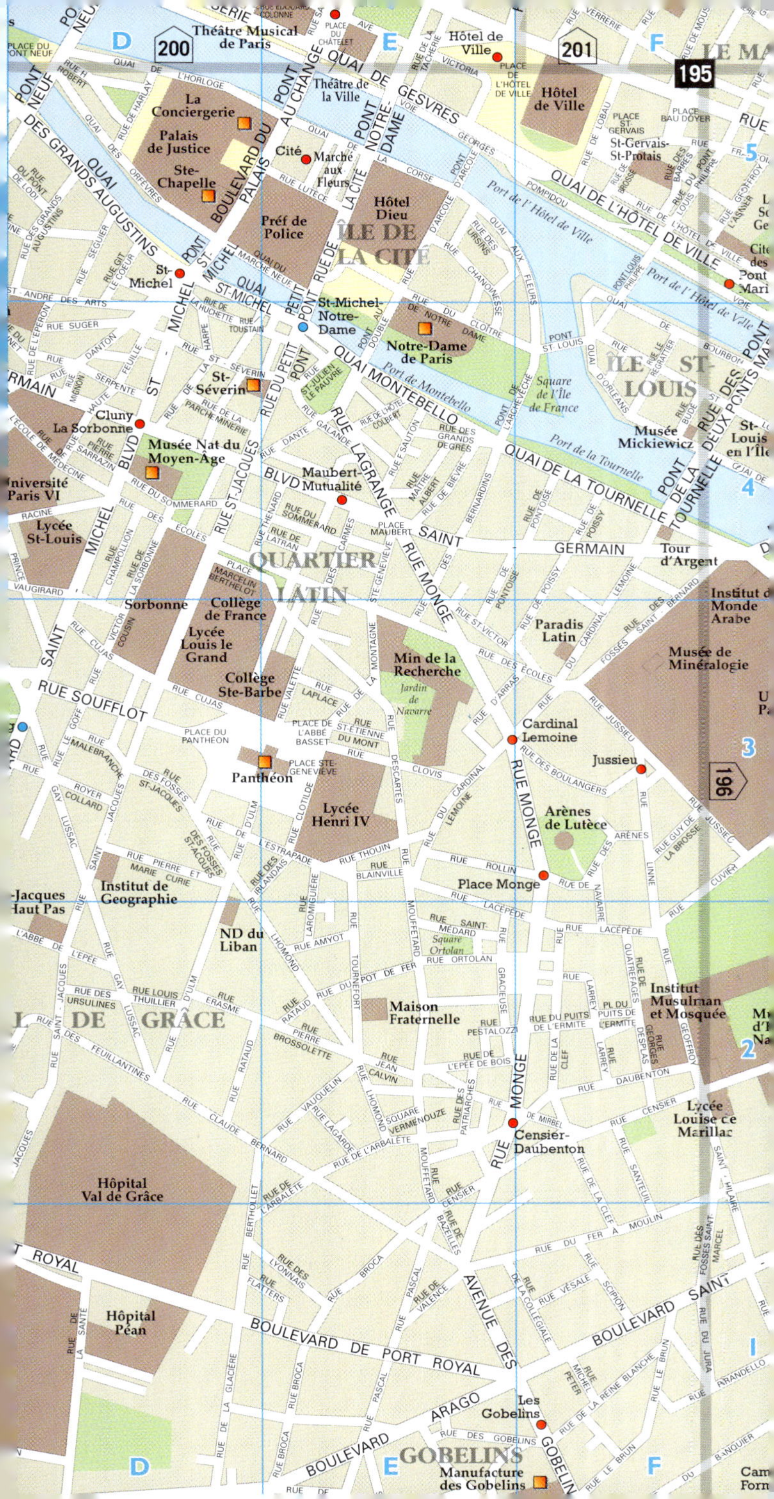

D
E
F
200
201
195
196
1
2
3
4
5
Théâtre Musical de Paris
Hôtel de Ville
Place de l'Hôtel de Ville
Théâtre de la Ville
Quai de Gesvres
Quai de la Mégisserie
Pont Neuf
Pont au Change
Pont Notre-Dame
Pont d'Arcole
Pont Louis Philippe
Pont St-Michel
Petit Pont
Pont au Double
Pont de l'Archevêché
Pont St-Louis
Pont de la Tournelle
La Conciergerie
Palais de Justice
Ste-Chapelle
Boulevard du Palais
Cité
Marché aux Fleurs
Hôtel Dieu
Préf de Police
Île de la Cité
Place St-Gervais
St-Gervais-St-Protais
Quai de l'Hôtel de Ville
Port de l'Hôtel de Ville
Quai des Grands Augustins
St-Michel
Quai St-Michel
St-Michel-Notre-Dame
Notre-Dame de Paris
Square de l'Île de France
Île St-Louis
Musée Mickiewicz
St-Louis en l'Île
Rue des Deux Ponts
Quai Montebello
Port de Montebello
Port de la Tournelle
Quai de la Tournelle
St-Séverin
Cluny La Sorbonne
Musée Nat du Moyen-Âge
Université Paris VI
Lycée St-Louis
Blvd St-Michel
Blvd St-Germain
Maubert-Mutualité
Place Maubert
Rue Lagrange
Tour d'Argent
Quartier Latin
Rue St-Jacques
Sorbonne
Collège de France
Lycée Louis le Grand
Collège Ste-Barbe
Paradis Latin
Institut du Monde Arabe
Musée de Minéralogie
Min de la Recherche
Jardin de Navarre
Rue Soufflot
Place du Panthéon
Panthéon
Place Ste-Geneviève
Cardinal Lemoine
Rue Monge
Jussieu
Lycée Henri IV
Arènes de Lutèce
Place Monge
Institut de Geographie
ND du Liban
Square Ortolan
Maison Fraternelle
Institut Musulman et Mosquée
Val de Grâce
Lycée Louise de Marillac
Censier-Daubenton
Hôpital Val de Grâce
Hôpital Péan
Boulevard de Port Royal
Boulevard St-Marcel
Avenue des Gobelins
Boulevard Arago
Les Gobelins
Gobelins
Manufacture des Gobelins

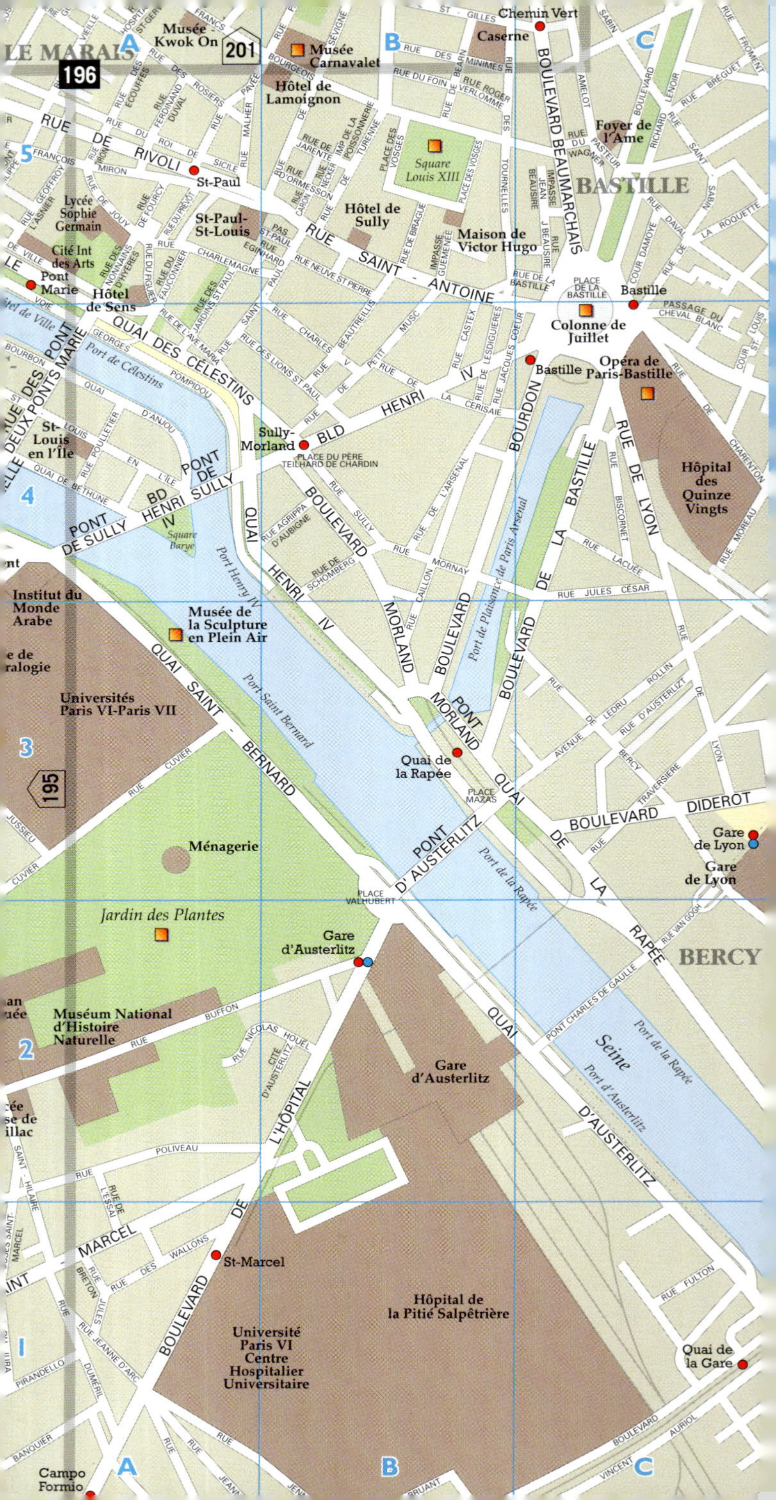
LE MARAIS
201
195
A
B
C
5
4
3
2
1
Musée Kwok On
Musée Carnavalet
Hôtel de Lamoignon
Chemin Vert
Caserne
Foyer de l'Âme
BASTILLE
Square Louis XIII
Hôtel de Sully
Maison de Victor Hugo
St-Paul
Lycée Sophie Germain
Cité Int des Arts
St-Paul-St-Louis
Pont Marie
Hôtel de Sens
Colonne de Juillet
Bastille
Opéra de Paris-Bastille
Sully-Morland
St-Louis en l'Île
Hôpital des Quinze Vingts
Square Barye
Institut du Monde Arabe
Musée de la Sculpture en Plein Air
Universités Paris VI-Paris VII
Quai de la Rapée
Ménagerie
Gare de Lyon
Jardin des Plantes
Gare d'Austerlitz
BERCY
Muséum National d'Histoire Naturelle
Seine
St-Marcel
Hôpital de la Pitié Salpêtrière
Université Paris VI Centre Hospitalier Universitaire
Quai de la Gare
Campo Formio
RUE DE RIVOLI
RUE SAINT-ANTOINE
BOULEVARD BEAUMARCHAIS
QUAI DES CÉLESTINS
BLD HENRI IV
PONT DE SULLY
BD HENRI IV
QUAI HENRI IV
BOULEVARD MORLAND
BOULEVARD BOURDON
BOULEVARD DE LA BASTILLE
RUE DE LYON
QUAI SAINT-BERNARD
PONT MORLAND
PONT D'AUSTERLITZ
QUAI DE LA RAPÉE
BOULEVARD DIDEROT
QUAI D'AUSTERLITZ
BOULEVARD DE L'HÔPITAL
Port de Plaisance de Paris Arsenal
Port Henry IV
Port Saint Bernard
Port de la Rapée
Port d'Austerlitz
Port de Célestins
PONT CHARLES DE GAULLE
PONT DES DEUX PONTS MARIE
PLACE DU PÈRE TEILHARD DE CHARDIN
PLACE MAZAS
PLACE VALHUBERT
PLACE DE LA BASTILLE

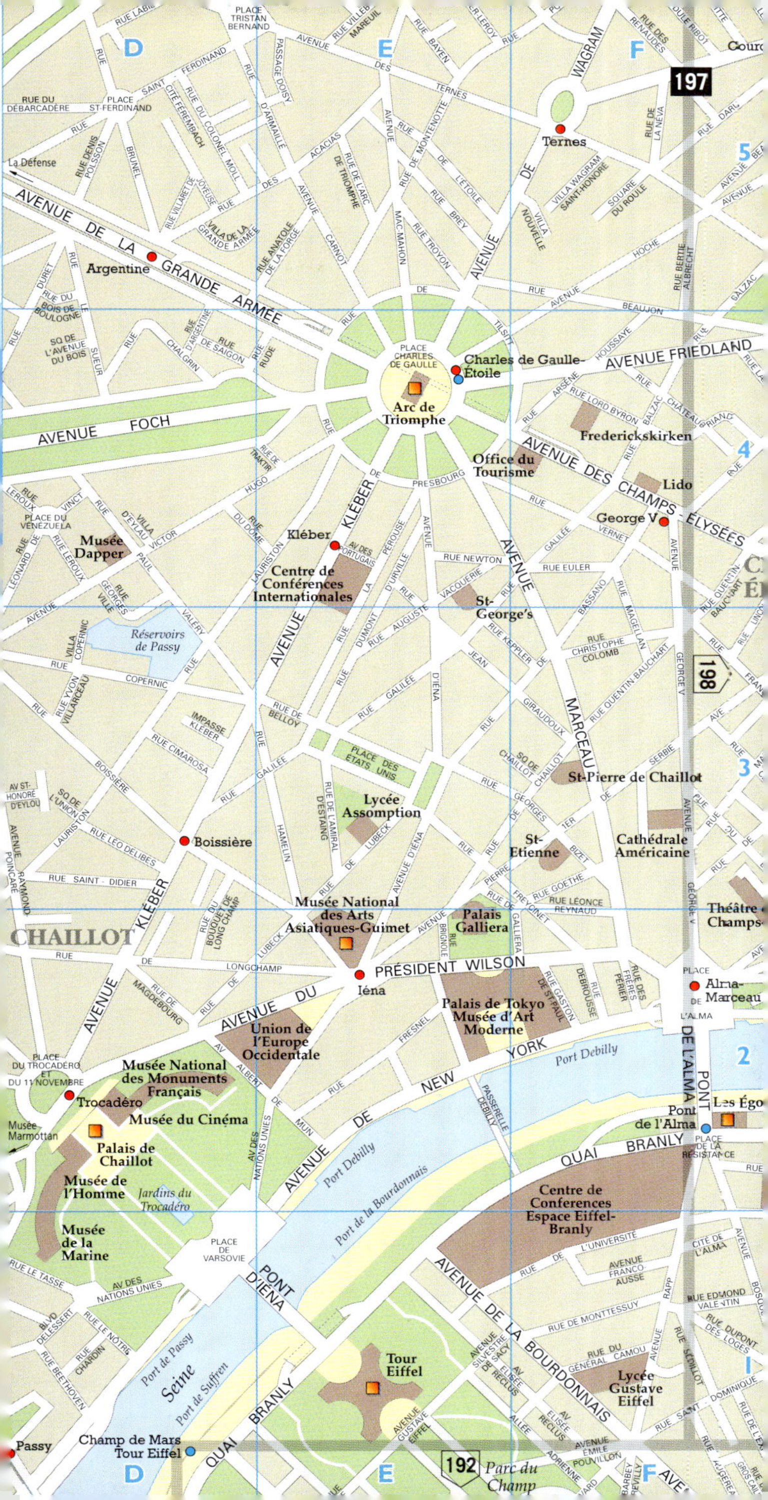
D
E
F
5
4
3
2
1
Ternes
Argentine
La Défense
AVENUE DE LA GRANDE ARMÉE
AVENUE DE WAGRAM
AVENUE DES TERNES
RUE DU DÉBARCADÈRE
PLACE ST-FERDINAND
PLACE TRISTAN BERNARD
RUE DE MONTENOTTE
AVENUE MAC-MAHON
AVENUE CARNOT
AVENUE HOCHE
RUE BEAUJON
VILLA WAGRAM SAINT-HONORÉ
SQUARE DU ROULE
RUE BERTIE ALBRECHT
PLACE CHARLES DE GAULLE
Arc de Triomphe
Charles de Gaulle-Étoile
AVENUE FRIEDLAND
AVENUE FOCH
RUE DE PRESBOURG
Frederickskirken
Office du Tourisme
AVENUE DES CHAMPS-ÉLYSÉES
Lido
George V
Musée Dapper
PLACE DU VENEZUELA
Kléber
AVENUE KLÉBER
Centre de Conférences Internationales
St-George's
AVENUE MARCEAU
Réservoirs de Passy
RUE COPERNIC
RUE DE BELLOY
PLACE DES ÉTATS UNIS
Lycée Assomption
St-Pierre de Chaillot
St-Etienne
Cathédrale Américaine
AVENUE GEORGE V
Boissière
RUE SAINT-DIDIER
AVENUE RAYMOND POINCARÉ
Musée National des Arts Asiatiques-Guimet
Palais Galliera
Théâtre Champs-
CHAILLOT
RUE DE LONGCHAMP
Iéna
AVENUE DU PRÉSIDENT WILSON
Palais de Tokyo Musée d'Art Moderne
Alma-Marceau
PLACE DE L'ALMA
Union de l'Europe Occidentale
PLACE DU TROCADÉRO ET DU 11 NOVEMBRE
Trocadéro
Musée National des Monuments Français
Musée du Cinéma
Musée Marmottan
Palais de Chaillot
Musée de l'Homme
Jardins du Trocadéro
Musée de la Marine
AVENUE DE NEW YORK
Port Debilly
PASSERELLE DEBILLY
PONT DE L'ALMA
Pont de l'Alma
Les Égo
PLACE DE LA RÉSISTANCE
QUAI BRANLY
Centre de Conferences Espace Eiffel-Branly
Port de la Bourdonnais
PLACE DE VARSOVIE
PONT D'IÉNA
AV. DES NATIONS UNIES
AVENUE DE LA BOURDONNAIS
RUE DE L'UNIVERSITÉ
AVENUE FRANCO-RUSSE
RUE DE MONTTESSUY
RUE DU GÉNÉRAL CAMOU
Lycée Gustave Eiffel
Seine
Port de Passy
Port de Suffren
Tour Eiffel
AVENUE GUSTAVE EIFFEL
Passy
Champ de Mars Tour Eiffel
192
198
Parc du Champ

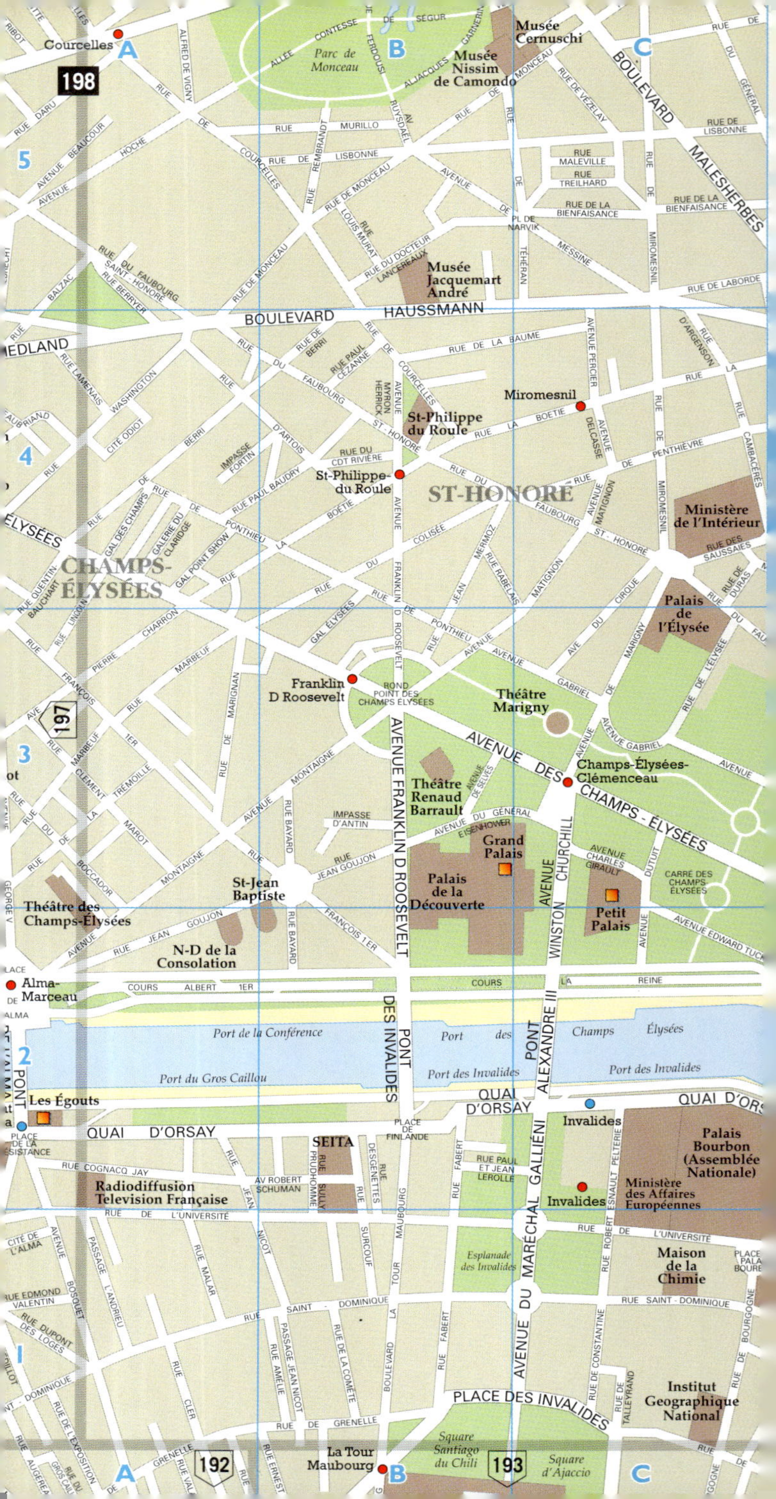
Courcelles
Parc de Monceau
Musée Cernuschi
Musée Nissim de Camondo
Boulevard Malesherbes
Musée Jacquemart André
Boulevard Haussmann
Miromesnil
St-Philippe du Roule
St-Philippe-du Roule
St-Honoré
Ministère de l'Intérieur
Champs-Élysées
Palais de l'Élysée
Franklin D Roosevelt
Rond Point des Champs Élysées
Théâtre Marigny
Avenue des Champs-Élysées
Champs-Élysées-Clémenceau
Théâtre Renaud Barrault
Grand Palais
Palais de la Découverte
Petit Palais
Avenue Winston Churchill
St-Jean Baptiste
Théâtre des Champs-Élysées
N-D de la Consolation
Alma-Marceau
Cours Albert 1er
Cours la Reine
Port de la Conférence
Port des Champs Élysées
Port du Gros Caillou
Port des Invalides
Pont des Invalides
Pont Alexandre III
Les Égouts
Quai d'Orsay
SEITA
Invalides
Palais Bourbon (Assemblée Nationale)
Ministère des Affaires Européennes
Radiodiffusion Television Française
Rue de l'Université
Esplanade des Invalides
Maison de la Chimie
Avenue du Maréchal Galliéni
Rue Saint-Dominique
Place des Invalides
Institut Geographique National
La Tour Maubourg
Square Santiago du Chili
Square d'Ajaccio
Rue de Grenelle
197
192
193
A
B
C
1
2
3
4
5

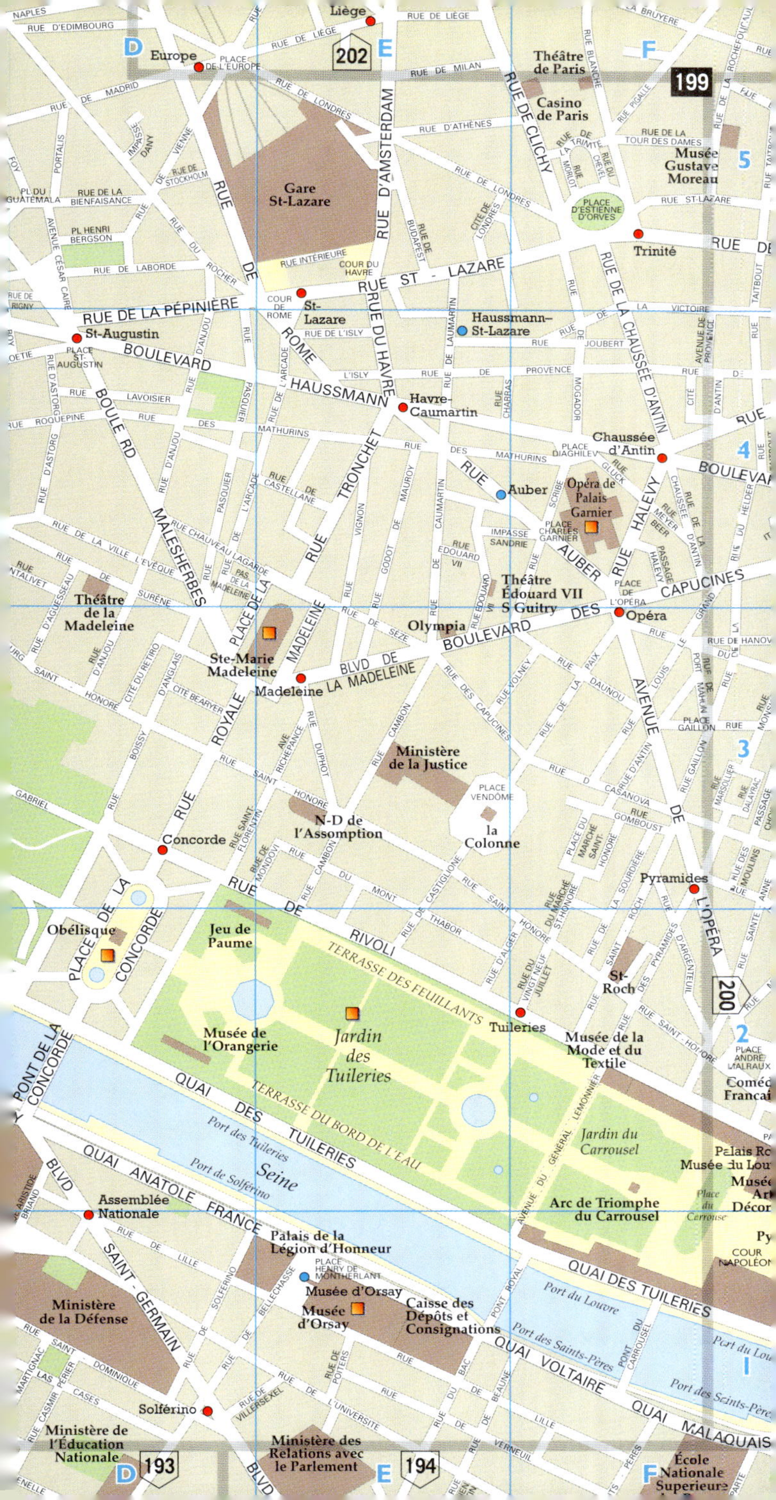

D
E
F
202
199
200
193
194
5
4
3
2
1
Liège
Europe
Place de l'Europe
Rue de Liège
Rue d'Edimbourg
Rue de Milan
Rue de Madrid
Rue de Londres
Théâtre de Paris
Casino de Paris
Rue de Clichy
Rue d'Amsterdam
Gare St-Lazare
Rue d'Athènes
Rue Blanche
Rue Pigalle
Rue de la Tour des Dames
Musée Gustave Moreau
Rue de la Rochefoucauld
Place d'Estienne d'Orves
Rue St-Lazare
Trinité
Rue de Stockholm
Rue de Vienne
Impasse Dany
Rue Portalis
Pl. du Guatemala
Rue de la Bienfaisance
Pl. Henri Bergson
Rue de Laborde
Rue du Rocher
Rue de Rome
Rue Intérieure
Cour du Havre
Rue de Budapest
Cité de Londres
Rue St - Lazare
Cour de Rome
St-Lazare
Rue de la Pépinière
St-Augustin
Place St-Augustin
Rue de l'Isly
Haussmann–St-Lazare
Rue Joubert
Rue de la Victoire
Rue de la Chaussée d'Antin
Boulevard Haussmann
Rue du Havre
Havre-Caumartin
Rue de Provence
Rue Mogador
Rue Lavoisier
Rue Roquepine
Boulevard Malesherbes
Rue d'Anjou
Rue Pasquier
Rue de l'Arcade
Rue des Mathurins
Rue Tronchet
Chaussée d'Antin
Place Diaghilev
Boulevard
Rue Auber
Auber
Opéra de Palais Garnier
Place Charles Garnier
Impasse Sandrié
Rue Édouard VII
Rue Castellane
Rue de la Ville l'Évêque
Rue Chauveau Lagarde
Rue Vignon
Rue Godot de Mauroy
Rue Caumartin
Rue Halévy
Rue Scribe
Théâtre Édouard VII S Guitry
Place de l'Opéra
Boulevard des Capucines
Opéra
Théâtre de la Madeleine
Rue de Surène
Place de la Madeleine
Ste-Marie Madeleine
Rue de Sèze
Olympia
Madeleine
Blvd de la Madeleine
Rue Royale
Rue Boissy d'Anglas
Cité du Retiro
Cité Berryer
Rue St-Honoré
Rue des Capucines
Rue Volney
Rue de la Paix
Rue Daunou
Avenue de l'Opéra
Place Gaillon
Rue Cambon
Ministère de la Justice
Place Vendôme
la Colonne
Rue Duphot
Ave Richepance
N-D de l'Assomption
Rue Gabriel
Concorde
Rue St-Florentin
Rue de Mondovi
Rue du Mont Thabor
Rue de Castiglione
Rue Casanova
Rue Gomboust
Place du Marché St-Honoré
Pyramides
Rue de Rivoli
Jeu de Paume
Obélisque
Place de la Concorde
Terrasse des Feuillants
Rue d'Alger
Rue du 29 Juillet
St-Roch
Rue des Pyramides
Rue d'Argenteuil
Rue Saint-Honoré
Tuileries
Musée de l'Orangerie
Jardin des Tuileries
Musée de la Mode et du Textile
Place André Malraux
Terrasse du Bord de l'Eau
Quai des Tuileries
Port des Tuileries
Port de Solférino
Seine
Quai Anatole France
Pont de la Concorde
Jardin du Carrousel
Avenue du Général Lemonnier
Arc de Triomphe du Carrousel
Place du Carrousel
Cour Napoléon
Blvd St-Germain
Assemblée Nationale
Rue de Lille
Palais de la Légion d'Honneur
Place Henry de Montherlant
Musée d'Orsay
Caisse des Dépôts et Consignations
Quai des Tuileries
Port du Louvre
Pont Royal
Port des Saints-Pères
Pont du Carrousel
Quai Voltaire
Quai Malaquais
Ministère de la Défense
Rue Solférino
Rue de Bellechasse
Rue de Poitiers
Rue du Bac
Rue de Beaune
Rue de Verneuil
Rue de l'Université
Rue de Villersexel
Rue Las Cases
Rue St-Dominique
Solférino
Ministère de l'Éducation Nationale
Ministère des Relations avec le Parlement
École Nationale Supérieure

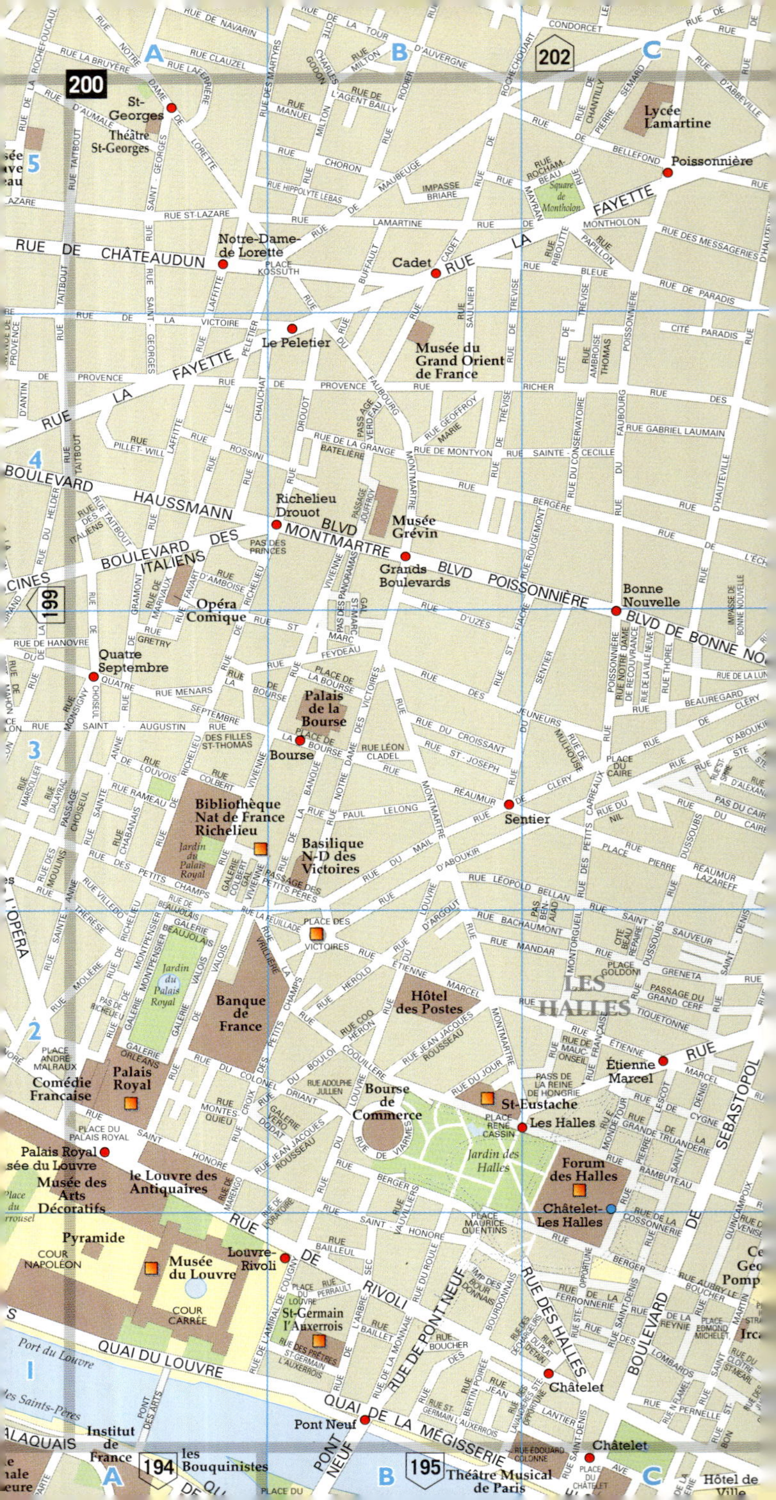

200
202
199
194
195
A
B
C
1
2
3
4
5
St-Georges
Théâtre St-Georges
Notre-Dame-de Lorette
Place Kossuth
Cadet
Poissonnière
Lycée Lamartine
Square de Montholon
Rue de Châteaudun
Rue La Fayette
Le Peletier
Musée du Grand Orient de France
Rue de Provence
Boulevard Haussmann
Richelieu Drouot
Passage Jouffroy
Passage Verdeau
Musée Grévin
Blvd Montmartre
Grands Boulevards
Blvd Poissonnière
Bonne Nouvelle
Blvd de Bonne Nouvelle
Boulevard des Italiens
Opéra Comique
Passage des Panoramas
Quatre Septembre
Rue Réaumur
Palais de la Bourse
Place de la Bourse
Bourse
Bibliothèque Nat de France Richelieu
Jardin du Palais Royal
Basilique N-D des Victoires
Sentier
Passage Choiseul
Galerie Vivienne
Galerie Colbert
Place des Victoires
Banque de France
Hôtel des Postes
Les Halles
Rue Étienne Marcel
Étienne Marcel
Place André Malraux
Comédie Française
Palais Royal
Place du Palais Royal
Palais Royal Musée du Louvre
Musée des Arts Décoratifs
le Louvre des Antiquaires
Bourse de Commerce
St-Eustache
Place René Cassin
Jardin des Halles
Forum des Halles
Châtelet-Les Halles
Boulevard de Sébastopol
Rue de Rivoli
Louvre-Rivoli
Pyramide
Cour Napoléon
Musée du Louvre
Cour Carrée
St-Germain l'Auxerrois
Quai du Louvre
Port du Louvre
Pont des Arts
Rue du Pont Neuf
Rue des Halles
Châtelet
Quai de la Mégisserie
Pont Neuf
Institut de France
les Bouquinistes
Théâtre Musical de Paris
Place du Châtelet
Hôtel de Ville

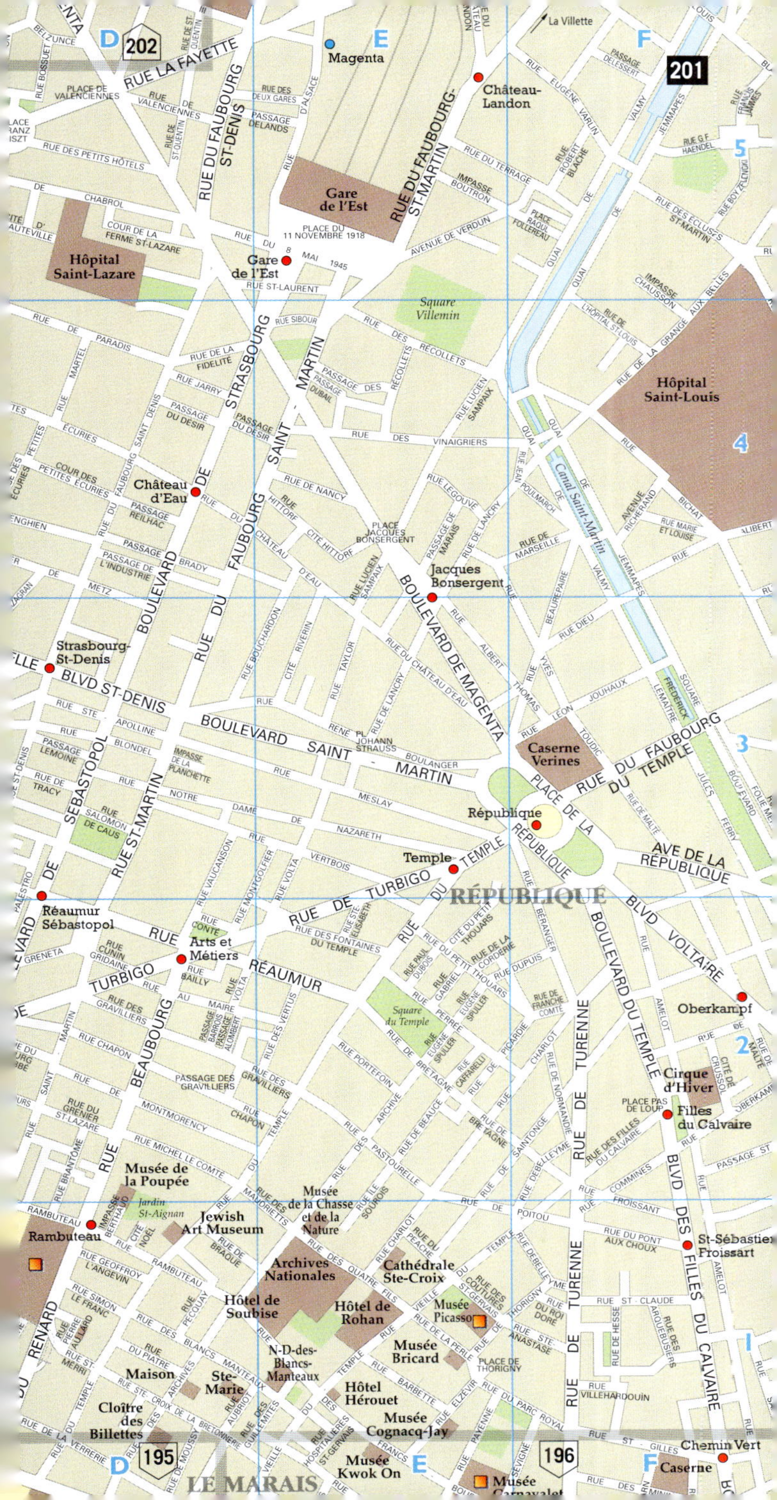

D
E
F
202
201
195
196
1
2
3
4
5
Magenta
Château-Landon
La Villette
Rue La Fayette
Place de Valenciennes
Rue de Valenciennes
Rue des Deux Gares
Passage Delanos
Rue des Petits Hôtels
Rue de Chabrol
Cour de la Ferme St-Lazare
Hôpital Saint-Lazare
Rue du Faubourg St-Denis
Gare de l'Est
Place du 11 Novembre 1918
Rue du 8 Mai 1945
Rue St-Laurent
Rue du Faubourg St-Martin
Rue du Terrage
Impasse Boutron
Place Raoul Follereau
Avenue de Verdun
Rue Eugène Varlin
Rue Robert Blache
Passage Delessert
Rue G F Haendel
Rue des Écluses St-Martin
Impasse Chausson
Rue de l'Hôpital St-Louis
Rue de la Grange aux Belles
Hôpital Saint-Louis
Square Villemin
Rue des Récollets
Rue Sibour
Rue de Paradis
Rue de la Fidélité
Rue Jarry
Boulevard de Strasbourg
Passage du Désir
Rue Saint-Martin
Passage Dubail
Rue Lucien Sampaix
Rue des Vinaigriers
Quai de Valmy
Quai de Jemmapes
Canal Saint-Martin
Rue des Petites Écuries
Cour des Petites Écuries
Passage Reilhac
Château d'Eau
Rue du Château d'Eau
Rue de Nancy
Rue Hittorf
Cité Hittorf
Place Jacques Bonsergent
Passage de Marais
Rue de Lancry
Rue Legouvé
Rue Jean Poulmarch
Avenue Richerand
Rue Bichat
Rue Marie et Louise
Rue Alibert
Rue d'Enghien
Passage Brady
Passage de l'Industrie
Rue de Metz
Jacques Bonsergent
Rue de Marseille
Rue Beaurepaire
Rue Dieu
Rue Albert Thomas
Rue Yves Toudic
Rue Léon Jouhaux
Square Frédérick Lemaître
Rue Bouchardon
Cité Riverin
Rue Taylor
Boulevard de Magenta
Strasbourg-St-Denis
Blvd St-Denis
Boulevard Saint-Martin
Rue René Boulanger
Pl. Johann Strauss
Rue Ste-Apolline
Rue Blondel
Passage Lemoine
Impasse de la Planchette
Rue de Tracy
Boulevard de Sébastopol
Rue Salomon de Caus
Rue Notre-Dame de Nazareth
Rue Meslay
Caserne Verines
Rue du Faubourg du Temple
Place de la République
République
Ave de la République
Rue de Malte
Rue Jules Ferry
Boulevard Jules Ferry
Rue Folie-Méricourt
Rue St-Martin
Rue Vaucanson
Rue Montgolfier
Rue Volta
Rue du Vertbois
Temple
Rue de Turbigo
Rue du Temple
Rue Ste-Élisabeth
Rue des Fontaines du Temple
Cité du Petit Thouars
Rue de la Corderie
Rue Dupuis
Rue Béranger
Rue Palestro
Réaumur Sébastopol
Rue Réaumur
Rue Conté
Arts et Métiers
Rue Cunin Gridaine
Rue Greneta
Rue Bailly
Rue au Maire
Rue des Gravilliers
Passage Barrois
Passage Alombert
Rue des Vertus
Rue Beaubourg
Rue Chapon
Passage des Gravilliers
Square du Temple
Rue Paul Dubois
Rue Gabriel Vicaire
Rue Eugène Spuller
Rue Perrée
Rue du Petit Thouars
Rue de Franche-Comté
Rue de Picardie
Rue Charlot
Rue de Normandie
Rue de Turenne
Boulevard du Temple
Blvd Voltaire
Rue Amelot
Oberkampf
Rue de Crussol
Cité de Crussol
Cirque d'Hiver
Place Pasdeloup
Filles du Calvaire
Rue Oberkampf
Passage St-Pierre Amelot
Rue du Grenier St-Lazare
Rue de Montmorency
Rue Portefoin
Rue de Bretagne
Rue Caffarelli
Rue des Archives
Rue de Beauce
Rue de Saintonge
Rue Debelleyme
Rue des Filles du Calvaire
Rue des Commines
Rue Froissant
Rue Michel Le Comte
Rue Brantôme
Rue Pastourelle
Rue du Poitou
Rue Charlot
Musée de la Poupée
Impasse Berthaud
Jardin St-Aignan
Jewish Art Museum
Rue des Haudriettes
Musée de la Chasse et de la Nature
Rue des Quatre Fils
Rue du Perche
Rue du Pont aux Choux
St-Sébastien Froissart
Blvd des Filles du Calvaire
Rambuteau
Rue Rambuteau
Rue Geoffroy l'Angevin
Cité Noël
Rue de Braque
Archives Nationales
Cathédrale Ste-Croix
Rue des Coutures St-Gervais
Rue de Thorigny
Rue Vieille du Temple
Rue du Roi Doré
Rue St-Claude
Rue de Hesse
Rue des Arquebusiers
Rue Simon le Franc
Rue Pecquay
Hôtel de Soubise
Hôtel de Rohan
Musée Picasso
Rue Ste-Anastase
Place de Thorigny
Rue du Renard
Rue Pierre au Lard
Rue St-Merri
Rue du Plâtre
Rue des Blancs Manteaux
N-D-des-Blancs-Manteaux
Musée Bricard
Rue de la Perle
Rue Villehardouin
Maison
Ste-Marie
Rue Aubriot
Rue Ste-Croix de la Bretonnerie
Hôtel Hérouet
Rue Barbette
Rue Elzévir
Rue du Parc Royal
Cloître des Billettes
Rue de la Verrerie
Rue du Bourg Tibourg
Rue des Guillemites
Rue des Hospitalières St-Gervais
Musée Cognacq-Jay
Rue Payenne
Rue de Sévigné
Rue St-Gilles
Chemin Vert
Musée Kwok On
Rue des Francs Bourgeois
Le Marais
Musée Carnavalet
Caserne

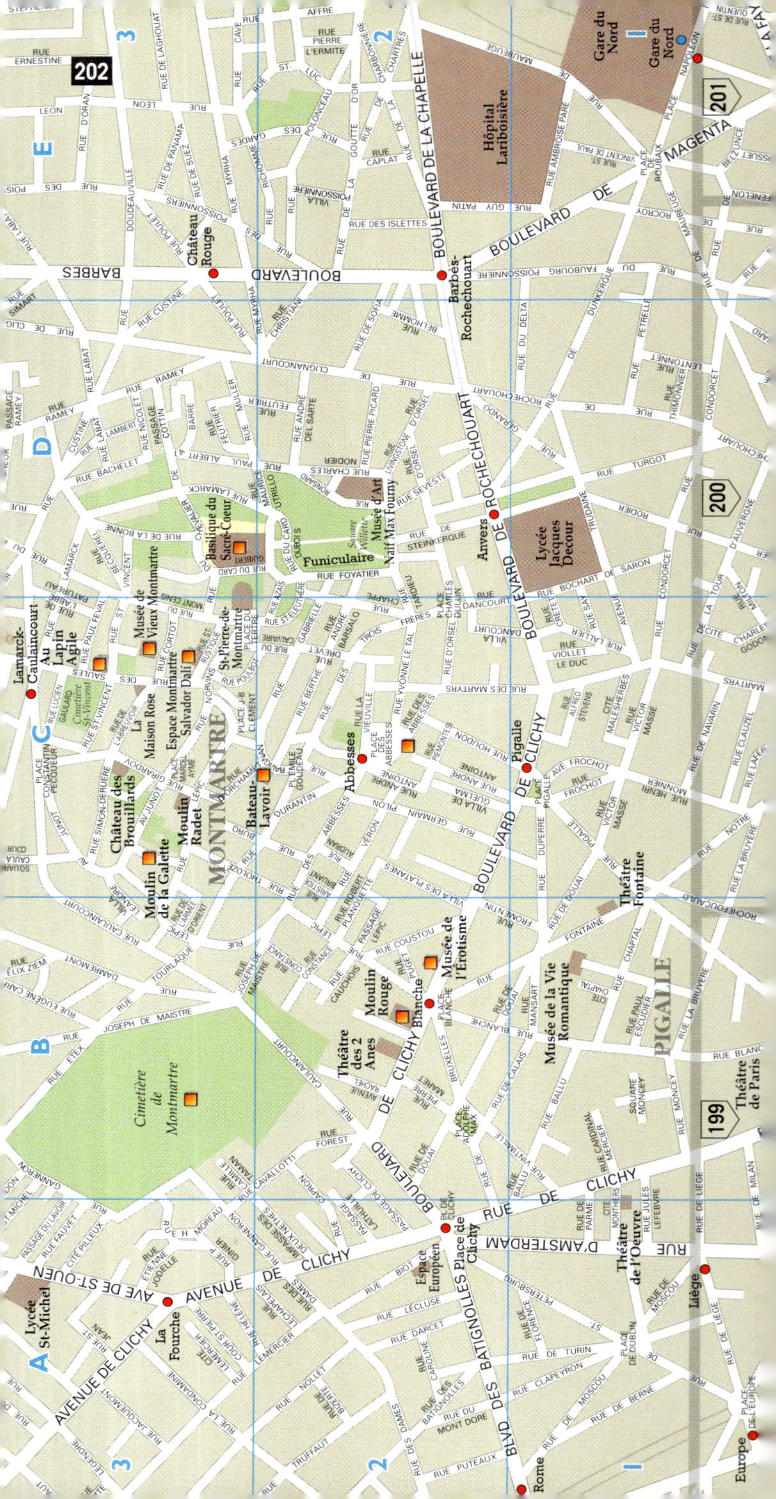

MONTMARTRE
PIGALLE
Cimetière de Montmartre
Basilique du Sacré-Coeur
Funiculaire
Musée d'Art Naïf Max Fourny
Square Willette
St-Pierre-de-Montmartre
Musée de Vieux Montmartre
Au Lapin Agile
Cimetière St-Vincent
La Maison Rose
Espace Montmartre Salvador Dalí
Château des Brouillards
Moulin Radet
Moulin de la Galette
Bateau-Lavoir
Moulin Rouge
Musée de l'Erotisme
Théâtre des 2 Anes
Musée de la Vie Romantique
Théâtre Fontaine
Théâtre de l'Oeuvre
Théâtre de Paris
Espace Européen
Lycée Jacques Decour
Lycée St-Michel
Hôpital Lariboisière
Gare du Nord
Lamarck-Caulaincourt
Château Rouge
Barbès-Rochechouart
Anvers
Abbesses
Pigalle
Blanche
Place de Clichy
La Fourche
Liège
Rome
Europe
BOULEVARD DE LA CHAPELLE
BOULEVARD BARBES
BOULEVARD DE MAGENTA
BOULEVARD DE ROCHECHOUART
BOULEVARD DE CLICHY
BLVD DES BATIGNOLLES
AVENUE DE CLICHY
AVE DE ST-OUEN
RUE D'AMSTERDAM
RUE DE CLICHY
199
200
201

STRASSEN-REGISTER

blvd	boulevard
av	avenue
pl	place
pass	passage
carr	carrefour
imp	impasse
gal	galerie(s)
sq	square

Abbildungsnachweis

Vorder- und Rückseite (o): Robert Harding Picture Library (m, o): Tony Stone Images (m, u): AA Fotoarchiv/Ken Paterson, (u): AA Fotoarchiv/Tony Souter.

Die *Automobile Association* dankt den folgenden Fotografen, Bibliotheken und Archiven für ihre Hilfe bei der Herstellung dieses Buches:

Bridgeman Art Library 7 *Der Sturm auf die Bastille, 14. Juli, 1789* von Jean-Pierre Houel (1735–1813) (Musée Carnavalet, Paris, Frankreich), 94 (u) *Venus von Milo*, Hellenistische Periode, ca.100 v. Chr. (Marmor) (Peter Willi/Louvre, Paris, Frankreich), 98 *Die Spitzenklöpplerin*, 1669/70 (Öl auf Leinwand) von Jan Vermeer (1632-1675) (Louvre, Paris, Frankreich), 101 *Mona Lisa*, ca.1503–1506 (auf Holz) von Leonardo da Vinci (1452–1519) (Louvre, Paris, Frankreich);
Corbis 2 (m, o) (Ric Ergenbright), 2 (u) (Charles & Josette Lenars), 12 (o), 18 (l) (Bettmann), 18 (r) (Neal Preston), 19 (l), 21 (Owen Franken), 29 (Nathan Benn), 33 (Ric Ergenbright), 69 (Charles & Josette Lenars), 137 (u) (Bettmann), 148/149 (Bon Krist), 171 (Rob Holmes);
DACS, London 2000 125 (u) *Komposition mit zwei Papageien* von Henri Leger (© ADAGP, Paris), 126 *Die Trauer des Königs* 1952 von Henri Matisse (© Succession Henri Matisse), 129 (u) *Sitzende mit verschränkten Armen* von Pablo Picasso (© Succession Picasso)
DIAF 3 (u) (Rosine Mazin), 11 (u), 14 (u), 20 (o), 24 (Jean-Daniel Sudres), 49 (o) (Arnaud Fevrier), 74, 145, 161 (Rosine Mazin), 164 (Arnaud Fevrier), 165 (Rosine Mazin), 166 (o), 166 (u) (D. Thierry), 167 (Rosine Mazin), 168 (Jacques Kerebel), 169, 179, 181 (l), 181 (r) (D. Thierry);
Mary Evans Picture Library 76;
T. Fisher 8, 9 (o), 136, 147 (o);
Robert Harding Picture Library 2 (o), 5;
Magnum Photos 2 (m, u) (Robert Capa), 14 (o) (Sergio Larrain), 16 (o), 45 (Robert Capa), 80 (o) (Rai Raghu);
Rex Features 12 (u), 13 (Steve Wood), 19 (r); Roger-Viollet 25 (o), 50, 51 (o), 128, 163 (o);
Tony Stone Images 3 (o), 10 (u), 11 (o), 20 (u) 22/23, 91, 99, 104/105, 183.

Alle anderen Fotos stammen aus dem Archiv der Automobile Association (AA Photo Library) mit Beiträgen der folgenden Fotografen: 72 (u), 81, 96, 97, 172 (Philip Enticknap), 26/27, 123 (u), 129 (o), 131, 135, 175 (Paul Kenward), 163 (u) (Rob Moore), 170 (David Noble), 9 (u), 25 (u), 26, 31, 49 (m), 49 (u), 59, 61 (o), 63, 70, 72 (o), 73 (u), 77, 80, 95 (m), 108, 109, 110, 123 (o), 125 (o), 130, 132, 133, 144/145, 148, 176 (Ken Paterson), 15, 16 (u), 28 (o), 85, 103, 137 (u), 152, 174 (B. Rieger), 3 (m, o), 51 (u), 52/53, 54, 55, 58, 73 (o), 73 (m), 82, 83, 100 (u), 102, 119, 154, 157, 182 (Clive Sawyer), 3 (m, u), 10 (o), 57, 95 (o), 120, 122, 129 (u), 143, 147 (u) 151, 155 (Tony Souter), 6, 30, 48 (o), 48 (m), 48 (u), 56 (o), 56 (u), 62, 75, 78, 79, 84, 86, 94 (o), 95 (u) (James Tims), 61 (u) (Wyn Voysey).

Abkürzungen oben: (o) oben; (u) unten; (l) links; (m) Mitte; (r) rechts.

Teresa Fischer möchte dem Millennium Hôtel Paris-Opéra für die Hilfe während der Recherche für dieses Buch danken, ferner Anna MacLellan von ANA Communications, Victoria Riela von Room Service und Hôtel Plessis, der Maison de la France in London und der Pariser Touristeninformation